中山大学社会工作实务系列

中山大学社会工作实务系列

主　编／罗观翠
著　者／行红芳

社会支持、污名与需求满足

——艾滋孤儿救助形式的比较研究

Social Support,Stigma and Need Satisfaction—
A Comparative Research on the Assistance to HIV/AIDS Orphans

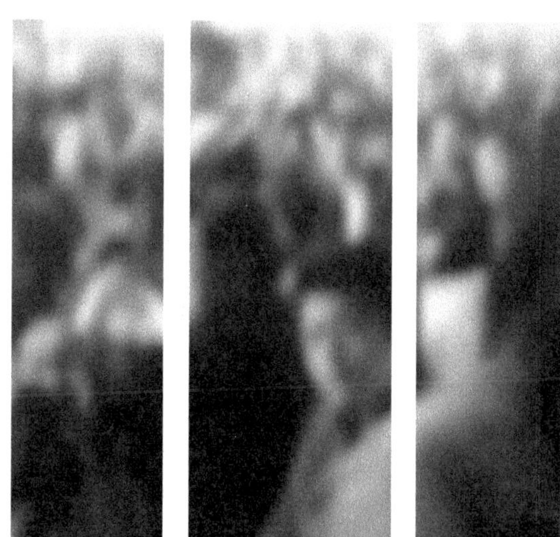

社会科学文献出版社
SOCIAL SCIENCES ACADEMIC PRESS (CHINA)

河南省人文社会科学重点研究基地
“郑州轻工业学院社会发展研究中心”资助出版

总　序

二○○八年伊始，虽是寒冬季节，但中山大学校园里满树的紫荆花还是让人感到温馨和生意，这不由让我想到内地社会工作的发展，也想到中山大学社会工作的发展。

最近几年，内地社工事业的发展犹如雨后春笋，非常迅速。特别是十六届六中全会以来，中央确定和强调要建设宏大的社会工作人才队伍，这不仅是对内地社会工作事业发展的一种鼓舞，更是对投身社工事业者的一个鞭策。

这些年来，本人一直致力于内地社工人才的培养和社工实务的推广，并一直尝试将两者相结合。社会工作是一门十分注重理论与实务相结合的专业，基于如此的考虑，本人于二○○三年创办了中山大学社会工作教育与研究中心（以下简称“社工教研中心”），一方面希望学生能以此为平台实践其理论知识，提升专业实务水平和科研能力；另一方面，也希望以此为平台，进行本土社工发展的探索。

社工教研中心成立以来，一直积极开拓社会工作创新及试验性服务，服务领域涉及儿童、青少年、妇女、老人、外来工和义工等，邀请并组织了一批来自香港、美国、加拿大等国家和地区的资深社工来督导学生在这些服务领域进行专业实习和探索。基于服务与学术研究并轨的宗旨，社工教研中心同时开展了一系列的社工研究，包括青少年发展、学校社工、义工管理、老年社工、家庭寄养、外来工服务模式、智障人士社会适应、社工教育、社工职业化、社会政策、服务评估等。在此种社工人才培养、社工实务推广和经验研究三结合的过程中，我们积累了一定的经验。

在推动内地社会工作事业专业化和职业化的过程中，不仅需要普及社会工作的基本知识以及理论和实务方法，同时也需要本土社工实践和探索的经验分享和总结。为国内社工界提供资讯一直是我们的宗旨和愿望，通过这些年的努力和发展，我们亦有必要跟社工界的各位同仁分享我们的实践经验和研究总结。基于如此的考虑，社工教研中心组织了一批优秀的老师进行此套丛书的编撰工作。经过各位老师的辛勤编写，“中山大学社会工作实务系列”终于付梓。

本系列丛书主要涉及学校社会工作、老年社会工作、社区工作和义工发展等专业领域。参与编写的老师不仅是优秀的社会工作从教者，也是出色的社会工作从业者，这些老师都十分注重学术研究与实务的结合，更注重香港经验与内地本土文化的融合，这一点在他们的著作中有深刻的体现。为了帮助读者在具体实务上的技巧训练和提升，达到理论与实践相结合的效果，我们还特地整理、选取和编辑了中山大学社会工作专业硕士生和本科生在800小时专业实习中的相关案例，并加入了资深社工督导的精辟分析和点评，让读者可以在实际的社工服务中举一反三，从而进一步提高专业素质。我热切希望，“中山大学社会工作实务系列”能够为内地的社工从业界和教育界提供专业支持和经验参考，对社工界同仁有所助益。

中大校园生机勃勃，我坚信内地社工事业在我们社工界同仁的一起努力下，也必将愈发欣欣向荣！

是为序。

中山大学政务学院教授

中山大学社会工作教育与研究中心主任

丛书主编　罗观翠

二〇〇七年十一月于康乐园

摘　要

本论文是一项关于艾滋孤儿救助模式的探索性研究。本研究通过对S县两种代表性的救助模式——阳光家庭与院舍型照顾的个案探讨，分析中国社会背景下的艾滋孤儿救助模式的功能及机制。基于文献回顾与研究兴趣，研究者采用社会支持理论、污名理论与社会排斥理论，试图从需求满足的角度来审视艾滋孤儿的社会支持、污名与需求满足状况之间的关系。在此基础上，本研究建构了社会支持、污名、社会排斥和需求满足之间的关系模式，作为本研究的理论框架。

本研究旨在了解阳光家庭和院舍中艾滋孤儿的社会支持、污名与需求满足状况，并探讨影响社会支持与污名程度的重要因素。由于本研究的对象为受到与艾滋病有关的污名影响的未成年人，从研究对象的性质和本研究领域积累的情况来看，本研究更适合采用定性研究方法。本研究主要采用了文献法、参与式和非参与式观察法、访谈法、比较法来收集资料和分析资料。

本研究得出了以下主要结论。两种模式相比，在社会支持方面，阳光家庭中的孩子所得到的社会支持层次更全、数量更多，而院舍中孩子所得到的社会支持相对单一、数量少；从污名方面来看，地理位置、内部一致性、安置方式、照顾者身份、社会支持等因素都对阳光家庭和院舍产生了影响，但阳光家庭中的孩子的污名程度更低，而院舍中孩子的污名程度更高；由此导致在需求满足方面，阳光家庭中孩子的需求满足程度更高，而院舍中孩子的需求满足程度相对较低。具体说来，从工具性需求来看，两种安置方式都在尽力地满足孩子的工具性需求，但阳光家庭满足得更好；从情感性需求来看，阳光家庭中孩子的情感性需求满足得更好，而院舍中的孩子相对较差；在发展性需求方面，两种照顾方式都没有真正开始实施。其区别在于，阳光家庭已认识到孩子个人发展方面的重要性，而对此方面有所考虑，但院舍还没有这方面的考虑。

上述研究结果对于目前中国社会福利、社会工作的借鉴意义显而易见。家庭与社区基础上的艾滋孤儿安置模式是今后的发展方向；在社会服务事业的发展方面，要形成以政府主导、非政府组织积极参与的关系；在社会工作职业化的大背景下，社会工作介入儿童与青少年工作势在必行。儿童与青少年社会工作需要以他们为本，从其需要出发，寻求最为合理的照顾方式，以有利于儿童和青少年的健康成长。最后，本研究提出了政策和服务方面的相关建议。

关键词：艾滋孤儿　社会支持　污名　需求满足

Abstract

This dissertation is an exploratory-descriptive study of the care model of HIV/AIDS orphans. Two representative kinds of care models of HIV/AIDS orphans are related with "Sun family" and institutional care carried out by a NGO in S county, which is the target of this research. Based on the social support, stigma and social exclusion theory, this study examined the condition of social support, stigma and satisfaction of need of HIV/AIDS orphans throughout to the function and mechanisms under Chinese cultural background. The theoretical framework of this research was developed on the basis of relationships among four major variables, namely, social support, stigma, social exclusion and satisfaction of needs.

In the dissertation, qualitative research methods are mainly used, besides literature, observation; in-depth interviews and compare method are also applied. Through these methods, the researcher not only wants to know the condition of social support, stigma and satisfaction of need of HIIV/AIDS orphans who are cared in Sun family and institution, but also discusses important influential factors of social support and stigma.

The major findings suggest that children who reside in Sun family receive more social support and fewer stigmas than those who reside in institution. These factors affect stigma in Sun family and institution that are geographically located, consistency in-side, arrangement method, the status of carers, etc. These factors raise stigma on the children who are cared in institution while distress stigma on those who are cared in Sun family. As a result, needs of children who habit in Sun family are met better than those habit in institution. Firstly, Sun family and institution also do their best to meet the instrumental needs of HIV/AIDS orphans, but the former do better than the latter; Secondly, although the emotional need of children haven't been emphasized enough, that of children who habit in Sun family have satisfied better than those who habit in institution; Thirdly, two models have not carry out the developmental needs of children, but Sun family have consider on that.

The results of this study have significant implications for the future development of social welfare and social work in China. The care model of HIV/AIDS orphans based on family and community should be developed in the future. On the development of social service, cooperative relationship between government and NGO should be found. Social work with children and youth needs regard as their interests and listen to their opinions. Some concrete suggestions on welfare policies and services were discussed in the last part of the dissertation.

Key Words: HIV/AIDS Orphans; Social Support; Stigma; Satisfaction of Need

序

孩子是社会最珍贵的资产，我们因而投放大量的资源在教育、母婴健康服务、社区康乐文化体育设施等方面，以求培育出优秀、健康的青少年，为未来劳动市场所需的人力资源作准备。在学校里，有杰出学习表现和能力的孩子，特别受到爱护和关注，考试名列前茅者，或文体比赛项目获奖者，得到表扬，使他们更积极上进，这是一般主流社会常规。家长、教育界、政界、媒体皆愿意为提升孩子的能力而不断努力，为他们的成绩而喝彩。

社会工作者与其他专业界别一样，认同社会需要高素质的人才，这是社会发展的共同目标。但在研究提升儿童能力方面的重点则有些不同。社工着眼于“人在情境中”，特别关注在个人成长过程中会受到哪些环境因素的影响，哪些因素有利于他们潜能的充分发挥，哪些因素会对儿童的成长造成负面影响。亲子关系与家庭环境，是儿童成长的重要摇篮。对于一些处于弱势或不利生存环境中的儿童，社会福利政策和服务应如何介入，便成为社工界主要的研究重点之一。

行红芳博士的研究，正是针对一些在主流社会制度以外的弱势儿童。这些儿童，因为他们的父母有一方为艾滋病患者，而成为受害人。其父母疾病来自非一般的途径——因卖血而受到感染，可以说贫穷是致病的根本原因。而艾滋病到目前为止，仍令很多人误解。艾滋病患者，特别在一些教育水平落后的地区，社会公众和亲友会用奇异、排斥的眼光看待他们，使他们不得不承受外界歧视和对立的态度。无形的社会污名，把艾滋病患者排斥至社会边缘。患者的子女，也难以摆脱其污名。在父母离世之后，他们除了缺乏正常的家庭照顾之外，也不得不同时继承了“艾滋”标签，无论身体是否受到感染，皆难以逃避承继父母的社会污名。行博士的研究不仅揭示了我国社会一些既深层又复杂的矛盾，而且进行了实证研究，从多角度剖析源于贫困，最后却被动地背负“污名”的儿童群体的现状，包括他们的成长所面对的恶劣处境——既得不到适当的照顾，又缺乏社会教育。由此可以引出很多值得反思的问题。

从成长发展心理学角度来看，儿童当然是在自然的家庭环境生活，即由亲生父母照顾长大，对他们成长最为有利。因此家庭被认为是儿童成长的最好场所。若父母不全，退而求其次的理想安排，是让他们在普通的家庭环境中生活。以此原则，各地政府所提供的儿童福利制度，都实行多层次的照顾措施。首先，是给予贫困家庭财政、物资、房屋甚至心理辅导方面的支持，使缺乏能力的家庭可以为子女提供最基本的生活条件。其次，是组织社区资源，例如寄养家庭服务或领养服务，使儿童可继续在社区过一般“正常”的家庭生活。最后，是由政府或民间社会服务组织提供院舍服务，以集体形式照顾无家可归的儿童。有研究指出，院舍照顾或多或少会使住院儿童产生不愉快情绪或较负面行为，应是较次的选择。

从社会工作专业角度来看，虽然院舍服务是最后的选择，但也是社会必须提供的基本社会福利服务，从而保证缺乏照顾的儿童得到适时的保护和生活保障。所以院舍服务的模式，包括从管理方法，工作人员培训，为住院儿童日常所提供的生活照顾、心理支援、教育机会，到如何让住院儿童认识外面社会并和社会保持接触，使其成长后能在社会中谋生、交友，并成立自己的家庭，重新融入主流社会，过独立、自主的生活，这是改良儿童福利工作要不断研究的课题。

行博士的研究，指出了儿童照顾服务所面对的困境和限制。在贫困社区，由于资源的限制，政府投放的资源常向经济发展倾斜。贫困家庭在资源缺乏的情况下，难以寻求生存之道，孩子成了贫困的牺牲品。在缺乏“全人照顾”理念的院舍环境中生活的孩子，不仅物质条件差，而且各项生活管理措施往往忽视儿童成长的心理和社会需要，这使得他们个人甚至整个社会，在未来都要承受很大的负面影响。

实施“全人照顾”理念，首先要了解儿童及其家庭环境在经济、居住、教育、心理、社会关系等各方面的需要，然后在服务方案中提出解决办法，并在此基础上评估其有效性和改进办法，有针对性地降低社会污名对儿童自尊心的打击，并为其提供平等的教育和发展机会。无论是对寄养形式，还是对院舍照顾，我们都要提出同样的问题，就是照顾的模式，是否可以帮助来自破碎家庭的儿童发挥其潜能，促进他们融入主流社会的进程。希望读者能从这个研究报告中，获得有用的启示。

罗观翠
中山大学社会学及社会工作系教授
广州启创社会工作服务中心始创人

目　录

Contents

第一章
研究背景及选题意义

第一节 研究背景

一 世界艾滋病流行趋势

自从20世纪80年代初人类发现艾滋病以来，它已经对整个世界产生了越来越大的影响，其影响程度超过了人类历史上任何一种其他类型的疾病。艾滋病的蔓延给整个世界的政治、经济、社会、文化等各个方面造成了严重影响。它使一些非洲小国，如卢旺达等失去了大约1/3的青壮年劳动力，并且这种影响还在扩大。

从影响层面上讲，艾滋病的影响涉及宏观、中观及微观方面。从宏观层面上讲，艾滋病使整个国家或地区失去了大量青壮年劳动力，国家不得不将大量资源投入到疾病的治疗上。这不仅加大了公共卫生资源的投入，而且影响到整个国家或地区的经济发展。从中观层面上讲，家庭将大量的资金投入到治病上，失去了潜在的改善经济的可能，影响家庭的发展。同时，艾滋病也使得家庭中的抚养照顾关系产生变化，老人或者年幼的孩子成为有病家庭成员的照顾者；患者去世后，形成了众多的孤老和孤儿，原有的家庭抚养关系受到破坏，形成祖孙之间的隔代抚养关系或者儿童自己成为户主，使家庭关系、家庭结构发生巨大的变化。从微观层面上讲，艾滋病使患者的生理与心理都受到影响，他们不仅受到疾病的折磨，而且受到与艾滋病有关的歧视与社会排斥。同时，受到影响的不只是患者，还包括其家庭成员。

由于艾滋病的蔓延，受到艾滋病影响的人越来越多。艾滋病流行至今，全世界大约已有6000万人感染了艾滋病病毒，2500万人死于与艾滋病相关的疾病。全世界每天新增艾滋病感染者7400人，其中3300人年龄在25岁以下。[①] 2008年全球大约有3340万（3110万～3580万）艾滋病病毒感染者，270万（240万～300万）新发感染者，200万（170万～240万）人死于艾滋病。其中，大约有43万（24万～61万）新生儿感染艾滋病病毒，15岁以下儿童艾滋病病毒感染者的总数达到210万（120万～290万）；年轻人占所有成年人（15岁以上）新发感染的40%。[②]

艾滋病对老、中、青各个世代都产生影响，但儿童受到的影响最为严重。在患者及老人于未来几年死亡后[③]，社区剩下的主要就是这些儿童。儿童和青少年受艾滋病的影响表现出两个特征。第一，规模大。全世界近300万的15岁以下儿童成为艾滋病感染者，其中超过270万儿童生活在非洲的南撒哈拉地区，另外140万儿童因艾滋病失去了父母亲或单亲（UNICEF & UNAIDS，2004）。2005年，在全世界300多万死于艾滋病的人中有75万是儿童。艾滋病蔓延的后果之一是导致了大量的艾滋孤儿的产生。据估计，目前全世界因艾滋病而致孤的儿童达到1600万；到2010年，这一

① 联合国艾滋病规划署、世界卫生组织：《2009年全球艾滋病流行报告暨2010年艾滋病流行前景展望》，2009。

② 联合国艾滋病规划署、世界卫生组织：《2009年全球艾滋病流行趋势报告》，2009。

③ 从现在的状况来看，由于艾滋病还难以根本治愈，在没有完善的医疗条件的情况下，患者的存活时间相对有限；而社区中的老人（即艾滋病患者的父母）由于已进入老年，其存活的时间也不会太长；而受艾滋病影响的儿童与青少年由于大多身体健康，没有携带艾滋病毒，其存活时间将很长。这是就群体的基本情况而言的，不排除某一个体的例外情况出现。

数字将增长到3000万。[1] 其中，非洲撒哈拉地区因艾滋病而失去双亲的孤儿数目将从2001年的550万增加到800万。[2] 第二，影响时间长、程度大。艾滋病的流行严重地影响到儿童和青少年的生存及发展，使他们处于危险之中。艾滋孤儿以及受到艾滋病影响的儿童（OVC）由于失去正常的成长环境，受到与艾滋病有关的歧视，导致其日常生活及心理行为都出现一定的问题。如果不对其进行关怀与救助，很容易成为社会的不良青年，由此产生的社会问题对政府与社会各界都提出了新的要求，带来了新的挑战。因此，从世界范围来看，在对艾滋孤儿进行研究的基础上，对他们采取合理的关怀、照顾与救助的政策措施非常必要。

二　中国艾滋病的现实情况

目前，国内艾滋病感染者和艾滋病毒携带者的数量急剧增加。自从1985年中国发现首例艾滋病病例后，截至2004年4月，全国有84万艾滋病病毒感染者，患者8万人，估计已死去的艾滋病患者达到16万人左右。目前中国艾滋病的流行趋势处于世界第14位，在亚洲排名第2位[3]，艾滋病病毒感染者每年以40%的速度在递增，中国已经处于艾滋病暴发及流行的前沿。

从艾滋病的传播渠道来看，有血液传播、性传播与母婴传播三种传播渠道。我国各地由于具体情况不同，其形成原因也有差异。如果以省为单位，我国的艾滋病感染人数呈现明显的空间差异，地理分布上形成三个中心：南部云南连同广东、广西形成一个中心，河南为中部中心，新疆为西部中心。这三个中心的艾滋病形成原因各不相同。其中，云南、新疆等边疆省份以吸毒为主要传播途径；广东以及一些大城市和沿海发达地区，主要经由性

---

① *Phoenix Weekly*, 2003, *Save the Children*, 2005, p. 10.

② Children on the Bank, 2002，转引自 UNICEF & UNAIDS, The Framework, 2004, p. 8。

③ http://www.sina.com.cn.

传播方式造成；而河南以及周边省份则与卖血有关（景军，2006）。这三种途径传播艾滋病的特征、表现均不相同。

由于本研究与血液传播途径而致艾滋病的情况相关，因此这里主要探讨经血液传播途径而致病的情况。从血液传播途径来看，由于其与贫困有着不可分割的关系，患病者呈现地域性和家族性的特征。在这种情况下，农村原有的建立于血缘和地缘基础上的非正式社会支持网络受到严重的破坏，形成更为严重的社会问题。在高发区，主要是两类人受到艾滋病的威胁，即卖血群体和受血群体。对于前者，各级政府已经对既往卖血人群进行过普查，进行过基本人数的统计；对于受血群体，由于其更为分散，对这部分人群进行普查存在极大的困难，目前具体人数还是未知。

从其成因来看，艾滋孤儿的产生与宏观的社会制度、社会变迁有着不可分割的关系。从某种意义上讲，我国中部地区蔓延的艾滋病问题正是困扰已久的贫困问题和公共卫生问题的延伸。大量的贫困农民通过卖血使个人及家庭经济状况有所改善，同时也给更多的人造成一种不良的示范效应。他们看到此种办法来钱容易，纷纷效仿，导致更多的人加入到卖血队伍中。这样形成卖血群体在一些村庄相对集中的现象，“胳膊一伸，露出青筋”、“一伸一拳，五十大元”等顺口溜是当时状况的真实写照，从这里也可以看出当时高发区卖血现象的普遍。在经济贫困的情况下，社会成员缺乏其他有效的改善经济的途径。由于卖血得钱更为容易，普遍的卖血行为在滋生了懒惰和一些不良生活习惯的同时，又加剧了他们对于卖血的依赖，使得通过卖血来挣钱逐渐成为一种惯习。在此过程中，血头出于降低成本的考虑，采用多人共用针头、成分采血的做法，使得卖血人员感染疾病的危险性增加。由于此过程中的操作不善和管理不严等因素，使得艾滋病得以传播，大量人口感染艾滋病病毒。由于艾滋病有8～10年的潜伏期，所以当时没有引起充分重视。而现在已经度过了潜伏期，病人陆续死亡。由于他们大多为农村的青壮年劳动力，多数已有孩子，他们的发病及死亡使得其子女成为孤儿，从而导致艾滋孤儿的产生。他们如果得不到合适的安排与照顾，非常容易形成这一群体被边缘化及贫困的代际传递。这个过程如图 1－1 所示。

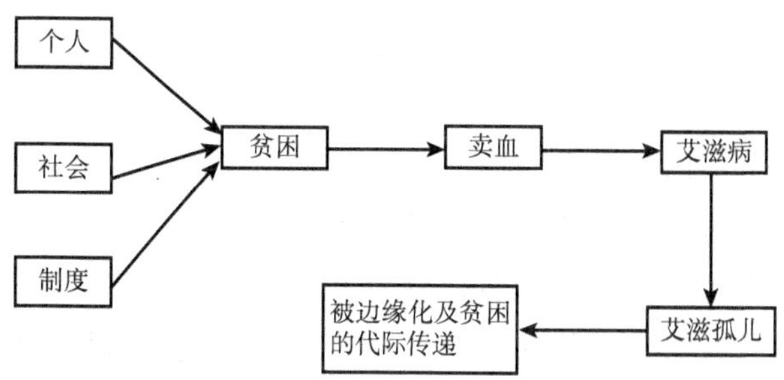

图 1－1 艾滋孤儿形成过程示意图

艾滋病感染者的剧增也导致了艾滋孤儿的快速增长。“通过对中国某一地区 143 例艾滋病感染者的研究，16.8% 的感染者有 5 岁以下的孩子，这些孩子将在他们非常小的时候就成为孤儿。”① 据从事艾滋孤儿救助工作的李丹介绍：“从 1997 年双庙村死了第一个卖血感染者起，已有近 200 名村民命赴黄泉，失去了单亲、双亲的艾滋遗孤上百，而且最近又有 700 多名村民被划进‘黑名单’。按照艾滋病发作周期，估计三五年内将陆续死亡，艾滋遗孤将至少达到 800 名。”

艾滋孤儿幼年失去双亲，面临着生存、教育以及心理方面的种种问题，许多孤儿被迫失学或过早地打工来维持家庭经济的运转。由于患病人群呈现家族性和地域性的特征，传统的非正式社会支持网络在救助与保护艾滋孤儿方面的支持力度被极大地削弱，这使得艾滋孤儿所面临的问题进一步加剧。这需要社会各界共同

① Joint Assessment Report, 2003 – State Council AIDS Working Committee in China, UN Theme Group on HIV/AIDS in China, Representing the Ten Consponsors of UN-AIDS, A Jonit Assessment of HIV/AIDS Prevention, Treatment and Care in China (2003).

面对，以减轻艾滋病对他们产生的不良影响，促进儿童和青少年的健康成长。

近年来，中部诸省、区艾滋孤儿的困境引发了社会各界的广泛关注，非政府组织及爱心人士都对这一群体进行救助并开展相应的活动，积累了宝贵的经验。近年来，艾滋孤儿的救助工作也开始纳入政府的视野，这一工作主要由民政部门负责，同时教育部门与卫生部门相配合。但专业的研究尤其是从社会政策与社会工作的角度对这一群体进行的研究还非常少见。本研究将从社会救助的角度入手，探讨在两种救助模式的情境中艾滋孤儿的社会支持、污名与需求满足的关系，寻求当前情境下满足儿童需求的合理路径，为政府、非政府组织及相关工作部门的工作提供借鉴。

三　中国社会救助政策的发展进程

1. 中国传统的社会福利思想

虽然中国没有像西方国家那样系统的社会福利政策理论，但中国的社会福利思想却由来已久。孔子在《礼记·礼运》的开篇所提到的大同之世，就是孔子对原始社会这个人类历史的“黄金时代”所保留的朦胧印象及当代理解：“大道之行也，天下为公。选贤与能，讲信修睦。故人不独亲其亲，不独子其子，使老有所终，壮有所用，幼有所长，矜寡孤独废疾者，皆有所养。男有分，女有归。货恶其弃于地也，不必藏于己；力恶其不出于身也，不必为己。是故谋闭而不兴，盗窃乱贼而不作。故外户而不闭，是谓大同。”这表明了原始社会晚期的社会福利状况，即实现财产公有，每个氏族成员都尽自己所能创造社会财富，老人、小孩和不幸的人能够得到氏族的抚养与帮助（陈红霞，2002）。在此之后，提倡推己及人，“老吾老以及人之老，幼吾幼以及人之幼”的思想还比较完好地保留下来。先秦时期，尤其是诸子百家的学说中都涉及对社会福利方面的论述，他们普遍强调对老年人、未成年人以及不幸者的保护，并且对于防灾救灾也有自己独到的见解。如影响中国人思想最为明显的儒、释、道三家的思想都主张父慈子孝、兄顺弟恭、“仁”、“爱”，成为中国社会福利思想中最早、最完善的内容，对于后世社会福利制度的改革与完善具有重要意义。古代中国对于社会福利的重视与源于西方文化背景下的社会整合、社会团结有异曲同工之处，对于维护社会的稳定与可持续发展也起到重要作用。在中国古代的封建社会，自然灾害发生时，不管是中央政府、地方政府还是地方士绅，往往都会通过诸如施粥、发放相关物品等方式来赈济灾民。这种传统做法到当代还留有一定痕迹。在当代，在传统文化影响比较深远的农村地区，人们之间的共同体意识还比较浓厚，人们之间仍然非常重视血缘、地缘关系，家庭与亲属等构成的非正式社会支持网络在个人面临生活危机以及其他困难时，往往可以起到正式的制度性支持所起不到的作用。正如俗语所言“一人有难、八方支援”、“远亲不如近邻”。传统的中国社会是一个“差序格局”的社会（费孝通，1998），这种家族纽带在抵御灾害、增强个人能力方面具有不可低估的作用。由于文化与思想的传承性，中国传统的社会福利思想和中国文化的特征不可避免地对中国社会福利政策的制定和民间福利机制的形成具有重要的作用。

2. 中国的儿童福利制度及艾滋病救助政策

我国正式的社会福利政策的建构始于1949年以后。中国政府将无依无靠人士、残疾人士以及孤儿的救助工作纳入政府部门的视野，建立了一系列的制度来保障其合法权益。中国政府在城乡建立了“五保”制度，对失依老人及幼儿实行专人看管及照顾，建立了孤儿院及儿童福利院收容被遗弃的儿童，为他们提供基本的生活、教育、医疗等各方面的保障，其费用主要由国家财政及地方财政负担。这些儿童长大后，为其介绍就业机会或到残疾人福利工厂就业。当然，由于各种因素的影响，一直以来，长期在福利院生活的儿童大多是残疾儿童，包括肢残和智残儿童。健康儿童大多数在福利院停留较短时间后即被他人收养。20世纪90年代后，中国政府在城市建立城镇居民最低生活保障制度，农村也开始逐步进行养老、医疗保障的试点工作。在此过程中，政府将孤儿的救助工作也纳入其中，与最低生活保障制度相结合，为符合条件的儿童与青少年提供应有的保障。另外，各级政府不断和非政府组织及其他机构合作，探讨、实施脆弱儿童救助保护的有效途径与方式，并取得了良好效果。如国家民政部、省民政部门与英国救助儿童会等国际机构相互配合，对流浪儿童问题所做的探索性工作；[①] 北京、昆明等一些儿童福利院与国际机构相结合，开展家庭寄养工作的探索等都取得了较好的效果，得到了政府与社会的承认。

中国的艾滋病出现于20世纪80年代，但中国政府正式承认艾滋病在中国的蔓延以及切实采取政策和措施始于近年。我国于1996年建立了“国务院防治艾滋病性病协调会议制度”，明确了各部门的职责分工，加强了艾滋病防治工作的领导和协调。为落实国务院印发的《中国预防与控制艾滋病中长期规划（1998—2010年）》和《中国遏制与防治艾滋病行动计划（2001—2005年）》，各有关部门、单位、社会团体及各地坚持预防为主，在严厉打击吸毒、贩毒、卖淫嫖娼的同时，积极开展健康教育和行为干预，在疫情严重的地区建立了艾滋病综合防治示范区。从2001年起，中央艾滋病防治专项经费由原来的1500万元增加到1亿元。2001年国家投资12.5亿元国债，地方配套10亿元用于加强中西部地区的血站基础建设和设备投入，新建、改建血站、血库459个，对控制经采供血途径传播艾滋病发挥了重要作用。此外，国家投资8亿元国债资金用于西部地区疾病预防控制机构建设，加强防病的综合能力。国家组织了抗艾滋病病毒药物国产化项目，并纳入国家

① 这方面的工作最显著地体现在由民政部、英国救助儿童会以及高等院校三方结合对郑州流浪儿童救助工作所做的有效探索，后来被归纳为流浪儿童救助的“郑州模式”，有关的研究成果可以参见：张齐安、杨海宇，新华社2006年12月28日电，见 http://www.ha.xinhua.org；王万民、谢小卫，2006，见 http://www.shfl.com.cn 等。

重点技术创新和重点技术改造国债专项资金项目；建立了治疗艾滋病药品进口注册及研制报批快速通道；批准了进口治疗艾滋病药物的免税政策；加快了药物国产化进程。[①]

在涉及艾滋病感染者及相关人群的救助方面，我国也出台了一系列政策措施。2003 年 9 月 22 日，卫生部高强副部长在联合国艾滋病专门会议上向世界做出了“四免一关怀”的政策承诺，即“农村的感染者和城市的贫困感染者免费提供药物、免费检测、免费母婴阻断，对农村贫困的孩子免学费，而且对感染者和病人提供关怀”。国务院于 2004 年下发了《关于切实加强艾滋病防治工作的通知》，其中对涉及艾滋病防治的一系列工作进行了规定。后来，民政部又下发了《关于加强对生活困难的艾滋病患者、患者家属和患者遗孤救助工作的通知》等一系列文件，对涉及艾滋孤儿的一系列问题做出具体的规定。其中，民政部的文件中规定，把对生活困难的艾滋病患者、患者家属及患者遗孤的救助工作列入城乡社会救助工作的重要内容。同时规定要加强和相关部门的合作，对于城镇家庭中因患艾滋病导致家庭人均收入低于当地最低生活保障线标准的，将其纳入低保范围。在已经建立农村低保制度的地区，要将符合条件的艾滋病患者家庭纳入农村低保范围；尚未建立农村低保制度的地区，要将生活困难的艾滋病患者、患者家属列为特困户和基本生活救助对象，给予定期定量生活救济。同时，给予经济困难的艾滋病患者必要的医疗救助。民政部的文件中规定，做好艾滋病致孤儿童的工作是当前救助工作的重点之一。对于这方面工作，在文件中做了这样的规定：广泛动员各方力量，采取灵活多样的形式对孤儿进行救助与安置。具体措施包括以下几个方面。第一，鼓励亲属和社会收养孤儿，为孤儿的成长创造健康的家庭环境。第二，大力弘扬中华民族尊老爱幼、邻里互助的传统美德，积极推广家庭寄养。第三，对于无法收养和寄养的儿童，由当

---

① 中国疾病预防控制中心：《中国艾滋病防治工作情况》，http：//www. sina. com. cn，2002 年 11 月 29 日。

地政府在社区中建立单元式家庭设施，采取小家庭式照料模式，为孤儿提供必要的生活、教育条件。对于已被艾滋病毒感染的孤儿，也可通过小家庭式的家庭照顾模式进行相对集中的安置。第四，在确有需要和可能的地方，不符合上述条件的，要结合农村敬老院和城市社区服务机构建设情况，对部分孤儿进行相对集中的安置。同时，民政部也规定了对于农村居民中符合救助条件的已故艾滋病患者的孤老和孤儿实行“五保”供养。对于城镇地区艾滋病患者的遗孤，也按国务院相关文件的规定，根据救助对象情况，分别给予全额享受和差额享受低保金待遇。其中的“三无”人员，符合条件的要由福利机构依法供养（民政部，2004）。

早在 2000 年，上蔡县就将艾滋孤老和“五保”老人一样对待，对艾滋孤儿还加了一条，就是免费上学，是“六保”。从 2003 年起，河南省上蔡县民政局对患艾滋病的家庭进行分类，家里有一个艾滋病患者的，每季度补助 30 元；有两个艾滋病患者的，每季度补助 40 元；有三个以上艾滋病患者的，每季度补助 50 元；因为艾滋病失去亲人的，孤儿每月补助 113 元，孤老每月补助 79 元。2003 年底，他们的救助已经从零星的救助改成了长期固定的救助，具体是艾滋孤儿每个月给 113 元，孤老每个月给 79 元，采取了集中供养、家庭寄养和收养的方式。后来这一标准又随着现实情况的变化而不断提高，初步保障了艾滋孤儿和孤老的基本生活。上蔡县对艾滋孤儿以及受艾滋病影响群体的救助措施，对河南全省艾滋孤儿救助政策的形成有着重要的借鉴意义。此后全省对于艾滋病感染者、患者以及孤老、孤儿的救助进一步推行开来。2004 年 2 月，河南省派了 38 个工作队进驻艾滋病高发村督促实施“六个一工程”，修一条入村公路，建设一所学校、一个卫生室、一个党员活动室、一口水井、一个阳光家园，全面启动艾滋病的救治和救助工作。从 2004 年 4 月份开始，河南省民政厅形成了方案，开始对艾滋病致孤人员进行救助。2004 年 11 月 2 日，河南省民政厅又下发文件，对艾滋病造成的单亲家庭进行救助，这些单亲家庭每人每月可以领到50元。民政厅和省艾滋帮扶办公室商定，主要是通过机构集中供养、家庭寄养和领养三种方式，确保每个艾滋病致孤人员每月生活费160元，确保免费就医、免费就学，艾滋孤儿义务教育阶段的费用全免。

河南的做法对于全国相应政策的出台也起到了重要的作用。2004年8月，民政部下发《关于加强对生活困难的艾滋病患者、患者家属和患者遗孤救助的通知》，并拨专款向拥有或照顾艾滋病孤儿的家庭提供经济补助。各级政府采取多种形式对艾滋病孤儿开展救助，如家庭寄养、认养、助学、建孤儿院等。

在保护受歧视群体的权益方面，法律法规是最后一道防线，也是最后重要的手段。在此方面，我国的相应法律法规也进一步完善，使得与艾滋病有关群体的合法权益进一步得到保障，享受平等对待。2004年新修订的《传染病防治法》已将对传染病感染者的歧视列为法律禁止的范围，从法律的角度给感染者提供了保护。国家领导人亲自接见艾滋病患者和感染者，推动了全社会反歧视活动的开展。2006年1月18日，《艾滋病防治条例》以国务院令的形式于国务院第122次常务会议通过，并于2006年3月1日起正式实行。这一条例分为总则、宣传教育、预防控制、保障措施、法律责任以及附则六大部分，对涉及艾滋病有关的各个问题进行了规定。其中，第45~47条专门规定了对于艾滋病毒感染者、孤老和孤儿进行救助的责任主体、内容以及形式。[①] 这一条例的出台使得艾滋病的预防、控制、宣传教育有法可依，有利于进一步保障艾滋病患者、感染者以及其他受影响群体的合法权利。

① 该条例第45条规定：生活困难的艾滋病病人遗留的孤儿和感染艾滋病病毒的未成年人接受义务教育的，应当免收杂费、书本费；接受学前教育和高中阶段教育的，应当减免学费等相关费用。第46条规定：县级以上地方人民政府应当对生活困难并符合救助条件的艾滋病病毒感染者、艾滋病病人及其家属给予生活救助。第47条规定：县级以上地方人民政府有关部门应当创造条件，扶持有劳动能力的艾滋病病毒感染者和艾滋病病人，从事力所能及的生产和工作。

结论

本研究的研究对象——艾滋孤儿这一群体的产生有其深刻的经济与社会背景。艾滋孤儿的问题是在国内社会变迁的大背景下，积蓄已久的公共卫生问题与贫困问题的延伸。一方面，在急剧的社会变迁过程中，城乡差距、地区差距与行业差距日益扩大，中西部农村的边缘化程度更为严重；同时，由于社会福利政策，尤其是教育、医疗方面的改革使广大农民的负担加剧、支出增加，他们难以通过有效途径来满足自己以及家庭正常的物质需求。另一方面，当时义务献血还未普及，临床用血紧张，同时生物制品公司也需要大量新鲜血液作为血浆制品的原料，于是产生了对新鲜血液的需求。这就导致了血液供应的短缺，血液价格提高。这两方面因素相结合，造成一些地方卖血行为的产生及蔓延。由于此过程中的操作不规范，使得艾滋病感染者逐渐增加，成为严重的社会问题。由于现在潜伏期已过，高发区青壮年大量死亡，艾滋孤儿问题随之产生。由于患病者群体的家族性和地域性的特征，使得农村原有的非正式的社会支持网络受到极大的破坏。扩大家庭和社区往往没有能力为这些孤儿提供相应的支持，从而形成社会支持系统的断裂。由于艾滋孤儿面临着一系列的物质与精神、心理方面的困难与问题，使得其成为近年来广受关注的群体之一。对于这种多重的弱势群体，采取什么样的照顾方式有利于其健康成长成为政府以及社会各界广为关注的主要内容。同时由于这一问题又与中国的儿童福利、社区照顾、心理健康等联系在一起，使情况变得更为复杂。

第二节　问题的提出

从目前的现状来看，艾滋孤儿的救助模式主要有家庭寄养（如阳光家庭）、院舍型照顾（如阳光家园）和收养。其中，前两者是一种暂时性的安置方式，而收养则属于永久性的安置方式，也应该是优先考虑的方式。但从现实情况来看，由于艾滋病的影响以及社会成员的认识等因素，对于艾滋孤儿这一群体，成功的收养案例过少，不足以作为一种模式来研究。现实中对于艾滋孤儿的救助也主要是前两种方式，因此本研究只能是前两种模式的对比研究。那么，在这两类救助模式中，艾滋孤儿的社会支持，包括支持的层面、类别及数量如何？

从国外的相关研究中可以看到，由于污名的扩大，家庭成员、朋友、照顾者也受到与艾滋病有关的污名的影响。作为家庭成员，艾滋孤儿受到的影响更为严重。在具体的社会情境中，包括地理位置、照顾者身份、安置方式、内部一致性、宗教背景和外界认可度等各种因素都可能影响污名，带来消减污名或是加重污名的后果。那么，在这两类救助情境中，这些因素是如何发挥作用的？

由于患者地域上的相对集中以及艾滋病的高度污名化特征，导致污名地域化和污名物化出现——即污名的对象不只是指向“人”，而且指向“物”，这是污名严重情况下的必然反映。从中国社会的现实情况来看，社区之内是一个熟人社会，社区成员彼此之间相互熟悉。那么，这种熟人社会相互熟悉的特征对于个体的污名及污名控制有什么样的影响？

在两类不同的救助模式中，由于各方面因素的影响，社会支持的类别、数量以及污名程度都各不相同。社会支持对于儿童个人的生活状况是一个正向因素，它有利于个人的需求满足，而污名则带来歧视与社会排斥，对个体的需求满足产生负面影响。那么，在这两种救助情境中，儿童的需求满足状况有什么差异，分别和社会支持与污名又是一种什么样的关系？

第三节　研究意义与研究目的

一　理论意义

从我国国内社会学界的相关研究来看，应用社会支持理论对不同群体的实证研究成果不少，包括对社会支持网络的研究。对老年人、外来打工人员、妇女等不同群体及不同年龄阶段的研究。但已有的研究成果更多地局限于对成年人的研究，对脆弱儿童的研究相对较少，而对现代出现的新问题——艾滋孤儿的研究则更少。从世界背景来看，人类发现艾滋病已有30年，全世界对于涉及艾滋病及其相关的社会问题的研究越来越多，而国内这方面的研究成果相对较少。艾滋孤儿是由于艾滋病的蔓延而产生的社会问题之一，他们面临一系列的困难与问题，同时受到社会支持与污名的两方面因素的作用。因此从社会支持与污名的角度来对这一群体的状况进行研究，将对丰富和发展原有的社会支持理论与污名理论的相关内容具有重要的意义。

本研究采用定性研究方式，对艾滋孤儿的社会支持、污名与需求满足情况进行研究。本研究将扩展原有社会支持理论的适用范围，将其应用于东方社会背景下一个新的弱势群体——艾滋孤儿。同时，艾滋病往往又与贫困、种族、污名、歧视等社会问题联系在一起。而将社会支持、污名与社会排斥结合考虑，将大大丰富原有社会支持理论的内容。

二　应用意义

近几年来，我国政府制定了一系列的政策措施，以保障艾滋病患者及艾滋孤儿的合法权益。一些国际组织、民间组织和个人也纷纷开展各种形式的活动，加强对艾滋孤儿的救助。但现有的几种救助模式在现实中都遇到了一些问题。第一，由于缺少社会成员的配合，一些活动难以进行，例如缺少合适的愿意收养、寄养孤儿的家庭，使得艾滋孤儿的寄养、收养工作难以开展，成功率非常低；第二，由于各类救助活动都有其优缺点，彼此间缺乏协调性，有效的资源不能合理的配置；第三，目前的救助活动更多地着眼于现状，往往停留在对艾滋孤儿物质需求方面的满足，而对其精神健康和心理需求考虑不足，同时对他们也缺乏长期的计划安排。对于艾滋孤儿来说，由于其年龄尚小，以后还要存活相当长的时间，因此针对他们进行的教育、培训以及生活技能的培育，对于其今后的个人发展以及社会融入都具有非常重要的意义，有利于艾滋孤儿合法权益的维护和身心的健康成长。本研究如果完成的话，将有利于政府相关部门、非政府组织及一切关心艾滋孤儿的爱心人士了解艾滋孤儿的全貌，有利于他们采取针对性的措施，促进各种力量的有效整合并对艾滋孤儿进行有效保护。

三　研究目的

本研究旨在通过两种不同救助情境中艾滋孤儿基本生活状况的研究，从理论上探讨社会支持、污名与需求满足的关系；同时寻求中国熟人社会背景下污名的状况、表现、影响因素以及污名控制策略；并在此基础上探讨去污名化的策略，以降低污名、消除社会歧视和促进社会平等对待和社会融入的进程。在现实层面，通过对两种不同的救助情境——阳光家庭与院舍的比较，寻求艾滋孤儿相对合理的救助模式，为救助工作提供一定的借鉴。另外，在我国社会工作专业化和职业化的背景下，为社会工作者介入艾滋孤儿的救助与长期计划工作带来一定的启示，并提出一些建议。

第四节　写作思路

本研究采取个案研究和比较研究的方式，从阳光家庭与院舍两种救助模式入手，探讨艾滋孤儿的社会支持、污名与需求满足的关系。本研究主要分为以下几大部分。

第一章为背景资料及选题的意义。其分为几大部分，包括背景资料、研究问题的提出、选题意义和研究目的、写作思路四部分内容。

第二章是文献回顾。这部分主要结合本研究的实际情况与国内外的相关研究，回顾了社会支持、社会排斥与污名三大理论的基础理论与实证研究成果，并在此基础上提出本研究的基本理论框架，为后面的研究设计及实证研究部分奠定基础。

第三章是研究设计部分。包括主要概念、分析框架、研究方法、研究现场的进入及个案的选取四部分内容。在这部分，研究者主要说明了本研究的设计及所采用的主要方法，为以后的实证研究部分提供方法方面的支持。基于本研究内容的影响，进入现场并收集资料非常困难，本部分加上了个案的选取及研究现场的进入这部分内容，以论证本研究的合理性并对关心此研究的人有所交代。

第四章至第六章是本研究的主体内容部分，分别以社会支持系统、污名与污名控制、需求满足为中心内容。第四章是艾滋孤儿的社会支持系统。这部分将对非政府的院舍型救助与家庭寄养型救助两类不同的救助方式的社会支持系统进行比较与分析。这里对社会支持系统的界定是建立在对“人在环境中”的基本观点认同的基础上，并结合中国的社会背景与实际情况，将艾滋孤儿的社会支持系统划分为国家与政府层面的支持、社区层面的支持、组织层面的支持与家庭层面的支持，并比较阳光家庭与院舍型照顾两种救助情境中艾滋孤儿各个层面的社会支持的差异。第五章是艾滋孤儿的污名及污名控制策略。在对中国内地农村熟人社会的污名与污名控制策略研究的基础上，本研究比较了阳光家庭与院舍的污名表现、类型、差异及原因，并在此基础上探讨了熟人社会的污名与污名控制策略。第六章是艾滋孤儿的需求满足状况。建立在对前面两章分析的基础上，本部分从儿童的工具性需求、情感性需求和发展性需求三个方面比较了阳光家庭与院舍这两种不同救助情境中儿童的需求满足状况的差异，以此来说明社会支持、污名与需求满足的相关关系，为本研究的基本结论提供了理论与事实的基础。

第七章是研究结论、启示及建议部分。第一，本部分论述了本研究的研究结果、理论结论，并在此基础上分析了研究中的不足之处以及今后需要进一步讨论的地方；第二，由于社会工作专业化、职业化、本土化与社会福利政策的制定、执行有重要的关系，本研究探讨了我国近年来社会工作发展的背景及进程；第三，本研究的研究结论对中国社会福利、社会工作发展的启示；第四，在前面研究的基础上，提出了相关的政策和服务的建议。

第二章
文献回顾

从社会科学的视角来看，艾滋病属于一个复杂的社会问题，其发生和蔓延与民族、种族、贫困、性别、文化、健康以及生活方式都有着密切关系。而艾滋孤儿是艾滋病蔓延所引起的诸多社会问题之一，也是最为严重的社会问题之一。本研究从社会福利视角对艾滋孤儿的相关问题进行研究，立足于对两种不同救助情境下艾滋孤儿的社会支持、污名与需求满足的比较，并在此基础上探讨最为合理的救助方式。因此，文献回顾主要从与本研究相关的部分着手。从研究背景中我们可以得知，艾滋孤儿这一群体既受到社会支持的作用，又受到污名的影响。这两类因素相互作用，共同影响到艾滋孤儿的需求满足。由于阳光家庭与院舍中的社会支持与污名状况的不同，导致其需求满足也呈现出较大差异。因此，本研究从社会支持、污名以及社会排斥的角度回顾相关理论及实证成果，并在此基础上提出本研究的研究框架。

第一节　社会支持的相关理论

社会支持的研究起源于20世纪70年代，早期较多地被用于医疗疾病及精神康复领域。大量的实证研究结果证明社会支持与患者（精神病人）的康复有正相关作用，即社会支持有利于患者或精神病人的康复。后来社会学界引入社会支持的概念，对社会支持与精神健康的关系进行了大量研究，并在此基础上进行了扩展，产生了大量的研究成果。目前社会支持成为一个多学科关注的领域，此方面的研究成果非常丰富，但社会支持的内涵并没有在各学科间达成共识。这里主要从社会学角度，对社会支持方面的理论与实证研究成果进行回顾。

一 社会支持的定义及类别

不同的学科、不同的学者从不同的角度对社会支持有自己的定义。如 Uehara 认为，社会支持既涉及家庭内外的供养与维系，又涉及各种正式与非正式的支持与帮助。它不仅仅是一种单向的关怀与帮助，在多数情况下还是一种社会交换（Edvina Uehara et al. ,1990）。Sarason 认为，社会支持是个体对想得到或可以得到的外界支持的感知（Sarason et al. , 1991）。Cullen 认为，社会支持是个体从社区、社会网络或从亲戚朋友那里获得的物质或精神帮助（Cullen, 1994）。Malecki 等人则认为，社会支持是来自他人的一般性或特定的支持性行为，这种行为可以提高个体的适应性，使个体免受不利环境的伤害（Malecki et al. , 2002）。House 从社会类别的角度对社会支持进行定义，他认为“支持是一种出现在下列过程中人与人之间的交换过程：第一，情感、关怀；第二，工具性支持；第三，情感、信息；第四，赞扬”（House et al. , 1981）。这种定义是将社会支持作为一种资源的交换过程，交换的媒介不仅包括物质性的，还包括非物质性的，如情感、信息等。而 Troits 则从社会支持的来源进行定义，他将社会支持定义为“重要的他人如家庭、朋友、同事、亲属和邻居等为某个人所提供的帮助功能。这些功能典型地包括社会情感帮助、实际帮助和信息帮助”（Troits et al. , 1986）。林南认为，社会支持是意识到的和实际的由社区、社会网络和亲密伙伴提供的工具性或表达性的资源（林南，1999）。这一定义综合了社会学对社会支持的三种含义，突出了对社会支持具有的动态性理解，即社会支持在社会互动过程中应给予工作对象资源和动力的帮助，满足需要和解决问题，而不仅仅是社会互动状态分析（周湘斌等，2005）。荷兰社会学家 Ven der Poel Mart 指出，除了情感运行和实际支持外，社会支持还包括社会交往和社会活动的参与。而且社会支持是一种普遍的社会行为，日常生活世界里的每个个体都可能是社会支持的客体。广义的社会支持包括：物质帮助、行为支持、亲密互动、指导、反馈和正面的社会互动六种形式（Ven der Poel Mart，1993）。

中国学者近年来引入社会支持理论进行了大量的实证研究，他们也对社会支持提出了自己的定义。如李铣、宣讯等人认为社会学的社会支持是基于“支持需求是从人类基因中衍生出来的一种本能福利”的观点，以心理失调的社会原因为研究对象的社会病原学所采用的一种理论，用以说明互动、社会网络和社会环境对社会成员的心理挫折感和剥夺感所产生的影响，着重研究减轻对社会生活有困难者的心理应激反应，以缓解精神紧张状态，提高社会适应能力（李铣、宣讯等，2004）。而陈成文等人从社会网络的角度对社会支持进行了定义，认为社会支持是一定的社会网络运用一定的物质和精神手段对社会弱者进行无偿帮助的一种选择性行为（陈成文等，2000）。

以上对社会支持的定义大致可以分为三类。第一类是从社会互动的角度来定义社会支持，一般认为社会支持是人们之间的一种亲密联系，这种联系是客观存在的或人们能够感知到的。第二类是从社会行为的角度来定义，认为社会支持是一种能够促进扶持、帮助或支撑事物的行为与过程，是个体对他人的社会需要的反映。第三类是从社会资源利用的角度来定义，社会支持是个人处理紧张事件的一种潜在资源，是通过社会关系、个人与他人或群体间互换的社会资源。它包括施与者与与予者两方有意识的个体之间所进行的资源交换（程虹娟等，2003）。持以上这几类看法的人相对较多。从这些定义来看，社会支持具有社会性、选择性和无偿性等特征。

与社会支持的定义不一致相类似，社会支持的分类也并不一致，学者们从不同的角度对社会支持进行分类，具有代表性的观点主要有以下几种。如 Barrera 认为，广义的社会支持包括六种形式：物质帮助，如提供金钱、实物等有形的帮助；行为支持，如分担劳动等；亲密的互动，如倾听、尊重、关怀、理解等；指导，如提供建议、信息或指导；反馈，对他人的信息、思想和感受给予反馈；正面的社会互动，即为了娱乐和放松而参与社会互动（Manuel Barrera ed al.，1983）。从这些社会支持形式来看，社会支持的形式既包括有形的社会支持形式，也包括无形的社会支持。也有学者从社会支持的内容方面对社会支持进行分类，如有的学者把社会支持分为情感性支持、工具性支持，还有人在这两类之外加上信息性支持。还有学者从社会支持的性质方面进行分类，如将社会支持分为主观性支持、客观性支持。肖水源教授则在自己设计的量表中将社会支持分为客观存在的支持、主观感受到的支持和对支持的利用度三类（肖水源，1994）。

二　社会支持的测量

从社会支持的研究成果来看，较多采用定量研究的方式，使用量表、问卷等工具来对社会支持的数量、类别、社会支持与生活满意度、社会支持与个体康复状况等进行测量。从实证研究结果来看，实际中运用较广的测量工具主要有五个。

（1）Sarason 的社会支持问卷（SSQ）。此问卷共有 27 项，用来测量感受到的社会支持数量及获得社会支持的满意度，主要分为两大类：第一，社会支持的数量，即在需要的时候能够依靠别人的程度，主要涉及客观性支持；第二，对所获得的支持的满意程度，主要评价的是个人的主观体验（Sarason et al.，1983，1991）。

（2）Norbeck 的社会支持问卷（NSSQ）。此问卷由功能、社会网络和支持丧失三个方面组成。功能方面包括影响、肯定和帮助；

社会网络包括网络数量、关系的持久性和接触频率；支持丧失包括支持资源丧失的数量和类别，以及感觉到支持的丧失（Norbeck et al.，1983）。

（3）Andrews 的社会支持调查问卷。这是他在一项城市社区的调查中所使用的，主要由 16 个条目组成，涉及三个部分，即危机情况下的支持、邻居关系和团体参与（Andrews et al.，1978）。

（4）Henderson 的社会交往问卷。此问卷分为社会支持的可利用度和自我感受到的社会关系的适合程度两个方面（Henderson et al.，1981）。

（5）肖水源教授编制的社会支持量表，由肖水源教授在 1986 年编制，后于 1994 年进行过修正。此量表共 10 项内容，由客观支持、主观感受到的支持和个人对社会支持的利用度三个方面组成（肖水源，1994）。此量表被国内医学界和心理学界的大量实证研究所采用，已经被证明具有良好的效度与信度。

这些量表各有其优缺点，在实际中具体使用哪种量表取决于研究者的研究对象、研究问题、变量等因素与量表所要求的范畴是否契合。实际中研究使用量表除要求量表具有较好的信度与效度外，还要求量表具有使用简便性和适应性强的特点。以上这些量表大多已经在实践中被证明具有良好的信度与效度。

三　社会支持的实证研究成果

由于社会支持理论具有很强的应用性，从社会支持理论产生之日起，就呈现出非常明显的应用性。因此，社会支持方面的实证研究成果非常多，主要表现在以下几个方面。

1. 社会支持与关系、网络

社会支持网络的出现将社会支持与交换理论、网络分析理论相结合，使社会支持理论有了更强的生命力，其中影响较大的是林南、格兰诺维特和边燕杰等人关于社会支持网络中强关系和弱关系的研究。

林南对社会支持的概念进行了整理，他首先从社会和支持两个角度建立了一个关于社会支持的综合定义。他认为，从社会方面来看，社会支持隐含着个人与环境的关系，可以分为三个层面：社区、社会网络和亲密伴侣。社会环境是连续的而且人际关系网络在不同的场域有重叠之处。在支持方面，林南将社会支持区分为工具性支持和表达性支持。其中，工具性支持指运用人际关系作为手段以达到某种目标，如找工作、借钱、帮助看家等。表达性支持本身既是手段也是目的，它涉及享受、情绪发泄或对问题的了解、肯定自己和他人的尊严与价值等。林南认为，社会支持是由社区、社会网络、亲密伴侣所提供的可感知的实际的工具性支持或表达性支持。另外他还从社会资源的角度分析不同程度的连接如何发挥作用。具有相同特征、态度和生活形态者倾向于住在类似社区、出现于类似的社会和工作环境中。他们的特征促进彼此互动的紧密度，而互动的密切又增强彼此共同的特征（林南，1986）。对于支持与关系的性质，林南提出了两个著名的假设。一是工具性支持的达成有赖于弱关系的运用。因为弱关系中蕴含的资源类别较广，而个人需要的工具性支持很难通过同质性极高的强关系达成。二是表达性支持的达成是通过强关系的运用。因为网络中人们的嗜好、兴趣、观点与价值观较为接近，因此强关系对个人的心理健康有着较大的影响。

Granovetter 提出人际关系连接的强度可由互动频率、感情强度、亲密程度和互惠程度表现出来。他指出强关系对自我的心理活动具有重要影响，互动的目的在于维持已有的连接。弱关系是连接个人到更为广阔的社会网，其目的在于拓展连接的多样性。而边燕杰对中国天津的研究发现，强关系比弱关系更能充当帮助者与求职者之间的桥梁，因此对格兰诺维特的假设进行了修正，丰富和发展了社会支持网络理论的相关内容（边燕杰，1999；Bian Yanjie，1997）。

在中国学者对社会支持进行的大量实证研究中，社会支持结构与网络是一个重要的组成部分。这些研究既有偏重于宏观层面的研究，如就某一个城市所进行的研究（阮丹青等，1990；张文宏，1999；张文宏等，1999；珂莱尔·婉格尔、刘精明，1998），也有就某一群体的社会支持网络和社会支持结构所进行的研究，如老年人（贺寨平，2002；李建新，2004）、青少年（杨雄，2004），残疾人（许琳等，2006），以及一些转轨时期的特殊弱势群体，如下岗工人（丘海雄等，1998；邹中正等，2001；李强等，2001）、打工妹（蒋静，2003）、癌症患者（张时飞，2001），还有一些不同的职业群体，如护士（聂春雷等，2005）、在职母亲（阮曾媛琪，1999）等。

初始，国内学者对于社会支持网络的研究偏重于静态的描述性研究，如上面提供的关于北京与利物浦的社会支持网络的对比研究、天津居民的社会支持网研究等，都是关于某一个或几个城市的社会支持网络/结构的描述性研究。后来社会支持方面的研究有所深入，学者们采用历时性研究的方式，在对社会支持结构进行描述的基础上探讨其中的变化、原因以及意义，这时已经过渡为描述性研究和解释性研究并重的状态。如丘海雄等人对下岗职工的社会支持结构的研究，认为下岗职工在寻求经济支持时主要是血缘关系取向，而在寻求就业帮助时主要是业缘关系和私人关系取向，下岗职工的社会支持结构已经由改革前的一元化结构逐步转变为多元化结构（丘海雄等，1998）。阮曾媛琪对北京在职母亲的社会支持状况的研究，认为中国在职母亲的人生过程中嵌入了丰富的社会支持网络，家庭网络、邻里网络以及单位网络给在职母亲提供了不同形式的社会支持，有利于增强她们的规范整合、结构整合和经济整合。同时，这些社会支持网络也强化了东方社会普遍认可的行为和价值模式，间接阻碍了非传统的、进步的实践的发展（阮曾媛琪，1999）。这一研究更多地具有功能论的色彩，从社会支持网络的正功能与负功能的角度来看待社会支持网络的作用。

后来，研究者试图结合多个层面，如宏观与中观层面、中观与微观层面等方式来进行解释性研究。研究方法也从使用单一的方法，如初期的定量研究方法——采用量表、问卷等测量工具，扩展到利用更为多样化的研究方法进行研究，如采用个案研究的方法，对个体的社会支持状况以及个体如何利用这些支持进行研究，从而使得研究更为深入（蒋静，2003）。另外，还出现了兼谈群体的社会支持网络以及社会支持与生活满意度的关系等方面的研究（贺寨平，2002），使得社会支持的相关研究更为深入。

也有一些研究试图从主观及客观两个方面来探讨某一群体的社会支持网络、正式支持与非正式支持的地位以及他们对社会支持网络的利用。如邹中正等人运用经济支持、再就业支持和感情支持三个指标，对成都市进行了调查，分析了我国体制转型时期政府和家庭在下岗女工的社会支持网络中的地位和作用。结果表明，政府和企业在下岗女工的支持网络中的作用很低，家庭网络的作用较大。在家庭网络关系中，亲缘关系的作用明显低于血缘关系、夫妻关系以及私人社会关系的作用。亲缘关系相对弱化，业缘关系强化，家庭关系基本稳定。从总体上说，城市下岗女工的初级群体关系并没有被削弱，其社会支持是多元化的，在寻求社会支持时，按照夫妻和血缘关系、私人社会关系、亲缘关系的顺序进行（邹中正等，2001）。梅方权等人通过对佛山市的外来务工青年的调查研究，认为外来务工青年满足就业需求、交往需求以及遇到困难时寻求帮助的对象都是强关系网络，即由同学、亲友、老乡构成的网络，正式组织在其中所起作用非常小（梅方权等，2003）。也有一些研究将研究与实务相结合，探讨如何利用社会支持进行社会干预等。

2. 社会支持与心理健康、生活满意度

社会支持与心理健康的关系是社会支持研究中一个历史悠久的话题，也是社会支持理论最早探讨的领域。这方面的研究大多由医学界及社会心理学界的学者们完成，他们在大量的研究中证明了良好的社会支持有利于疾病的康复，促进了个人的身体健康、心理健康以及提高了生活满意度等。后来学者们的研究范围更为广泛，不仅考察社会支持的因素，而且将社会支持作为因变量而不是自变量，考察其他因素对于社会支持效果的影响，这使得社会支持的相关研究更为丰富。如 Debra Vanderoort 在对社会支持与生理和心理健康的关系进行研究的同时，还考察隔离状况的影响。在控制年龄、性别等变量后，他发现，缺乏社会支持影响个人的心理满意度，从而与许多身体病症联系，而社会网的规模和社会隔离则与身体健康的相关指标没有显著关系。在控制性别等相关变量后，社会支持的满意度比网络规模对心理健康的影响更大。而隔离对抑郁和敌意有影响，但对焦虑没有影响。他认为关系的质量对于健康的影响要大于关系的数量对健康的影响，关系的质量对身体健康的影响要大于对心理健康的影响。

Karen Miller 的研究也涉及老年人的社会支持与生活满意度的关系。他将社会支持分为质量与数量两部分，质量部分使用沃克斯的社会支持评价问卷，测量家庭成员和朋友对调查对象的亲密程度、尊敬程度、关心程度、提供社会支持的可能程度。社会支持的数量部分包括朋友的数量、每月与朋友接触的次数以及提供工具性支持的朋友的数量。生活质量部分使用纽加藤生活质量量表。在控制其他变量后，他发现社会支持的质量对生活满意度存在独立影响，且这种影响在所有变量中最大。而社会支持的数量与质量相比，数量对生活满意度没有影响，质量则有显著影响。

3. 艾滋病与社会支持

自从艾滋病出现以来，越来越多的文献对艾滋病患者的社会支持进行了研究，但研究结果不容乐观。学者们发现，尽管许多支持性服务被用来帮助艾滋病患者，但对社会支持在艾滋病控制中所起作用方面的研究很少。从目前的研究来看，存在着两个困难。一个是由于社会支持的概念和测量工具并不统一，学者们从不同的角度，采用不同的测量工具进行研究，这使得不同的研究之间缺乏可比性。为了系统地评价艾滋病患者的社会支持需要，McGough 审视了可利用到的测量手段。另一个理论难题是社会支持中的社会经济、文化变量的作用。在对艾滋病的研究中，虽然很少研究解释社会支持与健康之间的偶然关系，但仍有充分的证据表明支持的各个方面与健康的正向联系，好的社会支持不仅促进健康，而且提供一些远离疾病的保护。

Gill Green 在对大量文献回顾的基础上，提出在艾滋病引发的高风险群体中，支持网络和支持角色随着社会经济、文化环境以及疾病的不同阶段而变化。人们对支持的需要也可能随着疾病的不同阶段而变化（Gill Green，1994）。Ostrow 等人的研究表明，在黑人和白人男男同性恋艾滋病群体中，社会支持与精神健康的关系有所不同。白人同性恋者更容易有白人同性恋者的社区网络。而黑人则更依赖于家庭成员，他们对同性恋者和艾滋病患者更可能持一种污名化的态度。因此，在精神健康和行为领域更不可能提供社会支持。这样，社会支持网络的结构和组成成分的根本不同，就可能解释精神健康和社会支持的差异关系。社会特征和性倾向的差异所导致的社会网络的不同，可能对社会支持与健康的关系有重要的影响（Ostrow et al.，1991）。同时，另外一些学者的研究也证明了个人对支持网络的满意度和参与艾滋病患者社区的行动与更为积极的处置策略相关（Jane Leserman et al.，1994）。

Yong S. Song 与 Kathleen M. Ingram 的研究审视了非裔美国艾滋病患者对于利用到的社会支持的感知与焦虑、沮丧有关的实在的非支持性社会互动之间的关系。他们认为，与艾滋病患者有关的非支持性回应是由于情绪困扰的单变量的作用，而不仅仅是对积极的社会支持的利用。更大的非支持性社会互动与更大的情绪困扰联系在一起。这个结果也表明，与艾滋病有关的非支持性社会互动的水平与脱离、否定等处置策略正相关，与更大的情绪困扰相联系（Yong S. Song & Kathleen M. Ingram，2002）。

Stephen 的研究审视了社会支持的来源，如配偶、朋友和家庭如何影响男同性恋夫妇（其中一方或者双方有艾滋病）关系的维持。配偶是社会支持的主要来源，然后是密切关系的朋友和家庭成员。在所有的支持来源中，配偶的作用特别突出。同性恋夫妇的社会支持网络包括密切关系的朋友和家庭，它们不仅作为一种个人层面上的与疾病有关的支持起作用，而且作为一种维持支持关系的手段起作用。对于处理慢性病的夫妇来说，与疾病有关的社会支持可能发挥促进关系维持的作用（Stephen M. Haan，2002）。

Amy Knowlton 等人对非裔美国人因注射吸毒而得艾滋病的患者的社会支持状况进行了研究，他们比较了这一群体中血清反应阳性与阴性者的社会支持网络状况。在无调整变量的分析中，艾滋病血清阳性者的网络规模更小，有性伙伴的可能性也更小，而且有更多冲突性的边缘性联系。在控制了性别、职业、当前毒品使用状况、网络规模等干扰变量后，阴性反应的人与更大的社会支持网络相联系，支持网络中有更多的女性、亲属，更多的工具性援助，更多的边缘性情感性支持。在艾滋病状态和吸毒活跃者的支持网络间没有明显差异。阳性和阴性的人同样依赖活跃吸毒者的支持。结果显示，血清阳性反应的注射吸毒者动员了自己的支持网络，但他们也使用社会影响依赖毒品（Amy Knowlton et al.，2004）。

Michelle Burden Leslie 等人的研究发现，处置策略直接影响健康满意度和药物滥用。积极的处置策略能够直接带来更高的健康照顾满意度和更少的药物滥用，但消极的处置策略则相反。采用积极的处置策略，社会支持能够产生肯定的、健康的后果。更大的社会支持对健康照顾满意度具有间接的肯定作用，而对物质滥用有间接的否定效果（Michelle Burden Leslie at al.，2002）。

在关于健康的一般研究中，特别是艾滋病的研究中，社会支持的作用太重要而无法被忽视。在艾滋病高危人群中，社会支持网络和社会支持的角色随社会经济地位、文化环境以及疾病阶段而变动。考虑到社会支持受社会地位的影响，在一般的社会支持文献与艾滋病患者的社会支持文献之间存在着重大的区别：前者中一些社会参数，诸如性别、年龄与种族是根本不同的；而后者只是强调传播方式的不同（Gill Green，1994）。

近年来，一些国内学者也开始运用社会支持理论，对艾滋病患者、感染者的社会支持状况进行研究。学者们认为，社区支持在提高艾滋病患者的生存质量、控制艾滋病传播、艾滋病的预防与控制中，主要有提供生活援助、进行心理辅导、重组行为模式、营造良好环境、开展知识培训的功能，提出了构建艾滋病患者社区支持的方法与途径，包括实施社区动员、建立广泛合作、加强社区能力建设、完善社区服务体系、鼓励社区参与、消除歧视、加强机构建设和人员队伍建设等（向德平等，2004）。

4. 社会支持与增权

在社会福利与社会工作领域，社会支持被视为增权的重要因素。不管是实务社会工作者还是研究人员，都主张通过加强社会支持，实现个人的增权（empowerment）。从这个角度来看，社会支持具有降低社会排斥、促进社会融入的良性效果。近年来，国内学者也开始注意到社会支持与增权的关系，如张时飞以上海癌症自助康复组织为对象，研究组织参与、社会支持、社会学习与个人及集体增权效果的关系。作者认为，癌症康复俱乐部不仅是会员普遍的和重要的社会支持来源，而且是促进会员增权的平台。组织参与、社会支持、社会学习和个人背景特征是影响上海癌症康复俱乐部会员增权效果的四个变量，对会员的生活满意度、自尊感、集体自尊均有重要影响。另外，社会支持和社会学习是两个独立的增权机制（张时飞，2001）。

结论

社会支持是一个综合的建构性术语，涉及社会关系的不同方面，包括人际关系数量、类型、情境，可感知的支持的质量（Gill Green，1994）。而从社会学的角度来讲，由于这一学科非常注重从人际间互动的角度来进行研究，这样可以更好地起到沟通微观与宏观取向之间的效果。因此，弥补宏观与微观之间的断裂成为社会学界关注的重要内容，许多不同流派的学者从不同的角度对宏观与微观的关系进行自己的阐述。作为源于社会交换理论的一个分支，社会支持理论恰好迎合了这方面的要求，这也是社会支持理论能够在近年产生越来越大影响的原因之一。由于社会支持理论的应用性非常强，不管是国内还是国际，社会支持的理论与实证研究成果都比较多。从现在的基本情况来看，从不同的角度可以将已有的成果进行分类，以便于说明社会支持理论的内容及效果。

（1）从研究层面来看，社会支持的研究成果可以区分为三个层面。一是宏观层面，即制度、社会结构与社会变迁方面。这一层次的研究往往从社会支持的角度来研究某一地区、群体的社会支持结构的变化，多采用历时性的方式进行。这类研究往往将社会支持与社会团结、社会整合联系在一起。二是中观层面，主要从家庭、社区、组织等方面来进行，往往将社会支持与社会工作实务结合在一起。在实务方面，通过进行社区教育及社区动员，提高社区对家庭的支持力度，增强家庭面对危机的能力。例如我国近年来社会学界对“单位制”的研究、对弱势群体的社会支持网络的研究等都属于这一层面的研究内容。同时，对社会支持网络的研究往往又与对关系、资本的研究结合在一起，成为近年来引人关注的一大热点。社会学界对社会支持的研究在这一层面相对较多。三是微观层面，主要从个人的角度，研究社会支持与个人生活满意度、社会支持与疾病治疗和康复的关系等。其中既有对单一个案的深入研究，也有对较大规模的样本所进行的量化研究，而后一方面的工作主要由医学界和心理学界进行。多数研究认为社会支持有利于提高个人生活满意度、降低死亡率和促进疾病康复。也有一些研究力图综合不同层面的视角，结合多个视角进行自己的研究。如张时飞对上海癌症康复组织的研究，既涉及个人层面的社会支持、组织参与、社会学习与个人增权的关系，也涉及上述因素与集体增权的相关关系。

(2) 已有的社会支持研究还体现出静态与动态并重的特点。前者主要是从社会支持网络、社会结构的方面进行，更多地属于共时性研究，即立足于一个时点或时段所进行的研究。而后者主要是社会支持中互动、交换等的研究，更为强调社会支持中的关系、交换、契约等。这类研究更多地从历时性的角度来看待社会支持，一般其研究阶段比较长，同时更为注重支持关系中的交换与互动关系。

(3) 从研究对象来看，已有的社会支持的研究对象大多局限于成年人，对未成年人的研究相对较少。目前少量的以未成年人为对象的社会支持研究主要由教育界人士完成，他们更多地局限在学校教育的范围内，而对其他方面考虑较少。而从现实情况来看，未成年人不仅生活在学校中，也生活在家庭和社会中。家庭、社区和学校共同作用于儿童与青少年，对其产生影响。但从已有的研究来看，缺少综合考虑儿童的家庭、社区及学校对儿童的社会支持研究。本研究将从儿童的社会支持系统的角度进行探讨，以丰富这方面研究的相关内容。

基于社会学的思维视角，本研究着重从中观层面，即群体、家庭、组织等层面看待及研究艾滋孤儿的社会支持。这里应该注意到以下两点。其一是由于他们不是独立的民事行为能力人，其交往范围受到较大限制，更多地局限于家庭、学校与社区，更多地与家庭成员、同辈群体以及老师交往，这使得他们的社会网络表现出高度的同质性。其二是未成年人与成年人的支持关系，与成年人之间的支持关系有所不同。由于未成年人几乎不可能给其支持提供方予以即期的回报，这决定了未成年人与成年人之间的支持关系往往是单方的，不存在交换关系或者存在较少的交换关系，无偿性是这类支持关系的重要特征。而从一般的观点来看，更为强调社会支持关系中的交换性和互动性，这是其中的较大差异。基于此，社会支持网络可能不太适合于本研究。另外，从

“人在环境中”的观点出发，人的行为受到其周围社会环境的影响，艾滋孤儿也是如此。因此，探讨其社会支持不可能离开其所处的社会环境，必须在个体或群体所处的社会环境下来考虑问题。因此，需要引入系统的概念及观点来看待及研究问题。

正是基于社会支持与系统论结合的视角，本研究从社会支持系统的角度来看待问题。结合有关事实，本研究将艾滋孤儿的社会支持系统分为四个层面，即国家及政府层面、社区层面、家庭层面以及组织层面。从这四个层面入手，比较阳光家庭与院舍中艾滋孤儿的社会支持层面、类别及数量的差异。另外，由于存在着救助对象从原有的家庭与社区转移到院舍中的情形（虽然其原有的家庭在为他们提供支持方面存在困难，但仍提供了一些支持，这些社会支持具有强烈的情感性特征），其社会支持也存在着让渡与转移，原有的家庭支持与社区支持为院舍所提供的组织支持所代替。同时由于贫困地区社会福利资源的相对稀缺，使得救助对象转移到院舍之后，基层政府往往视其问题已经解决而不再提供相关的社会支持，因此国家与政府层面的支持消失。这两方面因素导致救助对象从家庭与社区转移到院舍后，出现了社会支持的让渡与转移，这对社会支持数量也产生重要的影响。而在阳光家庭中，由于救助对象并没有离开其所熟悉的社区，因此其原有的国家与政府层面、家庭层面、社区层面的社会支持仍然存在，并且增加了阳光家庭为其提供的支持。这样，由于社会支持的让渡与转移，阳光家庭中孩子所得到的社会支持也比院舍中孩子的社会支持增多。本研究也将对此进行探讨，作为论证两种救助情境中社会支持总量差异的一个方面，并在此基础上，考察其社会支持系统与需求满足的关系。

第二节　污名与污名控制

作为一个社会科学的概念，在近几十年的研究中，污名被广泛应用于各个群体，也被用于解释一些社会奇特行为，表明福利污名怎样导致福利使用的继续，提供对轮椅使用者、继父母、债务人、同性恋父母面临情境的理解。从目前的研究现状来看，已有的关于污名的研究呈现出两个明显特点。一是污名的概念被应用于大量的社会情境中，由于每一个情境都是唯一的，都有可能导致研究者以一种不同的方式对污名进行定义；二是多个学科都在对污名进行研究，已有的研究成果包括心理学家、社会学家、人类学家、政治学家、社会地理学家的贡献。由于污名研究涉及多个学科，西方学术界关于污名的研究成果非常多，本研究主要从社会学和心理学的角度来对已有的研究进行回顾，并且主要回顾与本研究相关的部分内容，对其他研究不过多涉及。

一 污名的概念及特征

从现在的现状来看，社会科学研究中对于污名的概念并不一致。对于污名的定义主要面临着两类挑战。一是一些研究污名的社会科学家并不属于被污名化的群体，他们基于研究对象的生活经验，从自己的理论优势出发进行研究；二是关于污名的研究有个人主义的特点，污名研究集中在微观层面上的个人感知及其结果（Bruce G. Link et al，2001）。

从其起源来看，“污名”一词在社会科学领域是社会心理学家戈夫曼首先定义的，他将污名看做是“一种深刻不信任的社会性状”（Erving Goffman，1963），这种社会性状使其拥有者在他人眼中丧失社会信誉或社会价值，受损的身份（spoiled identity）是其典型特征。污名典型地来自三方面：对身体的憎恨；特征的缺陷；由于种族、国家、宗教等导致的污名。在戈夫曼看来，污名代表了一种个人认同与社会实际认同之间的断裂，因此被认为是失败的。这种失败将污名化的人归入身体与特征都有缺陷的一类人当中。污名是一种社会建构，是被社会创造和定义出来的（Ainlay et al.，1986）。污名的形成与线索、刻板印象、偏见和歧视这四项社会认知过程有关。

从戈夫曼提出污名的定义后，污名的定义经历了相当大的变化。如 Stafford 等人将污名定义为“与社会规范相反的个人特征”（Stafford et al，1986），这里的规范指的是“人们应该在特定的时间以特定的方式行动的共享的信仰”。Crocker 等人指出：被污名化的个人拥有一些特征，这些特征传递了在特殊的社会情境中去价值的社会认同（Crocker et al，1998）。人们通常依据精神症状、社会技能缺陷、身体及外貌特征以及标签四个方面，作为推断心理或精神疾患的线索。在社会认知的过程中，标签与偏见起到了不可低估的作用。标签通过两种方式导致污名：一是从他人或其他关联事物中获取标签；二是从刻板印象、知识结构中得到污名的线索。

Link 等人回顾了大量涉及污名的文献，倡导从社会学的视角，重新将污名定义为“标签、刻板印象、孤立、状态缺失和歧视等因素共存于一种权利状态，这种状态存在各种污名元素的叠加”（Bruce G. Link et al，2001）。他们认为，污名是在权利细分的情境中发生的，存在有权与无权的对立。其中，污名化他人者为“有权”一方，被污名一方属于“无权一方”。

Link 等人对于污名的定义产生了很大的影响力，其后的学者广泛运用其概念框架开展了实证研究。如 Sara Green 等人使用他们提出的概念框架，对残疾人及其家庭的污名状况进行了实证研究。结果发现污名对于残疾人有重要的否定性社会心理后果，其严重性根据污名的各个组织成分而变化。个人也采取多样的和创造性的方式来进行污名抵制。这说明了污名的复杂性和社会文化情境的重要性（Sara Green et al，2005）。

Kristin D. Mickelson 的研究表明，即使所有人具有同等的社会性污名压力，也并不是所有的个人都经历同等的污名。感知的污名（felt stigma）强烈地影响祖父母对于社会支持的理解，但对配偶支持只有有限影响。这与以往的文献相一致，感知的污名与个人的支持感知及互动具有否定关系，并与家庭外的支持有更强烈的相关关系。历时性研究表明，感知的污名破坏了支持性关系，增加了沮丧情绪（Kristin D. Mickelson，2001）。

Catherine Kohler Riessman 采用人类学的田野调查方法，分析了印度南部已婚无孩子妇女的污名经历及日常抵制污名的实践。他认为，由于社会阶层形塑了妇女们的污名经历，使得她们日常抵制污名的实践也与社会阶层和年龄有较大关系，这两个因素缓和了污名及污名抵制的过程。不同阶层的妇女采用明显不同的方式挑战处于主流地位的家庭定义与意识形态。作者认为，戈夫曼的理论从历史和文化的角度来定位污名理论，强调了污名控制，但忽视了日常抵制污名实践的变形结果（Catherine Kohler Riessman，2000）。

近年来，Nack 等人的研究将戈夫曼的理论扩展到污名控制方面。考虑到被感染女性的复制机制，Nack 将污名传递定义为：偏离对感染者的责备，补救个人自尊，维持道德上的整合感（Nack，2000）。

二 污名的类别

在对污名进行研究的过程中，不同的学者从不同的角度进行了分类。污名可以分为两大类，即公众污名和自我污名。其共同点在于污名的形成机制与刻板印象、偏见和歧视有关；其区别在于指向目标不同。刻板印象表现为认为所有心理疾病患者都是无能低下的，进而产生偏见和自我歧视。在公众污名中，刻板印象、偏见和歧视都是指向心理及精神疾病患者的，如认为所有患者无一例外具有侵犯性和危险性，令人生厌或惧怕，其直接后果是不接近、不理睬、不雇用计他们。而在自我污名中，指向的对象是自我本身（张智，2005）。公众污名与自我污名所引起的后果也有较大区别：自我污名比公众污名带来的负面影响更大，其给个体带来否定的自我评价，造成个体的低自尊感和低自我效能感。

Herek 将与艾滋病有关的污名区分为两类：工具性污名和符号性污名。工具性污名来自艾滋病的传染性（communicability）和致死性（lethality），它反映了社会成员对传染性和致死性疾病的害怕与感知。符号性污名来自艾滋病所附加的社会意义，它将疾病作为表达态度，特别是对艾滋病高危人群和传播艾滋病的行为的不赞同态度的一种工具（Herek，1999）。

从污名的性质来看，可以分为实在的污名（enacted stigma）和感知的污名（felt stigma）。当个人经历标签、刻板印象或被他人孤立时，他们经历感知的污名；当个人由于否定的评价而经历状态缺失或被歧视时，他们经历实在的污名。可以说，感知的污名是一种对于死亡和传染的想象的恐惧；而实在的污名则是一种现实存在的恐惧。

另外，污名还可以被区分为可见的污名和可隐藏性污名。前者指由于肥胖、性别、相貌等可见的原因而导致的污名，个人往往无法控制污名的出现及其程度；而后者如艾滋病、精神疾病、同性恋等，由于个体可以隐瞒这些特征，个体往往可以用一些策略来控制与此有关的污名。

三　艾滋病与污名

从国际研究现状来看，对艾滋病的研究与艾滋病的出现几乎同步进行，最初多为医学界和心理学界对于艾滋病的研究，后来扩展到其他学科，成为一个多学科关注的领域。自从艾滋病成为一个重要的心理与健康议题后，涉及艾滋病的研究可以分为不同的阶段：第一个十年主要集中在个人的研究方面；第二个十年，研究者的兴趣更多地集中在艾滋病对家庭的影响（Bor et al.，1992），并把相关的知识应用到治疗实践中（Bor et al.，1992）。

从人类历史的发展进程来看，所有的疾病都会带来一定程度的污名，因此污名与疾病关系密切。戈夫曼在其书中解释了高度污名化疾病的特征：第一，感染疾病的人本身有过错，责备是其中至关重要的因素；第二，疾病是累积的和无法治愈的；第三，公众对这种疾病缺乏了解；第四，症状无法被隐瞒。艾滋病符合所有这些标准，因此成为污名程度最为严重的疾病之一，这将其与其他周期性的和危及生命的疾病如癌症和多发性硬化区别开来（E. Kay M. Tisdall et al.，2004）。Herek 等人最早研究了与艾滋病有关的污名，描述了艾滋病感染者体验到的歧视（Herek et al.，1988）。学者们提出了艾滋病受到歧视的原因在于疾病的传染性、无法识别性和致死性（Crandall et al.，1992；Malcolm et al.，1998）。除了教育方面的努力之外，人们认为艾滋病容易传播，将其视为巨大的危险（Crandall et al.，1992）。另一个与艾滋病有关的污名的来源是那些感染艾滋病的人大多来自被污名化的群体（Crandall et al.，1992），他们由于自己的偏差行为而得病，因而被认为是有罪的（Siminoff et al.，1991；Tindall et al.，1990）。由于艾滋病已经被社会定义为边缘化群体的传染性疾病，因此与艾滋病相联系的污名被叠加到现存的污名之上（Herek et al.，1988），形成污名的叠加。后来污名的范围有所扩大，不仅艾滋病感染者经历污名，那些受到艾滋病影响的人，如照顾者、朋友和家庭成员等也经历污名（Nancy Capobianco Boyer，2003）。

污名是在社会建构的过程中产生和发展起来的。在社会建构的过程中，污名与责任推定的关系受到了重视。研究结果认为，有污名的人一般被认为对生理问题没有责任，但对行为或心理问题被判定为有责任（B. 维纳，2004）。因为前者往往是自己可以控制的，而后者是个人无法控制的。因此，污名及其剧烈程度往往被认为与疾病的感染方式具有重要联系。同样的疾病，如果其得病原因是个人无法控制的，例如孩子由于母婴传播而得艾滋病或者个人由于输血原因而得艾滋病，社会成员会认为其本身无过错而给予更多的同情，这种情况下污名程度相对较轻。反之，如果其得病是个人可控的原因而得病的，例如因个人吸毒或者不良性行为而得艾滋病，则社会成员会给予更多的歧视与排斥，其污名化程度更为严重。由此，B. 维纳提出“原因推断→情感反应→行为反应”的动机序列，从而提供了一个概念框架，使得许多观察到的事实可以整合到一起（B. 维纳，2004）。这对于分析被污名化群体的污名及污名控制提供了更为深刻的理解，有利于揭示不同感染途径得病者的污名程度不同的原因。维纳的责任归因理论提出来后，国内也有学者采用此理论探讨了不同群体，如大学生群体对于艾滋病患者的责任归因及惩戒反应，对艾滋病的内部可控归因引起较高责任推断、较高生气类情感反应和较低同情类情感反应以及较高惩戒行为。部位和控制性归因影响到责任判断和情感反应。责任推断除了直接影响到惩戒行为反应外，还间接地以情感反应为中介对惩戒行为发挥作用（周方莲等，2008）。刘娟娟从归因角度看待艾滋病，认为责备的分配、知觉到的严重性、熟悉性和同性的厌恶都会对归因产生影响。因此改变对艾滋病患者的看法包括直接改变态度、归因风格的改变、间接改变态度、改变情绪唤醒水平、改变性倾向（刘娟娟，2004）。

从目前现状来看，人们对艾滋病感染者的污名还比较严重，这更多地来源于人们对死亡和传染的恐惧。O. Alubo 的研究发现，艾滋病感染者的高拒绝水平与低接受水平相联系，这些负面反应主要源于人们对感染的恐惧（即感知的污名），认为“疾病无法治愈”，相信任何形式的身体接触都传播疾病。一些人认为应在艾滋病感染者传染他人之前将他们灭绝。由此可以看出目前艾滋病防治项目面临的挑战，包括控制疫情、鼓励接受艾滋病患者，其中最为重要的是人们从个人到公共健康方面改变对艾滋病患者的看法（O. Alubo et al. , 2002）。

Padilla 等人以一个特殊群体——拉丁美洲双性恋艾滋病男性为被试，考察他们对其父母及配偶公开其性取向的行为，以及这种行为在多大程度上受到污名经历和社会不平等的影响。对 70 名被试进行深度半结构化访谈的结果发现，这些被试普遍受到社会的歧视和排挤，而导致他们从事性交易活动的一个很重要的原因是他们早年的无家可归、贫穷以及被虐待的社会经历（Padilla et al.，2008）。

对巴西艾滋病儿童进行的一项研究证实，文化习俗、社会不平等以及权利差异的交互作用导致了对艾滋病儿童的污名。研究者对接受高效抗逆转录病毒疗法的艾滋病儿童进行访谈，发现艾滋病相关污名很大程度上是由社会的不平等所造成的。而高效抗逆转录病毒疗法不仅仅提高了艾滋病儿童的存活率和生活质量，更重要的是，它使这些儿童有机会获得这种帮助其抵御艾滋病的医疗资源，从而在一定程度上改善了社会的不平等，降低了艾滋病儿童的污名。

目前国内学者对于艾滋病污名的研究成果的数量、质量还有待于进一步提高。他们的研究更多地还是限于对实际状况的描述，对于与艾滋病有关的污名的深入研究相对较少。刘颖等人将艾滋病污名进行了分类，认为主要包括实际污名、感知污名和自我污名等三类，这些不同形式的污名给艾滋病患者带来了精神上的痛苦、社会资源的剥夺等一系列的负面影响。减少艾滋病污名可以结合接触假设、知识传播以及认知行为疗法，并注意改变艾滋病患者的自身观念。未来的艾滋病污名研究应更多地从社会文化以及道德的角度进行跨文化的量化研究（刘颖等，2010）。

四　污名的后果及污名控制策略

污名将具有某些特质的人区别开来，形成“我群”与“他群”，将社会成员区分为不同的群体。污名实际上是社会强势群体加诸于弱势群体身上的否定性评价和随之采取的孤立性行为，此举导致了社会排斥和群体冲突。污名改变了他人看待个人和个人看待自己的方式，被污名化的个人通常被认为是无信用的，他们接受和内化这样的观点：他们是偏离的、不同的和无价值的，感觉自我厌恶和羞耻（Jones et al.，1984）。污名也使得被污名化群体对施污者的冲突情绪进一步积累，如果这种冲突情绪得不到合理释放的话，可能会形成一些反社会行为，对社会稳定与和谐造成负面影响。

污名与许多疾病特别是因性传播感染的疾病，导致的情绪低落、治疗延迟、可怜的健康结果联系在一起。污名负面的社会心理结果包括内疚、困窘、隔离、害怕以及随之而来的对诊断结果的否认，这意味着患者的性传播感染对他们生活的社会心理影响很大。而对污名的恐惧会延迟对性传播感染的治疗。

由于艾滋病的污名特征，患者往往受到社会歧视和排斥，他们不敢暴露自己的疾病状况。从已有的研究来看，与艾滋病有关的污名以四个维度出现。宗教信仰影响健康工作者看待混合患者，尤其是女患者；气馁的男患者由于从当地诊所寻求治疗而导致对个人隐私的担忧；种族态度影响性传播感染者接受治疗的意愿；污名传递作为一种潜在的妨碍治疗因素出现。污名和歧视不仅阻碍人们进行测试，而且阻碍人们获得艾滋病方面的治疗与照顾（Margaret A. Chesney et al. , 1999；Kathleen Ford et al. , 2004）。由于艾滋病重要的传播渠道是性传播，因此与性传播相联系的污名是其监测与治疗的重要内容。一些学者的研究表明，与性传播感染有关的污名直接或间接影响性传播感染者在公共健康机构接受治疗的意愿（Bronwen Lichtenstein, 2003）。另外一些研究也显示，与艾滋病有关的高歧视与低参与意愿相联系（Fortenberry et al. , 2002；Hongmei Yang et al. , 2004）。同时，与艾滋病有关的污名也影响到健康照顾者，他们对艾滋病患者的态度和方式也影响到患者接近和使用服务。其中一部分人不愿意为艾滋病患者提供服务，其范围从内科医生到精神病医生，而不管他们承担的职业风险其实最低（Margeret A. Chesney et al. , 1999）。这显示了与艾滋病有关的污名在医疗卫生领域仍然存在的事实。

实际上，尽管与艾滋病有关的污名在各个领域广泛存在，但医疗卫生领域对于艾滋病患者及感染者的污名所造成的后果更为严重。从其后果来看，污名影响患者的社会支持，影响他们得到的社会支持的数量、质量及他们对社会支持的利用程度。对周期性疾病的诊断可能削弱现存的社会支持，那些疾病预测结果更不乐观的患者，得到的社会支持可能更少。一些因素使艾滋病患者更为脆弱，增加了他们对社会支持的需要。Gill Green 把这些因素归纳为以下几类。第一，近来发现，周期性疾病的不确定性会很明显地体现在艾滋病上，主要表现在它的高死亡率及其对人体的多个器官和系统的严重影响等方面。第二，这是一种性传播的疾病，它对当前和未来的性关系、性行为及再生产行为有着更为深刻的意义。第三，感知的污名带来的羞辱感、低自我评价、对过去行为的罪恶感，导致艾滋病患者屈服于社会的道德压力而限制他们未来的行为。第四，受影响的人可能已经被社会排除在外，有了很深的隔绝（Gill Green，1994）。从现有理论及实证研究成果来看，污名的影响涉及与艾滋病有关的各个方面和各个环节，它对于艾滋病感染者以及艾滋病的传播具有负面效果。

由于感知的污名可能增加失落感，加重照顾者的负担（Demi et al.，1997），对此他们可能采取污名控制策略来限制污名的范围，减轻其心理压力及孤独感。因此，照顾者一般会采取污名控制策略，有选择地暴露污名。但其暴露对象、暴露程度、暴露地点往往受他们对未来预期判断的影响，实际上是照顾者对于当时情境理性选择的结果。从现实情况来看，照顾者往往对家人和朋友采取暴露策略，但有可能不对家庭外的人员或处于某种境况下的其他家庭成员暴露艾滋病（Caliandro et al.，1998；Poindexter，1998）。这种策略固然使感染者受到了一定保护，但也容易加重照顾者的负担，导致照顾者处于孤立之中，得到的社会支持更为有限。

处于污名状态的个人可能向智者（the wise）或自己人（the own）求助，这些人与其居住在一起，知道他们的病状（Bruce G. Link et al.，2001）。情况相似的人往往容易形成自助组织或小团体，他们在互相取得信息、物质或情感方面的支持与帮助的同时，还进行污名抵制来保护自己的权益。

在有关污名控制策略的相关文献中，Corrigan 于 1999 年提出了抗议、教育和接触三种污名抵制策略，并随后进行了大量的实证研究。Stanley 认为可将污名控制策略分为两大类：避免污名和控制污名（Stanley，1999）。也有学者认为污名控制策略的另一个维度是污名抵制，包括将艾滋病称为另外一种疾病、通过宣传或日常谈话谈论艾滋病、不管已经知道与艾滋病有关的污名而继续对感染者提供照顾等（Poindexter et al.，1998）。研究者开始审视在对感染者提供照顾时，照顾者如何控制污名。那些居住在农村、照顾感染艾滋病的成年子女的父母常常采用两个策略控制污名：即不对他人暴露和对孩子的疾病撒谎（McGinn，1996）。抚养感染艾滋病的孩子的父母采用许多策略来控制污名，如对学校及其他社会联系进行选择性暴露、隐瞒艾滋病的症状、控制孩子的社会生活（Rehm et al.，2000）。在研究方法方面，已有的相关研究大多采用深度访谈的方式，用小样本进行质性研究。

艾滋病的暴露具有两方面的效果，它导致紧张，但它也是一种人们能够处置疾病、减轻紧张的机制（Holt et al.，1998）。患者暴露其疾病的程度并不与他们的性别、年龄、工作、艾滋病诊断的时间、对于艾滋病传播和传染病法案的知识以及与更大的组织接触等因素呈明显的相关关系，但单身女人属于更为脆弱的群体。

由于艾滋病与污名联系在一起，很少有人愿意暴露他们的艾滋病信息。由于隐瞒与艾滋病有关污名的秘密，会导致心理上的隔离与沮丧。与此同时，由于隐瞒个人病情产生的压力会对个人身体健康产生负面影响。对重要他人不暴露和隐瞒艾滋病症状，提高了个人的焦虑和压力（Mansergh et al.，1995）。因此，暴露给病人减轻负担，带来安慰。所以，不论是暴露还是隐瞒，都有其正面和负面效果。Pennebuker 等人指出，通过有控制的临床研究表明，虽然研究参与者经历了最初的一些否定情感，但他们在试验后的三个月比控制组的成员愉快得多。在说出长期隐瞒的秘密或创伤经历后，其免疫系统的功能显著改善（Pennebuker et al.，1988）。一些定性研究也支持这些发现，暴露与性虐待有关的创伤经历可能是恢复的重要步骤。同时，暴露可能是与回应无关的增权，因为行动的力量存在于讲真话本身（Schatzow et al.，1989）。Hays 等人提到，对以有益形式做出回应的个人暴露艾滋病有助于改善个人的心理状况。但即使如此，在现实生活中，大多数研究参与者发现暴露他们的状况极端困难，他们需要家庭的支持、辅导人员的鼓励和帮助，即使这样，也仅有一半的人暴露他们的状况（Hays et al.，1993）。从这些研究成果来看，不同的污名控制策略产生不同的后果，具体如表 2－1 所示。

表 2－1 污名控制的后果

策略＼后果	正　面	负　面	策略＼后果	正　面	负　面
暴　露	得到支持 减轻压力	歧　　视 社会排斥	隐　瞒	避免污名	得不到治疗和支持产生焦虑、压力

可以说，不管是个体的隐瞒策略还是暴露策略实际上都有正负两面的效果。在现实情况中，个体往往会基于其实际情况，做出一定的选择。这种选择是基于其当时情境的理性判断。

Draimin 等人认为，暴露是一个连续统，其范围涉及不暴露、谈论某人有病、有重病、有 HIV、有 AIDS、可能死亡。暴露是建立在这样一个前提之上，即它对孩子和将来的照顾者是最佳选择，其目的是为了公开的交流，让孩子为其父母的死亡做准备，制订出一个看管计划（Draimin et al.，1998）。

从现实情况来看，污名的减缓或消除与疫苗的发现、治疗技术的改进以及教育和宣传等多方面因素有重要关系。对于像艾滋病这类的高污名性疾病来说，减缓以至消除污名是一个长期的进程，需要政府与社会各界的不断努力。

五　社会支持与污名控制

从已有的相关文献来看，社会支持与污名控制相互关联。个人采取何种污名控制策略——隐瞒或是暴露，与他们实际的或预期的社会支持状况密切相关。个人处置公开暴露的不良后果的能力常常依赖于他们的社会支持水平。降低污名对于遏制艾滋病的扩散非常重要。在合适的艾滋病社区教育者中，降低污名和阻止新的感染是同样强烈的促进支持的因素。公开的暴露导致歧视的减少和压力的降低，并导致更多的生产性生活，改善个人生活状态（S. Paxton，2002）。从过程的视角来看，人往往是理性的，会根据其所处情境做出一定的判断。如果照顾者一直采取隐瞒策略，则其社会支持没有什么变化；如果照顾者采取暴露策略，其社会支持不变或增加的话，其后更有可能采用暴露策略以获得更多的社会支持；而当其采用暴露策略导致社会支持有所减少的话，其后更容易采取隐瞒策略（Nancy Capobianco Boyer，2003）。从这个意义上说，社会支持是个体采取何种污名控制策略的重要影响因素。个体采取何种污名控制策略，涉及其对社会支持以及污名状况的预期和认知。

六　社会支持与长期照顾

长期计划（permanency planning）指在照顾者残疾和死亡的情况下，对其孩子所进行的照顾和看管的安排（Nancy Capobianco Boyer，2003），实际上是关于儿童的长期照顾计划。这里为便于理解，直接称之为长期照顾。一般来讲，国际上通行的长期照顾的主要形式包括收养、寄养和院舍型照顾，其中寄养包括家庭寄养和机构寄养两种形式，但一般以家庭寄养居多，所以寄养往往也被直接称之为家庭寄养。从服务形式来看，这几类安排是在提供支持性儿童福利服务和补充性儿童福利服务之后，仍无法将儿童留在其原生家庭中照顾时，才不得不考虑的一类方法。

尽管关于一般儿童的长期照顾的研究与实务为数不少，但与其他群体的研究相比，国外对艾滋孤儿的长期计划的研究相对较少。这可能与艾滋病出现较晚，社会科学界对于艾滋病的关注相对有限有关系。从已有的文献来看，长期照顾集中于感染艾滋病的父母和老年人对有发展性障碍的人的照顾，做照顾上的安排或长期的计划是在照顾者残障或死亡时对其幼小孩子的一种照顾或监管的安排。

R. S. Drew 等人对津巴布韦的一个社区基础上的照顾项目进行了研究。由于青壮年大量死亡，传统上由扩大家庭对孩子提供照顾的方式变得更为困难。照顾和支持的负担落在老人和孩子身上。院舍照顾虽然流行，但管理起来更为昂贵，只有有限的能力来满足孩子生理上的需求。社区基础上的照顾被认为是孤儿照顾方面最好的和最高效的照顾方式。但社区基础上的照顾需要一个有限社区内的社区组织来实施，志愿者应该从社区内选择，他们需要被训练和支持。志愿者应该保留他们所有活动的记录，以作为项目监测的基础。作者认为，为了在资源有限的情境下满足孤儿的需要，推广这类社区基础上的照顾项目是非常必要的，这不仅是经济上的需要，也是为需要服务的孤儿提供合适有效服务的需要（R. S. Drew et al.，1998）。

为了提供经济方面的支持，一些监护人，特别是祖父母，不得不利用一些新的资源，例如重新就业或者做一些小生意。虽然他们非常清楚孩子们需要支持，包括食物、衣物以及入学，但监护人常常不清楚年轻人的社会心理需要。这一点特别重要，因为孩子们不仅经历家庭成员的疾病和死亡，而且远离最初的社会网络和家庭环境（L. Young et al.，2003）。

已有的文献中提供了患艾滋病父母的思考和做看管安排的一个框架，主要包括识别照顾者、与孩子谈论艾滋病和死亡、与潜在的照顾者谈论艾滋病、与潜在的照顾者谈判、做一个法律上的安排（Mason et al.，1998）。

由于并不是所有的父母都对其孩子做长期计划，近年来长期计划的阻碍因素也成为学者们关注的重点内容。他们认为一些父母没有对其孩子做长期计划的原因包括下列因素。害怕对潜在的照顾者和他们的孩子暴露自己的病况，缺乏法律计划所需要的教育和知识，以及她们可能不准备面对自己的死亡（Mason et al.，1998；Taylor Brown et al.，1998）。Foster. G 等人对津巴布韦的研究发现，阻碍制订长期计划的原因可能涉及亲属的因素。由于亲属可能被指责过于关注病人的财产，因此他们提出长期计划并不合适。但当将死之人为他的妻子、孩子和财产做出一些规定时，亲属被迫同意，以免不幸降临到他们身上（Foster. G et al.，1995）。另外一些研究发现，几乎所有的父母都为他们的孩子确定了一个监护人，并开始与潜在的监护人进行讨论。对于年龄更小的孩子，父母更可能形成正式的计划。另外，人们的支持网络特征与孩子照顾计划之间没有关系，这可能是由于人们提供的社会支持的同质性造成的（Lightfoot et al.，2004）。有时，父母不为孩子做长期计划，是因为这是对他们死亡的一个痛苦的提醒。

患艾滋病的父母制订长期计划有以下几个优点。它减轻了父母的压力，保证了孩子的正常生活（包括顺利地转移到一个新家庭）；给予他们以及孩子一个在别处生活的新选择，孩子们将知道父母为他们制订了周密的照顾计划，知道他们将去哪里（Mason et al.，1998）。一个合理的长期计划有利于艾滋孤儿去除污名，得到更全面的社会支持，促进其健康成长。患艾滋病的父母提前计划有利于为孩子保证一个较好的未来，缓减情绪上的痛苦和焦虑。如果父母没有做出计划，孩子们可能失去他们的继承权，如金钱、土地、财产及牲畜（UNAIDS & UNICEF，2004）。有时即使有意愿，依据法律或传统法，寡妇和孩子的权利也常常得不到保证。在有些地方，法律的实施也非常困难，导致亲属常常终止孩子的继承权。

结论

从现有的研究成果来看，艾滋病是一种具有高度污名化特征的疾病，这将其与其他威胁生命的疾病，如各种恶性肿瘤和心脑血管疾病区别开来。从已有的研究成果来看，污名与污名控制成为近年来学者们所关注的重要内容。患者及照顾者对谁、什么时间、在什么情境下暴露其疾病信息为西方学者们所关注。从已有的研究现状来看，现有的研究更为关注个人层面上对于污名的感知及其结果。这可能与西方社会的格局以及更为注重保护个人隐私有非常重要的关系。但东方社会与西方社会存在较大的差异，从社会学界对于中国传统的乡村社会的研究来看，一般认为中国社会是熟人社会，尤其在传统观念影响浓厚的农村地区。那么，这种熟人相互熟悉的特征对于个体的污名及污名控制策略产生什么样的影响？艾滋孤儿属于污名扩大化所影响到的群体，处于不同救助情境中的艾滋孤儿的污名状况以及影响污名差异的因素是本研究所关注的主要内容。在了解影响污名的成因及影响因素的基础上，才有可能制订并采取合理的措施，降低以至最终达到去除污名、降低社会排斥，促进被污名化群体的社会融入进程。

制订并推进合理的长期计划对于艾滋孤儿的健康成长非常重要，这需要政府立法和强制实施以及对父母及家庭的训练。这项工作可以由政府工作人员、非政府组织及志愿部门的工作人员来完成。但从现有情况来看，实际存在的长期计划相对较少。那么，探讨采用何种相对合理的形式，对于艾滋孤儿的健康成长非常重要。

第三节　社会排斥理论

艾滋病与污名、社会排斥非常密切地联系在一起。由于各种因素的影响，艾滋病成为一种具有高度污名化特征的疾病，污名导致社会排斥。与此同时，社会排斥也是近年来社会福利和社会政策领域研究的重要内容，对于社会政策的制定与执行都有重要的影响。因此我们有必要回顾社会排斥的相关理论，以加强对污名与社会排斥相关问题的理解。

一　社会排斥的概念与研究范式

1. 社会排斥的概念

从其理论起源来看，社会排斥理论部分渊源于社会学中社会分化与社会整合的理论，是这一理论第三阶段的具体表现。社会分化与社会整合是社会学界关注的重点领域，不同的时期都有大量重要学者进行论述，并在学术发展史上产生了重要的影响。这一理论的发展大致可以分为三个阶段。第一阶段是法国社会学家迪尔凯姆（Emile Durkeim）关于社会分工、机械团结与有机团结的论述；第二阶段是帕森斯的结构功能主义；第三阶段就是社会排斥理论。尽管从理论建构和实际研究来看，社会排斥与贫困研究都有着不可分割的联系，但现在社会排斥的研究早已超出了贫困研究的范围，成为一个更为广泛的领域。

社会排斥的概念由法国学者 Lenoir 于 20 世纪 70 年代首先提出。在他的研究中，他估计 1974 年法国被排斥的人口占法国总人口的 1/10，他们均没有受到当时社会保险的保护（Lenoir，R.，1974)。之后，学者们使用社会排斥这一概念与理论工具进行了大量研究。他们从不同的角度对社会排斥进行定义，产生了较大的影响。与之前的贫困概念相比，社会排斥强调了社会分化在经济领域之外的意义，包括社会连接的断裂、两种社会层级的危机、福利依赖的重新整合等。从目前关于社会排斥的定义来看，主要从以下三个方面进行论述。

第一，强调参与。如 Gough 等人认为，社会排斥不仅影响到穷人而且影响到整个社会，它不仅表示收入的不足，而且表示社会参与的不足 Gough et al.，1999。英国学者威尔森指出，社会排斥意味着收入的缺乏使人们从需要花钱的社会活动中被排斥出来。而英国学者 Room. G. 认为，社会排斥基本上聚焦于一些相关问题上，是由于社会参与不足，缺乏社会整合与缺乏权利造成的

（Room，G.，1995）。Burchardt 等人则认为，社会排斥是个人居住、生活在一个社会中，没有以这个社会的公民身份参与正常活动的状态（Burchardt et al. 1999）。石彤认为“社会排斥是指某些个人、家庭或社群缺乏机会参与一些社会普遍认同的活动，被边缘化或隔离的系统性过程（石彤，2002）。在这个概念中，社会成员在生产、消费、政治以及社会互动等方面的参与不足都可能被认为是社会排斥的表现。

第二，强调社会整合，这与社会分化与社会整合的理论渊源有密切的关系。社会排斥既是一个脱离社会构成物——组织和社区的过程，也是一个脱离被赋予权利和义务的过程（Room，G.，1995）。Walker 认为，社会排斥是社会成员从决定个人整合于社会的系统中被排斥出来的现象，这些系统涉及社会的、经济的、政治的和文化的方面。从这里可以看出，社会排斥的最主要表现是社会整合不足。

第三，强调社会排斥的后果。Giddens 则认为，不同社会地位的人都有可能被社会排斥，社会地位高的人与社会地位低的人可能处于社会排斥的不同维度（Giddens，2001）。Levitas 将社会排斥定义为欧共体内的话语，他认为社会排斥是个人打破了自己与社会结构的、文化的、道德方面的联系，家庭的不稳定是其核心（Levitas，R.，1998）。英国社会排斥办公室使用简洁的方式对社会排斥进行了描述，认为社会排斥指的是某些人们或地区遇到诸如失业、技能缺乏、收入低下、住房困难、罪案高发环境、丧失健康、家庭破裂等交织在一起的综合性问题时所产生的现象。

第四，强调规则在造成社会排斥中的作用。如唐钧等人认为“社会排斥是游戏规则造成的。而社会政策的目标就是要修订游戏规则，使之尽可能地惠及每一个社会成员，并更加趋于合理和公平（唐钧等，2002）。李斌认为“社会排斥是指社会弱势群体如何在劳动力市场以及社会保障体系中受到主流社会的排挤，而日益成为孤独、无援的群体”（李斌，2002）。规则的制订者往往属于当权者，而弱势群体由于其在社会中的相对弱势地位和不占有社会资源，无法参与规则的制订过程，没有话语权，因而更容易受到社会的排斥和剥夺。

2. 社会排斥的研究范式

在社会排斥的范式方面，学者们从不同的角度进行了研究，并对此作出了重要贡献。代表性的范式主要有以下几种。

Silver分析和总结了西欧和美国的理论对于社会排斥所作的贡献，认为社会排斥的研究存在三个范式，即团结范式、专业化范式、垄断范式。团结型范式认为，社会排斥是指个人与社会之间诸纽带的削弱与断裂过程；专业化范式则认为排斥是一种歧视的表现，是群体性差异的体现，这种差异否定了个人充分进入或参与社会交换（互动）的权利，市场失效以及未意识到的权利都可能导致排斥；垄断范式则认为群体差异和不平等是重叠的，它将社会排斥定义为集团垄断所形成的后果之一，权力集团通过此种方式限制外来者的进入。Silver用社会排斥的概念描述了精神病患者、有自杀倾向的人、被虐待的儿童、吸毒者、单身母亲以及其他有社会问题的人（Silver，1995）。从这里可以看出，社会排斥与社会问题、偏差行为有重要关系。

De Hann等人总结了凝聚型、特殊型和垄断型三种社会排斥模式。他认为，凝聚型流行于法国，继承了迪尔凯姆学派的传统。在这种模式中，排斥被视为个人和社会关系纽带的断裂，这种纽带具有文化和道德意义。在此传统中，穷人、失业者以及少数民族被定义为外来者。特殊型流行于美国，其哲学基础是个体自由主义传统。在这种模式中，排斥反映的是歧视，是群体差异的体现，这种差异否定了个人充分进入或参与社会交换或互动的权利，市场失效以及未意识到的权利均可能导致排斥。垄断型范式源于韦伯的理论，在北欧和英国流传很广。在这种模式中，排斥被定义为集团垄断形成的后果之一。权力集团通过社会机制限制外来者的进入。劳动力市场的分割划定了限制的边界。在这种模式中，群体差异和不平等是重叠的（De Hann et al.，1998）。

Levitas 则将社会排斥区分为三种论述，即再分配主义者话语、道德的下层阶级话语、社会整合主义者话语（Levitas，R.，1998）。一些学者根据他的论述，提出“个人责任论”、“资源分配论”、“社会整合论”，以探讨社会排斥的成因和降低社会排斥、促进社会整合的措施。这三种学说对于弱势群体被排斥原因的解释有所区别。“个人责任论”认为弱势群体面临的社会排斥是他们自己的责任，甚至是由于他们不参与社会而形成的自我排斥；“资源分配论”认为弱势群体面对的困境主要源于社会资源分配不均，虽然政府和社会对他们提供了一些经济援助，但远远不足以抗衡社会对他们的排斥；“社会整合论”提出通过投资于一些与增加生产力有关的服务，如教育、职业再培训、就业服务等，使一些被社会排斥的弱势群体重新投入劳动力市场，通过工作重新融入社会活动，解决社会排斥问题。但也有人对“社会整合论”提出了质疑，担心会将社会政策推向“就业主导”，将社会福利变成就业福利。因为这种取向隐含的危机之一就是有工作能力者可以得到更多的福利服务；没有工作能力者更会被排斥。整合与社会包容可能会分散人们对社会不公平的关注（陈凤仪等，2001；陈锦华，2001）。

二 社会排斥的类别与特征

1. 社会排斥的类别

由于社会排斥的定义并不统一，导致社会排斥的类别也不统一。Peace 根据对欧洲社会政策文献的研究，识别了 15 种社会排斥：社会边缘化、新贫困、民主法制／政治排斥、非物质性劣势、被“最低限度生活方式”排斥、文化排斥（包括种族和性别）、家庭和社区排斥、被福利国家排斥、长期贫困、被主流政治和经济生活排斥、贫困、剥夺、被工作关系排斥、经济排斥以及被劳动力市场排斥（Peace，1999）。

英国社会排斥研究中心在英国家庭研究中提出了五个社会排斥的维度。一是低生活水平，即低消费，由家庭收入低于家庭收入平均值的一半来表示；二是缺乏保障，即存款低于2000英镑，不能供款、接受职业年金或个人年金的授权，非业主；三是缺乏参与由他人赋予价值的社会活动，如雇用、自雇、全日制教育、培训和儿童照顾、退休年龄超过领取养老金的年龄；四是决策权力的缺乏；五是社会支持缺乏（Burchaydt et al.，1999）。他们还认为，另外一些因素，如不健康状态、低教育水平、没有稳定的朋友和工作、住房状况不佳、地方劳动力市场萧条、交通条件差以及缺乏社会的、公民的和政治的制度都会限制参与。

根据导致社会排斥的不同原因，人们可将其分为功能性社会排斥与结构性社会排斥。功能性社会排斥是指被排斥的个人、群体或组织由于自身功能上的欠缺而处于一种被排斥状态。而结构性社会排斥则是由于社会结构的不合理造成的。社会结构包括通过制度确定下来的社会等级构成以及社会发展过程中自发形成的一种结构与分层。

Giddens认为社会排斥可以有多种形式，主要有经济排斥、政治排斥和社会排斥。经济排斥可从生产和消费两个角度来分析。从生产的角度来看，就业和融入劳动力市场非常重要。当个人被劳动力市场排斥在外时，重新进入是非常困难的。从消费的角度来看，排斥表现为个人在日常生活中购买和使用消费品时有困难。政治排斥表现为个人对政治活动无法参与。社会排斥发生在社会生活和社群生活中，表现为个人不能经常使用社区的公共设施、公共事务参与度低、闲暇活动少以及弱社会联系所导致的孤独（Giddens，2001）。

积极的排斥和消极的排斥，它通过多种方式导致剥夺与贫困。社会排斥会发生在劳动力市场、教育、公共物品的供给、对政治过程的参与等领域。（沈小波等，2005）。

2. 社会排斥的特征

不同的学者对社会排斥的特征有不同的论述，如托尼·阿特金森认为社会排斥具有三个特征。一是相对性。人们遭遇特定的社会排斥，即社会排斥有特定的时间和空间。由于排斥可能是群体的特征而不是个体特征，导致排斥往往通过社区来体现，这体现了社会排斥的空间性特征。二是能动性。排斥是能动者的行动。人们退出市场经济，从而可能自我排斥；或者因为银行的决策而不能获得货款，或者保险公司没有为他们提供保险，从而受到排斥。人们拒绝工作而喜欢依靠社会保障收入生活；或者他们因为其他工人、工会、雇主或者政府的行动而被排斥在工作之外。三是动态性。由于社会排斥涉及人们对前景的判定，使得社会排斥具有代际传递的特征，因此对社会排斥的考察不能局限当前状态（托尼·阿特金森，2005）。这三个因素从总体上为考察社会排斥和融合机制提供了基础。从这里可以看出，对于社会排斥的研究更需要采用历时性研究的方式，以揭示社会排斥的代际传递性。社会排斥产生的原因并不单单是长期或经常发生的贫困，它不仅是事后追溯的问题，而且也是事前预期的问题。

三 社会排斥的成因

由于社会排斥来源于贫困的研究，因此社会排斥与失业、贫困有着不可分割的关系。但社会排斥的产生还与其他一些因素有关。对于社会排斥的产生机制，学者们也有不同的看法，代表性的看法主要有以下几种。

社会排斥的原因可以归于三个方面。一是个人责任论。认为社会排斥的原因源于个人，包括个人的身体状况、特征等，这种思想主要来源于早期的社会福利思想，即严格的个人主义（rugged individualism）。二是社会结构论。认为社会排斥主要是由于社会结构的不平等造成的，持这种看法的学者相对较多。三是社会政策创造论。认为社会政策系统化地发生在某些社会政策层面。当社会政策系统化地向某些群体提供资源，使之不能完全参与社会生活时，就会导致社会排斥。

一些学者认为，社会排斥与许多具体制度的不完善是有关的。如20世纪90年代后期，一些欧洲学者认为，“社会排斥是由下列四种制度中的一种或更多种来定义的：民主和法制系统，这一系统能促进公民的整合；劳动力市场，它可以促进经济整合；福利国家制度，能促进社会整合；家庭和社区制度，能促进个人整合”（王来华，2005）。由于社会排斥涉及权利的因素，洪朝辉从个人权利角度来观察社会排斥，认为穷人不一定是由于个人能力不足而受到社会排斥，更多的是由于权利不足和机会缺乏而遭到社会排斥（洪朝辉，2002）。

李斌将社会排斥的成因归纳为六种。第一，自我生成论。社会排斥是由下层人员自身的态度和行为造成的。第二，社会结构生成论。社会结构本身的不平等性造成社会排斥。第三，劳动过程创造论。当代社会科学技术变化增加了经济部门内的人际交往和信息交换，强化了员工的参与趋势，但对不属于该群体的“局外人”又形成一种强烈的社会排斥趋势。因此，劳动过程是导致社会两极分化的主要原因。第四，社会政策创造论。社会再生产导致社会群体以及个体的优势与劣势不断积累，源于劳动过程的社会政策通常会制造并强化社会排斥。第五，意识形态认可论。特定的社会群体取得相应的社会利益，这些现象被某些传统“道义”认为是公正的，个人的“所得”应该与个人的责任能力成正比，这就是所谓的道义排斥。它源于传统的文化意识，又受现行法律和政府安排的影响。第六，社会流动反映论。社会流动指人们从劳动力市场，“贫困”与“富裕”或“所得”与“不得”等社会类别的流进或流出。社会流动率越低，群体之间的社会排斥程度就越大（李斌，2002）。

四　艾滋病与社会排斥

由于艾滋病被定义为一种污名化程度极高的疾病，社会公众往往将其与偏差行为联系起来，导致社会公众的污名与社会排斥。

艾滋病与社会排斥关系密切。国内学者往往将污名中的一个部分，即歧视与社会排斥联系在一起进行研究。他们以社会排斥理论为指导，描述了艾滋病患者及感染者所受到的社会排斥，并在此基础上提出了相应的对策建议。如郭欣等人对艾滋病方面的偏见进行了实证调查，结果证实对艾滋病持歧视和偏见态度的现象仍普遍存在。性别、户口性质、学历以及艾滋病的相关知识是持歧视和偏见态度的主要影响因素。对艾滋病持歧视和偏见态度的调查对象中有相当一部分是因为对艾滋病传播途径的知识不了解。在6个地区中，河南地区的调查对象对艾滋病的歧视和偏见态度最轻，江苏地区的调查对象对艾滋病的歧视和偏见态度最严重（郭欣等，2006）。吴玉锋认为对艾滋病患者及感染者存在三重社会排斥，即制度排斥、经济排斥、文化排斥，这分别是由不同的社会经济原因造成的（吴玉锋，2005）。周晓春指出艾滋病患者面临的社会排斥包括家庭排斥、社区排斥、医疗排斥、教育排斥和就业排斥等，提出要运用社会工作方法，从个案、小组、社区三个层次介入艾滋病防治工作（周晓春，2005）。向德平等人通过对湖北农村艾滋病患者的研究，描述了农村艾滋病患者在制度、法律与政策、经济、社会关系、社会文化等方面所受到的社会排斥的状况，并分析了这种社会排斥对患者、家庭、社区及艾滋病防治等方面造成的不良后果。他们认为反社会排斥应从制度、法律与政策、经济、社会关系、文化方面制订相应的措施，来降低以至消除社会排斥（向德平等，2006）。

在对艾滋病患者和感染者群体所受到的社会排斥进行研究的同时，学者们也从外在环境入手，对艾滋病患者和感染者所处的社会环境进行了分析，以探讨这一群体受到社会排斥的深层次社会原因。秦广强等人采用感染途径和感染密度两个指标，将艾滋病感染者所处的社会环境类型划分为接纳型、接纳型排斥、排斥型接纳、完全排斥四种类型，并针对不同类型提出了援助型、引导型救助、支持型救助和隐蔽型救助四种类型，以消除歧视和救助感染者（秦广强等，2008）。李春梅对艾滋病患者和感染者受歧视的社会环境进行了分析，认为艾滋病患者对歧视环境有一个逐步夸大的建构过程，包括对非艾滋病患者实际歧视行动的主观夸大和对社会关系断裂程度的主观夸大。同时，污名化的叙事和话语系统客观上导致了艾滋病患者对自身歧视环境的夸大，这种歧视环境主观夸大的机制是一种从自我污名到自我否定的过程。艾滋病患者对歧视由夸大到现实回归的途径主要有两个，即艾滋病知识的宣传与普及，非艾滋病患者、艾滋病患者之间长期的联系与沟通。在这两种途径发挥作用的过程中，还伴随着从主动到被动、从核心到外围的过程。要进一步减少艾滋病患者对主观环境的夸大，逐渐回归现实的人际环境，需要从两个方面入手。一方面加大艾滋病知识宣传的力度，消除艾滋病患者的“自我污名”；另一方面，社会公众主动接纳艾滋病患者，促使他们主动交流与沟通（李春梅，2008）。在此基础上，学者们从更宏观的层次入手，运用社会排斥理论中的社会政策创造论、社会结构生成论和自我责任论，对我国政府艾滋病防治的相关政策以及艾滋病患者所受到的社会排斥进行了分析，认为政策瓶颈缘于政策的负导向功能、社会结构的不平等和社会排斥客体自身边缘化的行为及态度，并对相关政策提出了建议（刘宏伟等，2005；苏一芳，2005）。

五　社会排斥研究的意义

社会排斥将原有的对物质资源的缺乏，特别是对收入缺乏的关注扩展到对权利和参与的关注上，其内容涉及经济、政治、社会三个方面，比以往贫困研究所涵盖的内容更为广泛。社会排斥还聚焦于社会分配和社会关系议题，即不平等的资源分配和不充分的社会参与、缺乏社会整合和社会权利。一般来说，贫困与排斥相伴随，低收入的人甚至难以拥有足够的食物、衣物和热量。他们不仅比其他人更不舒适，而且他们的寿命更短、孩子更多病、婴儿也更易夭折。因此，源于收入和福利的排斥与更广泛的公民权利，如公平和社会参与的权利联系在一起，这暗示了一个更具竞争性的范式正在出现，并挑战原有的社会不平等的经济范式。1995 年出版的《创造财富和社会整合的报告》观察到，社会排斥是与新经济时代的机会相伴随的巨大风险，相当多的人失去他们在劳动力市场上的位置，从而导致失去社区中社会和政治的参与权。爱尔兰的社会民主主义者 Father Sean Healy 描述了社会排斥的意义：社会排斥可以以多种方式被经历。如果你被排斥，意味着你的看法不被考虑或重视。实际上，被排斥者不被他人希望有看法，而只是被鼓励去信任社会塑造者的看法。这不仅仅是一种感觉而是一种无权的现实。当你是被排斥群体中的一分子时，政治家或政策制定者可能忽视你的意见而不害怕被指责或下台。从这里可以看出，社会排斥与无权/权利剥夺紧密联系在一起。

社会排斥的研究与对底层阶级（underclass）的分析联系在一起。社会排斥更关注的是被降级的公民权利，而不是经济不平等，虽然这两者紧密相连（Fred W. Powell，2001）。Charles Murray 认为通过动摇工作伦理和家庭伦理，底层阶级的价值正在污染整个邻里关系的伦理（Charles Murray，1990）。这里的底层阶级指的是处于社会边缘的人、非社会化的人以及常常具有暴力倾向的人。英国首相布莱尔用底层阶级一词来描述经济和道德的受害者。少数群体常常在最极端的意义上经历社会排斥，包括犹太人、艾滋病感染者、寻求庇护者以及难民（Dahrendorf，1994）。后来，学者们常常将社会排斥定义为在一个消费社会里，工人阶级的一个相当重要的部分融入并促进了传统的社会团结的瓦解。美国社会学家帕金认为，任何社会都会建立一套程序或规范体系，使得资源和机会为某些人享有而排斥其他人。排斥的方式有“集体排他”和“个人排他”两种方式，其后果不尽相同。集体排他的结果是产生了一个共同的利益集团，由于其被整体地排斥，它必然做出激烈的反应；而个人排他的结果是产生分散的身份群体，个人被排斥的原因通常是个人能力或水平不够。

社会排斥强调关系特征在剥夺方面产生的影响，具有其独特之处。由于不同类别社会排斥的广泛存在，使得这一概念工具更为全面且更具解释力。社会排斥极力强调关系特征在剥夺方面所造成的重要影响。剥夺涉及建构性剥夺和工具性剥夺，一些特殊关系的剥夺同时具有建构性和工具性的影响（阿马蒂亚·森，2005）。社会排斥关注排斥的多元特征，为理解造成穷人持续剥夺的累积因素提供了一种观察的角度，同时使人们可能把剥夺当做一种动态致贫因子的结果来进行分析。

西方国家对社会排斥的研究促进了社会政策的改革演变。学者从社会排斥的视角来反省和批判西方国家的社会福利政策，其研究成果也得到了政策的回应。如 20 世纪 90 年代欧洲学者对于社会排斥的研究得到了政府的回应，欧洲于 1990 年成立了专门应对贫困和社会排斥问题的“反社会排斥政策欧洲观察部门”，致力于反社会排斥，并影响到最高决策层。欧洲国家在反社会排斥方面的政策主要从劳动力市场干预、能力提升和收入支持三个方面进行。总的来说，他们仍然将反社会排斥的重点放在经济方面。布莱尔政府成立了社会排斥局，专门研究和处理社会排斥问题。1998 年，欧盟以社会排斥为理论视角，以福利三角为分析框架，发表了 13 个成员国范围内关于人类尊严与生活质量的调查报告。这个报告讨论了健康和健康照顾政策方面的不平等和排斥危机；劳动力市场上存在的失业和边缘融合；由于社会保护政策问题而产生的排斥；教育排斥的危机；住房方面的排斥和政策等内容。这一报告讨论了欧盟国家社会排斥整体状况以及社会政策改进的主要方面，是一份相对完整的社会排斥与社会政策研究报告（彭华民，2006）。

社会排斥理论聚焦于那些在很长时间内无法改变贫困面貌的贫困者，认为在社会中存在着起排斥作用的制度和社会人群等，更多地强调了由于贫困的难以逆转而可能出现的社会冲突（王来华，2005）。社会排斥理论强调，穷人的社会地位、生活、受教育和其他方面的权利和机会不仅是短缺的，而且是被排斥的。这种排斥是在社会结构制约下的一种长期隔离，而隔离又存在社会本身对相关人群的隔离和相关人群对自身的隔离。

结论

社会排斥概念在五个方面超越了贫困和劣势概念，它由物质或经济劣势到多层面劣势，由静态分析转变为动态分析，由个人或家庭扩大到地方邻里，由聚焦于分配转向聚焦于关系，由侧重社会关系的连续性转向灾难性中断（Room，1997）。不仅政府的社会政策会影响社会排斥，公司作为一个行动者也会影响到社会排斥的范围及程度。社会排斥不仅发生在劳动力市场，而且也发生在消费活动中，包括商品和服务的消费中（托尼·阿特金森，2005）。

从污名与社会排斥的关系来看，污名导致社会排斥，社会排斥是污名的重要后果之一。正如污名概念涉及权利的差异一样，社会排斥中也涵盖了权利的部分内容，即有权与无权的差异。社会排斥不仅表现为被污名化群体在经济方面受到排斥，而且表现在政治权利及社会参与方面也受到排斥及差异对待。而从社会排斥与需求满足的关系来看，由于被排斥者在权利以及参与方面都受到剥夺和差异对待，他们在多个方面受到影响，包括他们的需求满足。

由于艾滋孤儿受到与艾滋病有关的污名影响，他们受到社会排斥，这种排斥表现在多个方面，对他们的需求满足产生了严重的负面影响。社会排斥不仅影响到其工具性需求的满足，而且影响到其情感性需求和发展性需求的满足。如果他们得不到有效的救助与保护，非常容易形成这一群体被边缘化以及形成贫困的代际传递。而现代社会政策的目标是通过国家手段，降低社会排斥，促进社会融入。这对于社会政策的研究具有重要的理论与现实意义。

第三章
研究设计

第一节　主要概念

艾滋孤儿：本研究中所指的艾滋孤儿是指父母一方或双方因卖血致艾滋病而去世的未成年人。按照我国的界定，未成年人一般年龄在18岁以下。本研究中艾滋孤儿的特征表现出高度同质性：家庭经济状况不佳、居住在农村、未成年人、大多身体健康没有感染艾滋病，面临着生存、物质与心理上的多重问题。

照顾者：指与艾滋孤儿一起生活并照顾其日常生活的人。这里的照顾者可能是其扩大家庭中的祖父母、亲戚，还有可能是政府或民间组织及其他爱心人士。由于照顾关系不是必须经过法定程序，所以照顾者的含义要比监护人的含义更为宽泛。

社会支持：社会支持是一个资源（包括物质资源、信息资源以及情感资源等）从施予方到受予方的传递过程。社会支持存在着社会性、选择性和半自愿性的特征。这里的半自愿性指的是施予方提供支持时，往往是自愿和无偿的。但从另一种意义上讲，受予方提供了尊敬、服从以及其他的情感，施予方获得权威。当然，施予方也存在着受予方在其有能力时或己方需要时给予应有的支持的心理期待。

污名：是社会认知与建构的产物，指向偏离社会规范的个人。标签、刻板印象、孤立、状态缺失和歧视等因素共存于一种权利状态，这种状态存在各种污名因素的叠加。污名是在权利细分的情境中发生的，其中存在有权与无权的对立。从现实情况来看，艾滋病与污名存在强烈关系，不仅艾滋病患者经历污名，其家庭成员、照顾者及朋友也经历污名。

长期照顾：英文原词为 Permanency Planning，直译为长期计划，其实质指对他人生活的照顾及安排，因此转译为长期照顾。这里指对艾滋孤儿的生活以及照顾的长期性和永久性的安排。其制定者既可能是其父母，也可能是照顾者及第三方人士。其内容主要涉及儿童生活方式的安排（包括寄养、收养以及他人代养）、成年后工作的安排以及其他方面的相关内容。

阳光家庭：是我国政府在某些艾滋病高发区推广的一种社区内安置的类家庭性质照顾模式。从其现实情况来看，属于家庭寄养的特殊形式。从现实情况来看，多数阳光家庭实行健康儿童与有病儿童分别安置的策略。

院舍型照顾：与寄养、收养并列为重要的替代性脆弱儿童照顾方式。从其主体来看，有政府所办院舍与非政府组织（NGO）所办院舍之分。本研究中的院舍属于后者。一般来说，家庭外安置的先后顺序为寄养服务、收养服务、院舍安置。

第二节 分析框架

本研究力图从社会福利的视角来看待、分析及解释艾滋孤儿的基本状况及其所面临的基本问题，对于其他的研究角度不过多涉及。本研究主要从中观层面，即群体、家庭、组织等层面来看待及研究问题。本研究认为，作为社会转型期的脆弱儿童，他们一方面受到与艾滋病有关的污名与歧视，面临着物质、生活等方面的诸多困难与问题。污名导致社会排斥，不利于他们的需求满足。同时，他们又受到社会支持的作用，各个层面的社会支持共同作用于这一群体，促进他们的需求满足。

从社会支持的方面来讲，儿童与成年人之间的社会支持关系不同于成年人之间的支持关系。首先，由于儿童不是完全的民事行为能力人[①]，他们的交往范围受到极大的限制，往往局限于家庭、社区及学校中。因此，如果从社会网络的角度来进行研究，可能不太适合。其次，儿童与成年人的社会支持关系与成年人之间的社会支持关系不同，他们更多的是社会支持的接受者，几乎无法给予其支持提供方即期的回报，当然，成年人也往往没有期望他们给予什么回报，因此这种支持关系少了一些社会交换的成分，无偿性是这类社会支持关系的重要特征。以上两点决定了社会支持网络的观点可能不太适合本研究中的对象——艾滋孤儿。而从“人在情境中”的观点出发，人生活在社会环境中，其外显的行为不仅受到个人心理发展阶段的影响，更重要的是还受到社会环境的作用，因此我们有必要从社会环境的角度来看待这一问题。将社会系统与社会支持相结合，再结合我国目前的现实情况，就构成了本研究中的艾滋孤儿的社会支持系统。这一社会支持系统由国家与政府层面、社区层面、组织层面与家庭层面构成，它们在为儿童提供社会支持时所起的作用各不相同。

从现实情况来看，国家与政府层面的社会支持处于最外层；社会层面处于中间，他们大部分通过作用于组织和家庭而使目标群体或者个人受益，当然也有少部分是直接作用于个人的；而组织层面与家庭层面的社会支持则往往直接作用于目标群体，可以以各种物质的和非物质的形式使个人得到帮助。在本研究中，由于研究对象特殊，组织层面的社会支持主要表现为非政府组织

---

① 中华人民共和国相关法律规定，18 岁作为成人的标准，例如 18 岁以后才享有选举权与被选举权，并且享有完全的刑事及民事行为能力，需要为自己的行为负全部责任。当然，精神病人除外。从现实实际情况来看，未成年人一般生活在家庭中，由其监护人对其负责，提供日常生活的照顾并进行教育。

（NGO）的社会支持；而家庭层面的社会支持则涉及核心家庭、扩大家庭、原生家庭、寄养家庭几类家庭的社会支持。至于具体是哪种家庭支持的形式，在不同的救助情境中孩子的具体情况也有所区别。同时，对于处于不同救助情境中的同一群体中的不同个人来说，社会支持的缺失与叠加共同存在，这样使得个体所得到的社会支持的类别及数量存在着较大不同。

与此同时，艾滋孤儿这一群体还受到与艾滋病有关的污名的影响。从目前情况来看，艾滋病是被严重污名化的疾病之一，这使得它与其他威胁生命的疾病，如癌症和多发性硬化症区别开来。正如一些学者所言，艾滋病符合高度污名化疾病的三个特征：即疾病的传染性、不可识别性及致死性。同时艾滋病往往与社会所认为的偏差行为联系在一起，形成了污名的叠加。后来的研究发现，污名不仅影响到患者本身，而且影响到其家庭成员、照顾者及朋友等，他们属于污名扩大化的群体。艾滋孤儿正属于此群体中的一类。污名导致歧视与社会排斥，影响到孤儿的生活状况。

综上所述，艾滋孤儿这一群体同时受到社会支持和污名的共同作用。社会支持由国家与政府、社区、组织和家庭四个面构成，由它们构成社会支持的总体，影响艾滋孤儿这一群体。从其效果来看，社会支持具有一种正向效果，它促进个体的需求满足。污名由标签、刻板印象、孤立、状态缺失和歧视五方面因素构成，其中存在有权与无权的对立。污名引起歧视与社会排斥，而社会排斥不利于个体的需求满足。社会支持与污名综合作用，影响到儿童的需求满足。而从人类需求来看，虽然存在着关于需求的诸多理论，如马斯洛的需要层次说以及布莱德萧关于需求的分类，但在本研究中，从研究的操作化和实际情况出发，我们将艾滋孤儿的需求划分为工具性需求（主要是物质性需求和日常生活照顾的需求）、情感性需求（主要表现为精神心理层面的需求）和发展性需求（这主要立足于未成年人的实际状况，主要涉及教育需求、婚恋需求。教育需求涉及国民序列的教育以及职业培训方面的教育）。而在两种有代表性的救助模式——阳光家庭与院舍型照顾中，由于社会支持与污名状况各不相同，影响到艾滋孤儿的需求满足，导致两种救助情境中艾滋孤儿的需求满足状况也存在较大差异。这样，社会支持、污名与需求满足实际上形成了一种相互影响的关系。以上这些内容形成了本研究的基本思路。

本研究的基本框架如图 3－1 所示。

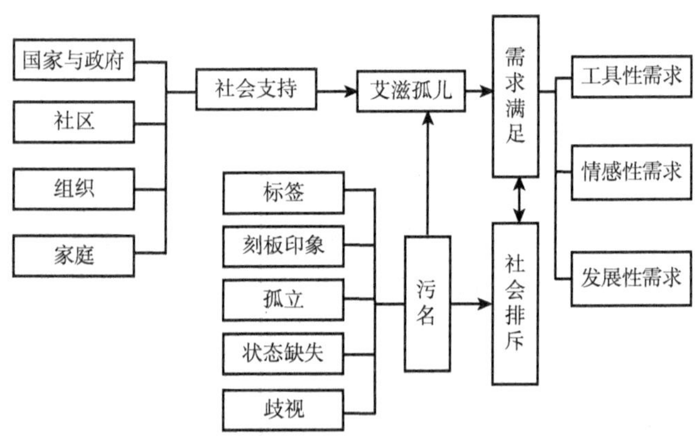

图 3－1　艾滋孤儿的社会支持、污名与需求满足

另外，在现实情况中，对于艾滋孤儿的安置，存在着两类不同的基本模式（从理论上说是三种，但对于艾滋孤儿这一群体来说，由于成功的收养个案数目过少，不足以作为一种模式来研究。因此，这里不对这种模式进行过多的探讨），即阳光家庭模式和院舍型照顾模式。[①] 本研究中的阳光家庭是家庭寄养型照顾方式的代

① 从替代性儿童福利服务的主要方式来看，有寄养服务、收养服务和机构安置三种形式。采用这几种形式有一定的先后顺序，即当儿童的原生家庭出现一系列的问题与困难，没有能力或不再适合为儿童提供照顾而必须采取家外安置形式时，优先考虑的是寄养服务，其次是收养服务，再次才是机构安置（郭静晃，2004）。这些考虑主要是以儿童为本，从儿童利益出发的。从其性质来看，本研究中的阳光家庭非常类似于家庭寄养服务。

表（尽管两者在照顾对象、照顾方式等方面存在一定差异）；而院舍型照顾模式既包括政府部门开办的阳光家园，也包括非政府所办的一些机构。本研究中所选择的院舍型安置是一家非政府机构开办的院舍，我们将其与阳光家庭进行对比研究。从阳光家庭与院舍的基本情况来看，两者既存在着一定的相似性，也存在较大的差异。本研究拟根据表3－1将阳光家庭与院舍进行比较。

表3－1 两种救助模式对比设计

类别 项目	阳光家庭	院舍
支持层面		
支持形式		
照顾者来源		
地理位置		
孤儿来源		
安置方式		
资金来源		
污名		
与所在社区联系		
外界认可度		
内部一致性		
宗教背景		

这些指标反映了阳光家庭与院舍的一些重要特征，影响到它们所得到的社会支持以及污名情况。故本研究将用这些不同的指标来比较阳光家庭和院舍以及艾滋孤儿的基本情况，并在比较的基础上得出自己的研究结论。在以后本研究的主体部分——第四、五章，将分别用这些指标来衡量阳光家庭与院舍所得到的社会支持及污名状况，并对比这两种模式中艾滋孤儿的需求满足状况。在此基础上，将研究结果放在目前我国社会福利政策改革和社会工作职业化的大背景中进行具体分析，提出相应的对策建议。

第三节 研究方法

由于本研究的研究对象及国内相关研究的缺乏，故本研究属于探索性研究及描述性研究。本研究更注重理论与经验的结合，注重从对实际调查结果的分析中验证、分析与发展理论。从现实情况来看，由于儿童与成人、研究者与研究对象眼中的世界存在差异，多数研究所揭示的往往是成人、研究者所关注的内容，而儿童或者研究对象的看法、观点非常容易被忽略。本研究力图通过定性研究的方法，从儿童的角度看待并思考问题，得到研究结论。

本研究中主要采用的研究方法有以下几种。

1. 文献法

对已有的文献主要从以下三个方面进行回顾。国内外社会支持理论的理论与实证研究成果；国际社会科学界，主要是社会福利领域对于艾滋病患者以及艾滋孤儿的研究成果、污名理论方面的研究成果；关于社会排斥方面的理论与实证研究成果。另外，本研究中的文献回顾还涉及对研究背景，即艾滋病在全世界的流行趋势、中国的社会福利思想以及社会救助政策的发展演变等相关内容。

2. 观察法

在实地研究的过程中，通过对艾滋孤儿的生存环境及主观认识等方面的观察，了解他们的现实情况及实际需要，为研究提供相关的支持。由于本研究中的艾滋孤儿属于未成年人，由于年龄限制，有时并不能真实准确地表达自己的想法与看法，这就需要研究者在实地研究的过程中，在了解儿童成长发育特征的基础上进行细致的观察，以取得更为丰富而有效的材料。由于本研究涉及的内容较为敏感，有时在实地调查的过程中也碰到了一些被调查对象不愿表达或不真实表达自己想法的情况，这时就需要结合自己的观察去进一步确认事实的真假。总之，在实地研究的过程中，观察法可以与其他研究方法相结合，从而达到去伪存真、去粗存精的目的。

3. 访谈法

本研究的访谈对象涉及以下几类人员：政府相关部门工作人员、社区领袖、非政府组织工作人员、孤儿的扩大家庭成员、艾滋孤儿等。访谈提纲是半开放性的，根据访谈对象的不同，访谈内容也有较大的区别。例如对政府相关部门工作人员的访谈，主要了解本地区在这方面的相关社会福利政策，尤其是涉及艾滋孤儿社会救助政策的执行情况，以及在本地开展工作的非政府组织及其概况。内容主要包括本地政府部门针对艾滋病患者家庭的救助政策及方式、孤儿的社会支持情况、孤儿得到支持前后的情况变化等方面。各访谈对象的访谈大纲可参考附录二。

4. 比较法

本研究从社会福利的角度着眼，通过对S县有代表性的两种救助模式——阳光家庭和院舍的比较，在理论层面上探讨艾滋孤儿的社会支持、污名与需求满足的关系；在应用层面上通过比较，探讨哪一种救助模式更符合艾滋孤儿的需要，是以后的发展方向。本研究是一种共时性研究，是在一个时段上进行的。主要的比较点着眼于艾滋孤儿的社会支持、污名以及需求满足三个方面。

5. 人类学方法

由于本研究的研究对象以及研究内容的特殊，决定了人类学的方法对于本研究有着重要的意义。人类学的方法在深入体察理解研究对象方面具有其独到之处。通过这种方法，可以更为深入地理解研究对象的生活经历、情境、生活事件，增强对现实状况的理解。

这里需要解释以下几点。

第一是关于研究中的价值中立问题。研究者实际居住在S县的阳光家庭与院舍，采取参与式观察的方法进行了研究资料的收集工作，同时也参与到当地艾滋孤儿的救助实务工作中。由于艾滋孤儿是双重的弱势群体，因此研究者在与他们的频繁接触中，对研究对象不可能没有同情。并且在实地研究领域中，完全没有价值涉入是做不到的，否则，将使实地研究无法进行。但作为研究者同时也认识到，保持科学与理性原则的重要性。因此这两者之间存在一定的矛盾，对此需要采取妥善的方法进行协调。本人试图采取以下方式来处理。在实地研究阶段，即资料搜集阶段，价值涉入不可避免。研究者的处理办法是在实地研究中，一般在当天尽快记录下来所看到的、所听到的相关信息以及自己的相关感想。从调查地点回来后，再做进一步的资料整理工作。但在撰写研究报告阶段，研究者尽可能地去除这种个人价值的影响，保持价值中立。

第二是关于研究中的偏差因素。在实地研究中，研究者已经认识到，有许多偏差因素会对实地研究中所获材料的信度与效度造成影响，因此需要控制这些偏差因素，提高所获材料的信度与效度。在实地研究环节，本人力图采用多种办法，包括采用多途径来源的材料、多次访谈同一对象、延长个人在当地时间以及深入到研究对象的日常生活中等办法来降低偏差因素的影响，尽量提高所获材料的信度与效度（行红芳，2008）。同时，为避免研究地点的氛围对研究者的影响与控制，研究者不得不每过一段时间（一般是两周到二十天）离开研究地点一段时间，以保持自己头脑的清醒，避免自己涉入过深。采取以上方法与措施旨在于缩小研究中的偏差因素对研究所造成的影响，使材料更接近真实。但对此也应该清醒地认识到，所得到的资料只能无限接近真实，但无法保证所获材料完全等同于真实。

第三是研究伦理的问题。本研究涉及艾滋孤儿，他们属于双重的弱势群体——既是未成年人，又受到与艾滋病有关的污名与歧视。虽然对此进行研究既有理论意义也有现实意义，但并不能因为进行本研究而使研究对象的利益受到损害。与此同时，由于艾滋病患者在地域上的相对集中，也使得外界对某些地方，包括某些县、市、村形成了“艾滋村”等歧视性称呼。在本研究中，出于尊重及保护研究对象的目的，所有的人名、地名均作匿名处理。在最终行文中，也尽量考虑对研究对象的尊重，力图避免研究对他们造成潜在与显在的伤害。

第四节 进入研究现场及选取个案

对于本研究来说，由于艾滋病的严重污名化特征以及由此产生的种种顾虑，导致外人进入艾滋病高发区困难重重。而能否进入研究现场将决定着本研究的成败。对此，本人采用多种方式试图进入高发区开展实地调查研究。尽管其间遇到很多困难，但还是在无意中得到了一个机会。2004 年底实习期间，本人参观了大量的非政府组织。在其中一个机构参观时，他们介绍的一项工作就是对艾滋孤儿进行救助。经他们同意后，本人将其国内分支机构作为实地研究的地点，并以受到艾滋病影响的儿童为对象来进行课题研究。

在等待进行实地研究期间，本人继续进行有关文献资料的阅读及整理工作，以求在此过程中找到自己的研究视角及聚焦自己的研究问题。从对已有的国内外的实际报导来看，这些儿童与青少年大多数没有病，身体健康，他们没有携带艾滋病病毒但受到艾滋病的影响。因此，困扰着他们的并不是医学问题，完全是社会心理问题。当然对于少数本身携带病毒的孩子来说（他们绝大多数是由于母婴传播而得病，极少数由于输血得病），他们遭受污名的双重叠加。而对于大多数本身无病的儿童来说，其只受到单一污名的影响，这是有病的儿童与无病儿童的最大区别。

但从我国的实际情况来看，这一群体确实又受到社会支持的影响，如政府出台了各种各样的政策，非政府组织也在开展自己的工作等。由于社会支持与污名共同作用于这一群体，从而影响到这一群体的生活状况、污名控制策略与长期照顾情况。这里的长期照顾涉及儿童的收养、寄养以及院舍型抚养等。在此期间，各位教师也肯定了本人对国外污名理论的借鉴，甚至建议本人专门进行污名控制的研究。

本人在进一步对国外社会学、心理学及社会福利领域中关于污名的研究成果进行了解及回顾后，开始以那个社会服务分支机构为地点进行自己的实地调查，对其中的工作人员、艾滋孤儿及其母亲和政府工作人员（主要是民政部门的工作人员）进行访谈及了解，访谈的重心在于这一群体得到的社会支持及所受的污名状况。访谈时本人主要采用开放式的访谈方法，力图避免自己可能的刻板印象和成见对研究对象所造成的负面影响，以便在实地中得到更为真实有效的材料。当然，对于不同的调查对象，本人询问的重心也各不相同。如对于儿童及患者，主要采用投入理解法，了解他们过去的生活经历，包括得病、治疗及得到的社会支持、污名与歧视的经历，力求了解他们的想法、看法、经历，通过对人物、事件及情境的深刻理解来探查生活世界的本来面目，从而力求更接近真实。对于政府工作人员，本人主要搜集相关的文件，了解政府的基本措施及对这一群体的救助所取得的成效。对于非政府组织的工作人员，主要了解机构的做法及一些个人的看法等。通过对这些不同类别的人物的了解，力求进一步了解事情的全貌。

由于访谈的儿童年龄较小（最小的四岁，最大的十几岁），他们对于问题的理解存在较大的差异，可能无法完全理解或者回答问题。对于他们，本人更多地采用观察与访谈相结合的方式来了解其真实情况。由于此类课题不太适合采用定量（问卷、量表等）方式进行，因此本人采用定性研究方法。另外，由于国内从社会学角度对这一群体的研究还非常欠缺，相关的资料积累较少，为减少观察和访谈中的偏差，本人分别在寄养家庭和非政府组织中参与他们的工作和生活，从而提高所获资料的可靠性。

在此过程中，本人也遇到了诸多困难，一方面是由于研究人手不足，另一方面是很难找到足够多的样本来进行定量研究。例如研究污名控制策略，尤其是熟人社会的污名控制策略，由于存在着一个社区的边界，被污名化的群体在社区内外所采取的污名控制策略存在很大的不同。而要调查这些情况，只能去寻找在社区之外长期生活的年龄较大的青少年。而从当地的实际情况来看，他们大多已经到外县、外市甚至外省去打工，一般情况下都不回来。而在这种情况下，存在着资料的不可得性，使得研究难以继续进行。通过在非政府机构的生活，并与其工作人员一起到政府机构办事，本人结识了当地政府部门的有关工作人员，并从侧面了解到当地政府在这些方面的做法及他们的看法，同时还了解到当地在艾滋孤儿救助方面的一种新的模式——家庭寄养，也就是俗称的“阳光家庭”模式。由此，本人进一步考虑从社会救助的角度来进行自己的研究。不管是家庭寄养，还是院舍型照顾，都是现行对于艾滋孤儿的不同救助模式，而探索更为合适的艾滋孤儿救助模式具有更为重要的现实意义。

由于父母得病或者死亡，艾滋孤儿失去了父母的呵护和支持，同时又受到与艾滋病有关的污名与歧视，其物质生活状况和心理状况都受到较大影响。由于大多数艾滋孤儿身体健康，影响他们的不是医学问题，而完全是心理学和社会学的问题。同时，由于他们还处在儿童期和青少年期，这种影响可能非常剧烈，甚至会影响到他们以后的生命历程。当然，由于他们年龄尚小，如果进行干预的话也可以减轻其负面影响。因此，关注这一群体并了解他们的真实情况，并在此基础上探讨对于他们的更为合理的救助方式非常必要。

从这一思路出发，本研究立足于S县的实际情况，对在当地进行院舍型救助的那个非政府组织进行了长期的参与式观察，同时拜访了当地所有的“阳光家庭”，并与“阳光家庭”的父母相识。在了解“阳光家庭”的背景以及运作模式的基础上，对“阳光家庭”进行了参与式观察与访谈，获得了许多第一手资料。由于地理位置、安置方式、管理人员、管理方式、内部一致性等因素，决定了这两种不同模式中儿童的社会支持系统与污名状况存在较大的区别，进而影响儿童的需求满足状况。本研究力图比较两种不同救助情境中儿童的社会支持、污名及需求满足状况，并在此基础上进行自己的研究。

第四章 社会支持系统

第一节 艾滋孤儿的社会支持系统

社会学领域已有的关于社会支持的研究大多集中于社会支持网络的研究，这些研究大多采用提名的方式来让被访者回答一些问题，再以此为基础来判断被访者的社会支持网络的规模、大小及得到的社会支持的数量。另外，已有的相关研究更为注重非正式社会支持的作用，而对正式社会支持的重视程度相对较少，这是与相关的国际背景相联系的。[①] 社会支持的主体涉及支持的提供方与接受方，两者往往存在一种潜在的或显在的交换关系，这从一些学者对于社会支持的定义就可以意识到。多位学者认为社会支持是一种交换关系。实际上不论是东方还是西方，人与人之间的社会支持的确也有互惠的成分在内，这是关系能够长期维持的重要条件。但对于不同群体，其社会支持关系的内容、性质、特

---

① 这与世界范围内，尤其是欧美国家社会福利政策的改革具有一定关系。近年来，在欧美国家的政府收缩社会福利、重申个人责任的情况下，社会成员对非正式的社会支持的需求更为迫切。同时，这也为团体与自我照顾活动的成长提供了更大的发展空间。与此相适应，对于非正式社会支持的研究成果也日益增多。

征还应该进行具体的分析。

与成人社会支持的研究相比，儿童社会支持的研究尚处于起步阶段，可供借鉴的成果相对较少。这需要从社会支持关系本身和人与社会环境两个角度来进行分析。从社会支持关系的角度来看，在成年人与艾滋孤儿的社会支持关系中，艾滋孤儿处于脆弱地位，是社会支持的接受方；成年人是提供支持方，处于主导地位。在这种支持关系中，除了极少数的情感回报外，艾滋孤儿不可能给予社会支持的提供方任何形式的即期回报。成年人提供社会支持的动机也往往出于同情或怜悯，没有要求回报的心理期待。这就决定了艾滋孤儿与成年人之间的社会支持关系与成年人之间社会支持关系的最大区别是不对等性和无偿性。从人类行为与社会环境的关系来看，人生活在社会环境中，受到社会环境的作用并反作用于社会环境。因此人类行为与社会环境之间是一种互动的关系，主要的社会环境涉及国家、社区、组织、家庭等。基于以上这两方面的情况，本研究从社会支持主体的层次入手，来探讨艾滋孤儿的社会支持系统。结合现实情况，可将艾滋孤儿的社会支持系统大致划分为四个层面，即国家与政府层面、社区层面、组织层面和家庭层面。

这样，艾滋孤儿的社会支持系统呈现出下图所显示的效果。需要说明的是，这只是一种理想类型的划分，现实中虽然存在这四个层面的社会支持，但并不一定在任何一个艾滋孤儿身上都能完整地体现，有可能在某些人身上只体现为其中的某类或某几类社会支持，其他层次的社会支持却缺失。与此同时，也存在着同类社会支持的叠加，比如不同的非政府组织给同一个孩子提供社会支持。在现实生活中，社会支持的缺失与叠加同时存在。如图4－1所示。

从艾滋孤儿的社会支持系统来看，家庭和组织层面的社会支持处于最内层，直接作用于这些儿童。不管艾滋孤儿处于何种照顾形式中，是属于家庭寄养、收养还是院舍型照顾，他们或者生活

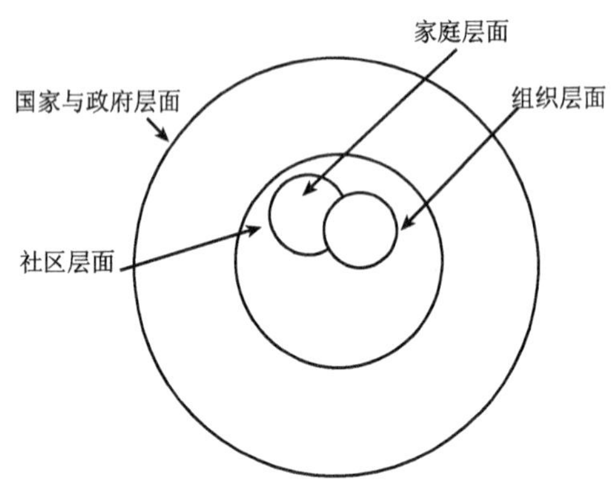

图 4-1 艾滋孤儿的社会支持系统

在家庭或类家庭中，由家庭成员对他们提供直接的支持；或者生活于院舍中，由组织中的工作人员对其提供帮助与服务。[①] 尽管其照顾形式不同，但家庭或者组织对儿童都提供直接的支持与帮助。与此同时，由于在调查地点有多个非政府组织以各种形式开展对于艾滋孤儿的救助与帮助，他们的对象大多是生活在社区和家庭中儿童。因此，这部分儿童也可能同时得到非政府组织的帮助与支持，例如一些非政府组织为艾滋孤儿提供学费和生活费，以及一些基于小组形式开展的教育、培训等。组织支持的主体除了非政府组织（NGO）外，还有学校。学校所提供的社会支持对未成年的孩子非常重要。因为他们处在学龄期，除了极少数辍学者外，绝大多数人有相当长的时间要在学校度过，这使得其在学校中要与同辈群体、老师等进行交往与互动，学校支持的重要性因而凸显出来。由于研究力量所限，本研究主要关注非政府组织提供的组织支持，对于学校支持不过多涉及。社区支持处于家庭支持与组织支持的外层，不管是家庭还是组织都需要通过社区进行，从

① 从目前孤儿照顾的基本形式可以看出，目前孤儿及脆弱儿童照顾的基本形式有寄养、收养和机构安置（院舍型照顾）三种形式。其中，院舍型照顾往往被认为是脆弱儿童照顾的最后选择。在儿童福利发展历史上，这三种照顾方式各有其优缺点，都起到了重要作用。

而产生应有的效果。同时，国家（政府）层面的社会支持也要通过社区的作用才能到达支持的接受方，即艾滋孤儿。因此可以说，社区层面的社会支持起着承上启下的重要作用。而国家与政府层面的支持在我国社会福利政策的改革时期显得非常重要，它的支持主要通过政策法规、通过相关部门来进行。这种支持覆盖范围大、力度强，在我国现阶段起着相当重要的作用。

一　国家及政府层面的社会支持

在我国弱势群体的社会支持问题上，国家及政府层面的支持长期以来都起着非常重要的作用，这与我国长期以来“强政府、弱社会”的格局有着重要关系。在这种体制下，一方面由于现阶段民间力量发育不完善，还比较弱小，难以承担相应的职能；另一方面由于国家自上而下的动员能力非常强，绝大多数的体制内资源掌握在政府手里，他们在体制内资源的占有、使用、分配与收益方面具有绝对的话语权。从社会分层的角度来看，在整个社会结构中，由于社会成员所占有的权力、财富以及声望的不同，他们处于社会分层体系的不同层级。[①] 虽然各个社会阶层都有社会福利需求，但由于社会下层（underclass）在占有社会资源，尤其是经济资源方面处于弱势地位，尽管其也有社会福利需求，但却不可能通过其他替代途径，如市场购买来获得，只能由政府提供。如果政府不提供，他们的社会福利需求就不可能得到满足，这是他们与其他社会阶层的最大区别。[②] 但如果无法满足社会下层的基本社会福利需求，则容易导致社会矛盾和冲突情绪的进一步积累，从而引致社会的动荡和不稳定。上述因素决定了政府在提供社会福利资源时应该优先照顾弱者的原则。政府在支持弱势群体方面

---

① 关于社会分层的指标或者维度，不同学者的说法有较大差异。这里采用韦伯的权力、财富、声望的论述。

② 其他社会阶层，尤其是中产阶层和上等阶层可以通过市场手段来满足自己的社会福利需求。

的主导地位不仅出于缩小贫富差距、维护社会稳定方面的考虑，而且出于对弱势群体的人文关怀。尽管20世纪90年代以来我国的社会福利政策一直处于不断的改革之中，政府从社会福利领域逐步退出，提出“社会福利社会办”的方针，由社会力量参与、介入到社会服务事业中，非政府组织也在逐步发展壮大并进入社会服务领域。但“强政府，弱社会”的基本格局并没有根本打破，我国现在对弱势群体的社会支持仍是由政府主导，其典型体现就是由国家建立社会保障制度，这标志着我国的社会福利从残补式福利向制度式福利的转变。它从制度上保障了弱势群体基本生活的经济来源，也强调了国家作为社会福利提供主体的责任。

具体到艾滋孤儿这一群体，国家与政府层面的社会支持主要表现在直接和间接两个方面，涉及宏观、中观和微观三个层次。在直接方面，国家或政府通过制定相应的政策法规，促进对艾滋病患者及孤儿权益的保护。① 地方政府相关工作部门通过执行上级政府部门的文件、方针、政策，促进对他们合法权益的保护。同时地方相关政府部门也通过自己的工作，巩固患者的治疗，延长他们的寿命，这样也使儿童仍处于接近正常的家庭环境中，起到间接保护儿童的目的。② 另外，国家也规定和执行了许多直接针对

① 近年来，国家出台了一系列政策和法律法规，与此有关的包括以下内容。民政部《关于加强对生活困难的艾滋病患者、患者家属和患者遗孤救助工作的通知》；民政部、财政部、国家发展改革委员会《关于进一步做好农村五保供养工作的通知》；民政部、教育部《关于进一步做好城乡特殊困难未成年人教育救助工作的通知》；国务院《关于切实加强艾滋病防治工作的通知》；《艾滋病防治条例》。这些政策和法律法规构成了较为全面的国家政策层面的支持体系，为各类行为主体保障艾滋孤儿的合法权益提供了法律和制度上的保障。

② 在艾滋病患者和艾滋孤儿的救助方面，河南省制定的政策措施对全国起到了较大的借鉴作用。如为解决艾滋病家庭子女义务教育阶段的入学问题，2003年11月，河南省教育厅筹资100万元，按照初中每人每年200元、小学每人每年100元的标准，对6347名家庭有疫情的学生进行补助，为其免除杂费和课本费。2003年河南省投入国债资金530万元，为24所项目学校建设教学楼15560万平方米，为疫区基本教育提供了良好的办学条件。（引自《河南年鉴》2004年卷第351页）。

受艾滋病影响的儿童和孤儿（OVC）的相关政策，如将孤儿纳入到“五保”范围，实行“两免一补”、“四免一关怀”等；同时在高发村探索合理的艾滋孤儿救助模式，包括“阳光家园”和“阳光家庭”等。在间接方面，国家或政府可以采取不同的策略，促进或阻碍非政府组织开展活动。当然，由于各地情况不同，其具体情况各异。国家及政府层面的支持主体不仅包括各个层面的政府，如中央政府，省、市、县、乡各级政府，也包括政府的各个部门，如民政部门、教育部门、卫生部门等，即“条条”和“块块”。同一系统的上下级部门之间属于“条条”，彼此之间遵循下级服从上级、地方服从中央的原则。上一级部门，尤其是省级以上的政府部门，主要承担制定政策的职能并指导监督本区域范围内的政策执行情况；而下级部门，尤其是基层部门，其最为主要的职能往往是贯彻执行上级部门的方针政策。而不同部门之间则属于“块块”，如民政部门与教育部门、卫生部门之间就属于这种关系。他们彼此之间是一种相互平等的关系，多数情况下各干各的，彼此合作机会不太多。也有些地方出于应对一些特殊事件的需要，会成立一些临时性机构，将各个部门的负责人纳入其中，来协调各个部门之间的关系。总的来说，不论是“条条”还是“块块”，实际上都属于国家与政府层面的社会支持的内容。

国家与政府层面的社会支持也存在一些问题，主要表现在以下几个方面。第一，在我国现阶段，政府的政策措施主要通过政策、文件等形式下发，具体执行主要靠各个地方政府工作部门。基层部门会结合当地情况，采用一些变通方式去执行上面的政策文件。当然，在多数情况下这种做法非常必要，也是政策实施环节所必备的。但有时基层部门也会从自己的利益、角度出发，对上级的政策有意地搁置，导致出现上面政策到基层无法落实的情况。这两种情况都使得制度的制定与执行产生了一定的距离，从而出现文本中的制度与现实中的制度间的差距甚至背离。第二，在个别情况下，国家或者政府所采取的社会支持策略与行动不一定都产生正向的效果，有时反而带来负面或者社会排斥的后果。这里面既有社会支持的方式不当，也有受到其他外在因素或负面因素的干扰，致使社会支持的效果出现偏离，导致了负面效果。如国家领导人接见北京佑安医院的山西运城的艾滋病患者，由于新闻媒体在报道这一事件时没有对患者的面貌、声音进行处理，使得他们的真实相貌被公开，从而导致患者及其家属受到其周围社区成员的社会排斥及污名的影响。第三，政府组织对于非政府组织可能采取不同的策略，具体采取何种策略是地方政府根据当时当地的实际情况所作出的理性判断。从目前情况来看，在许多地方，由于政府对于非政府组织行动的背景、动机及目的不清楚，两者之间没有建立起信任关系，因此往往造成非政府组织与基层政府之间出现一些对抗，使双方关系出现紧张甚至敌对情绪。具体到艾滋病方面更是如此。例如一些非政府组织想进入高发区开展工作，但因其与当地政府缺乏信任关系，所以很难进入并开展工作。

二　社区层面的社会支持

社区作为一个名词，最早是德国社会学家滕尼斯在其名著《共同体与社会》一书中提出。共同体一词指人类社会最初的聚居形式，在这种聚居形式中，人们更为重视血缘、地缘关系。从他对共同体的认识来看，他更为强调的是社区的精神意志这一特征。后来，社区这一概念为芝加哥学派所应用，经过帕克等人对当时美国城市社会的实证研究，产生了越来越大的影响。在他们的研究中，社区有两个特征：一是社会性；二是地域性。在社区一词从德文译为英文再转译为中文的过程中，社区的词义也发生了变化。同时，社区一词也成为源于学界、后为政府借用并产生广泛影响的词汇之一。从目前的基本情况来看，尽管社区的具体意义并不统一，但社区的这三大特征，即社会性、地域性以及共同的精神和意志已被广泛认可。

关于对中国社会的研究，费孝通先生在其《乡土中国》及《江村经济》两书中，对中国传统的乡土社会的特征已进行了理论上的解读和实证的分析。他将传统的乡土社会概括为熟人社会和差序格局。由于受血缘和地缘影响，人们“生于斯，死于斯”，“常态的生活是终老是乡”。同时，人们根据他人与自己关系的远近亲疏状况来处理彼此关系（费孝通，1998）。后来国内社会学界对社区进行了大量的实证研究，但社区的定义、特征及实质内容并没有根本的改变（折晓叶，1996；折晓叶、陈婴婴，1997；李培林，2002）。[①] 在传统的乡村社会，虽然经历了几十年的社会变迁，乡土社会也有了一些变化，社会成员的流动性增强，原有的封闭性被打破，有人称之为“半熟人社会”（贺雪峰，2000），但其熟人社会的特征并没有根本改变，这与社区成员共享一个生活场域以及共同参与社区事务有重要关系。

近年来，国际社会服务界对社区给予了更多的关注，不断地倡导通过社会照顾促进社会融入的进程。社区照顾大致包含三种含义：在社区中照顾、为社区照顾、通过社区照顾。社区照顾改变了以往将福利对象集中在封闭性社会福利机构（院舍）中供养的传统做法，尽可能将服务对象分散安置在开放性和正常化的社区环境中供养保护，以便使服务对象最大限度地保持与家庭、社区的密切联系，以确保他们身心健康成长（刘继同，2003）。社区照顾的对象主要是老年人、精神病患者、弱智人士、残疾人、孤儿、单亲家庭、长期患病者和其他需要照顾的人群。由于已婚妇女是主要的照顾提供者，社区照顾实质上是家庭照顾，家庭照顾实质上是妇女照顾。

社区照顾具有非常重要的作用，一些研究认为，社区支持体

① 这甚至体现在从传统的乡土社会向都市社会的中间形态——城中村的转变过程中。城中村不是一个由陌生人构成的生活共同体，也不是一个仅仅由业缘关系而构成的熟人社区，它是一个由血缘、亲缘、宗缘和地缘关系结成的互识社会（李培林，2002）。

系可以发挥三个层面的功能，即预防、治疗与康复。在预防层面，社区支持可以增进个人的福祉与功能，减少压力事件的负面影响；在治疗层面，非正式支持体系可以协助正式支持体系的专业人员进行治疗工作；在康复层面，社区支持体系可提供生活协助、友谊和教育训练，以协助患病者重新回到社区（宋丽玉等，2002）。

结合我国乡土社会的背景、国内外对于社区以及社区照顾的定义，我们可以将社区支持进一步区分为在社区的支持、社区本身的支持、通过社区的支持三种形式。第一种在社区的支持，是指由于受助对象往往生活在一定的社区，因此社会支持是在社区范围内进行的，它强调社区支持的提供者以及接受者往往都在社区，尤其是组织和家庭层面的支持最终都是在社区内进行的；第二种社区本身的支持，主要是社区内部成员之间的相互扶助，尤其是家族、邻里的帮助，以及社区作为一个单位对遇到困境的社区成员所提供的一些力所能及的帮助；第三种通过社区的支持，主要指外来的社会支持，尤其是国家与政府层面的社会支持往往要通过社区，尤其是社区领袖（社区精英）的中介作用才能进入社区，到达真正的受助对象。

艾滋孤儿属于双重的弱势群体，大多数生活在家庭和社区。社区层面的社会支持对他们来说必不可少。在艾滋孤儿的社会支持系统中，社区层面的支持在以下几方面的作用较为突出。一是社区领袖。由于社区领袖的权威作用和对于信息资源的垄断，他们往往起着维护社区内成员的根本利益和与外界联系的中介作用。不论是政府机构，还是非政府组织，都往往需要借助社区领袖，取得他们的帮助，才能顺利进入社区并开展工作。二是社区集体的力量。政府的救助资源通过社区达至有需要的人，实际上是通过社区提供的支持。社区在此过程中起到中介和桥梁的作用。无此，个人无法实际享受到政府提供的救助资源。三是社区中邻里之间的相互作用。俗话说“远亲不如近邻”，邻里之间由于地缘上的邻近关系使得彼此之间的支持存在便利性，而且成本相对较低。

乡土社会较少安土重迁的特征使得邻里之间的支持进一步固化和强化，邻里之间的相互帮助成为社区支持的重要组成部分。[①] 对于艾滋孤儿也是如此，邻居提供的支持成为艾滋孤儿社会支持系统的重要组成部分。这种支持关系基于地缘关系而形成，具备某些强关系的特征，主要提供工具性的支持，包括日常生活的照顾和少量物质性支持，如借钱等；另外也有少量的情感性支持在内。[②] 由于这种支持建立于信任基础上，因此这种支持关系更容易持续。

三　组织层面的社会支持

组织层面的支持对于艾滋孤儿来说非常重要。正如一些研究所提到的，在提供食物和其他形式的帮助方面，非政府组织和其他的社区组织扮演着重要角色，但研究者不知道非政府组织如何促进孩子与扩大家庭的联系（Sangeetha Madhavan，2004）。组织的种类繁多，从其内部凝聚力和管理形式等方面，一般可以分为正式组织和非正式组织两类。常见的正式组织一般有单位、学校、医院、政府机构；非正式组织有帮派、学会、团伙等。这里主要集中探讨非政府组织的作用，对于其他形式的组织支持，如学校、医院的支持不过多涉及。从现阶段来看，非政府组织所提供的社会支持对于艾滋孤儿具有非常重要的作用，尤其是在家庭没有足够的能力满足艾滋孤儿现实需求的情况下，非政府所提供的组织支持可以在一定程度上起到弥补和替代的作用。

虽然现在我国的非政府组织仍处于初期发展阶段，但在提供社会服务、满足社会成员的社会福利需求方面正发挥着越来越大

---

① 这也与乡土社会的家族性有一定关系。在乡土社区范围内，许多社区成员是一个或几个人传下来的，他们往往共享一个祖先。在笔者曾经去过的社区中，有一个村子就是由一个家族组成，族长在村中具有极高的权威，其社区成员之间往往存在或近或远的血缘关系。

② 邻里支持的重要性也得到国内外非政府组织的认同并加以利用。国内外一些文献中也提到在非洲和国内的艾滋病高发区，非政府组织都认识到邻里的力量，通过利用邻里来监督艾滋病患者按时服药。

的作用。在介入弱势群体的社会支持方面，非政府组织具有资源、效率、应变和机制等方面的优势（万闻华，2004）。他们可以在政府不愿出面、不能出面的事情上或者政府想到但还没有来得及做的事情上充分发挥作用。这也可以从一些从事这类工作的非政府组织的经验中反映出来。

> ……民间组织没有钱，但有的是经验，懂得接近民众，知道什么是对他们最好的，能够用最少的钱把工作做得更好。政府有钱，但他们对民众的需求不太了解。我们（指某个非政府组织）只花很少的钱，但却能给他们较大的帮助……我们就先把一个村子做好，然后请他们（政府工作人员）来看，看了觉得好了，再让他们自己去铺开，这样我们已经不用再管了……
>
> ……我们积极与国家 CDC①、克林顿基金会联系，他们也了解到我们辅导员对孩子的用药很有效，所以政府多出一点点钱就可以大大增加效果。而我们也愿意多出一点钱，把工作做好，三方的合作是个很好的结合……
>
> ……三方面的结合：中国政府负责提供药物治疗——这是政府的强项；国际组织负责供给药物——这是政府无法提供的资源；而我们就提供社区关爱、药物督导、营养护理、家访、心理辅导等，这也是我们民间组织的强项，我们比较善于和民众接触、沟通，可以给予他们更多的关爱……②

从这里也可以看出，由于政府机构、非政府组织以及国际组织各有优劣，彼此所起的作用难以替代。如果彼此能够配合得好，就可以发挥各自的长处，使得有限的资源更为合理地配置，更为

---

① 中国疾病预防控制中心（Chinese Center for Disease Control and Prevention）的缩写。

② 摘自智行基金会杜聪的发言《在合作中学习合作》。

有效地达到保护救助对象的目的。可以说，在社会福利领域，非政府组织的作用不可或缺。在目前资源有限的情况下，更需有效调动非政府组织的力量，共同促进社会福利事业的发展。

非政府组织在 S 县的工作始于 AD① 基金会，他们的主要对象是贫困儿童，包括艾滋孤儿和其他困难儿童，主要为他们提供学费和生活费。一般一学期给孤儿们学费 970 元，一年 1940 元人民币，解决了这些贫困学生的基本生活。但为了避免与艾滋病有关的污名的影响，他们采取了一些变通方式，一般都不直接说是艾滋孤儿，而使用“贫困儿童”的称谓。因为他们担心“艾滋孤儿”容易给孩子们贴上不良标签，造成不良影响。但实际上，这里的贫困儿童多是艾滋孤儿以及受到艾滋病影响的儿童。

由于各个非政府组织的定位不同、侧重点不同，救助方式也各有差异。

AD 是一个中介组织，他们接受从外地过来的钱，到这里来找小孩对他们进行救助。ZMX 那里提供一个小孩一年 1500 元人民币的费用，AD 抽 160 元，作为他们的中介费，实际上一个小孩一年得到 1340 元。他们的救助对象女孩年龄在 11 岁以下，男孩在 13 岁以下，他们在这里救助了 394 个小孩。但是 AD 只救助贫困儿童，与艾滋病有关的儿童他们不涉及。ZMX 不仅通过 AD 救助孩子，他们自己还救助了五十多个小孩。去年他们还来这里，带了四五十个小孩到 ZZ 等地玩了一周。在那里的商场里，小孩要什么他们给买什么。估计这一趟他们花了不少钱，大概有五六万吧。中华慈善总会主要针对品学兼优的孩子，尤其是女孩。但这些救助的大多是年龄比较小的孩子，高中阶段的还是一个缺口（X，政府工作人员）。

CF 行动给钱不多，每个小学阶段的孩子每学期 60 块，但

① 这里出于研究的需要，提到的非政府机构没有用其原名，用的是中文拼音缩写，以下均做同样处理。

> 他们搞的活动形式比较好。另外他们开展对小孩的培训、老师的教育等工作。我个人认为，他们搞的活动还是蛮不错的。CF 行动在 S 县的救助工作是从 2005 年开始的，通过市慈善会介绍过来的。现在他们在本市救助的总人数在 510 人左右，在 S 县救助 105 人。其救助额度根据孩子的就学阶段而有所不同。小学一个小孩一学期 60 元，初中学生每个人一学期 130 元（X，政府工作人员）。①

由于各个非政府组织的目标、对象千差万别，他们实际的救助范围和方式也有较大区别。像前面提到的 AD 基金会只救助贫困儿童，更为倾向于救助女童，并且是年龄比较小的儿童。这就导致具有某些特征的孩子可能符合多个组织的救助条件，而另一些孩子可能一个非政府组织的救助对象都不符合，这就形成了社会福利“漏洞”。CF 行动虽然救助艾滋孤儿，但其救助力度非常有限，一个学期几十元到一百多元钱起不了多大的作用。它的救助形式侧重于培训和教育方面的内容，不纯粹是物质方面的帮助。另外由于他们在这里的工作开展时间不长，救助的人数、范围也比较有限。

尽管在这里开展活动的非政府组织存在许多区别，但都有一个共性，某知情人士所言证明了这一点。

> ……现在做这方面服务的机构很多，但大都是做健康儿童的，一听说像他们母子这样的，一般都不愿意管。现在对已经有病的人的服务很少，我去过 SC 的 WL 村和其他村，如 SD 等，这里是少数几个病人（指艾滋病毒携带者和艾滋病患者）的服务机构之一（YD，院舍工作人员）。

也就是说，大多数非政府组织，即使是专门救助艾滋孤儿的

① 这与 CF 行动的工作人员提到的每学年每个小孩的救助额度大概在 200 元 ~ 300 元的数目大体一致。

非政府组织，大多也是针对本身健康的艾滋孤儿。对于本身携带病毒或者已经发病的儿童，大多数组织不愿意救助。这可能与非政府组织对服务效率的要求有一定关系。毕竟，他们服务一个携带病毒的儿童，所需的资源可能是一个健康儿童的好几倍。

从社会支持的形式来看，组织层面的社会支持既包括物质性支持，如多个非政府组织给艾滋孤儿发放学费和生活费，也包括非物质性支持，如情感性支持和技术性支持，包括提供一些专业指导和技术支持，培训老师、开展一些相关活动，为儿童提供一些心理方面的指导等。当然，由于非政府组织发展得不完善，以及其他一些原因，实际上非政府组织能够提供的社会支持和孩子的现实需要相比，还有一定距离。

四 家庭层面的社会支持

一般来说，从家庭类别来看，家庭层面的社会支持主要涉及核心家庭和扩大家庭所提供的社会支持。核心家庭就是我们通常所讲的由父母和未成年子女组成的家庭，是目前大多数国家和地区最为主要的家庭形式。在这种家庭中，父母对儿童提供物质上的支持、精神上的支持以及实现儿童的社会化。家庭是儿童社会化的最初场所，个人经过家庭的教化才逐渐了解自己所承担的角色，实现其社会化的全部过程。从国际社会来看，家庭被认为是孩子最住的成长环境，为了使儿童不因家庭问题而丧失享有家庭温暖的权利，各国相继推出家庭寄养服务方案（foster family care），对这方面的需求也一直逐年上升（郭静晃，2004）。目前国内也普遍认识到家庭对于孩子成长和社会化的重要性，因此在一些地方广泛开展了孤残儿童的家庭寄养工作，以及促进儿童的国内收养和国际收养工作。一些非政府组织在培训中甚至将其主题确定为“让每个孩子都拥有一个家庭”。从这里可以看到，随着国内外交流的进一步加强，国外对于儿童福利、家庭的看法也逐步影响到国内，并影响到国内的社会福利政策以及社会工作实务。在中国，抚养教育未成年子女既是父母的义务，也是儿童的权利，儿童的这种权利受到我国宪法和法律的保护。[①] 在中国，核心家庭对于未成年儿童的社会支持非常重要。

而扩大家庭的社会支持就是指在儿童的父母面临困难或者无法照顾儿童时，由祖父母、外祖父母、姑、叔、伯、姨、舅等近亲属[②]为儿童提供照顾。对于孤儿来说，由于其父母的丧亡，需要扩大家庭成员介入未成年人的照顾中，从而成为主要的社会支持提供者。在这方面，扩大家庭成员所提供的照顾构成了成年人照顾的非常重要的安全网，其作用受到广泛关注。从学者们的研究来看，其态度大致可分为两类。一类学者对扩大家庭的照顾能力持保留态度。如 Foster 对扩大家庭照顾孤儿的潜力表示悲观的看法。他采用一系列的指标来测量扩大家庭照顾艾滋孤儿能力的加强或减弱，这些指标主要包括：亲属支持实践的变化[③]、儿童作为户主的家庭（child-headed households）的建立以及亲属的分散和迁移。他认为这些指标能够作为测量扩大家庭网能力的指标（Foster，2000）。另一类学者对于扩大家庭的照顾能力持更为乐观的看法，如 Ankrah 并没有放弃扩大家庭和宗族系统，这在她的关于非

① 《中华人民共和国宪法》第二章“公民的基本权利与义务”中规定：“父母有抚养教育未成年的子女义务，成年子女有赡养扶助父母的义务。”“中华人民共和国公民在年老、疾病或者丧失劳动能力的情况下，有从国家和社会获得物质帮助的权利。国家发展为公民享受这些权利所需要的社会保险、社会救济和医疗卫生事业。”《宪法》中规定的这些权利在我国的其他法律中也得到了体现，我国的《未成年人保护法》、《教育法》等法律法规也有这方面的规定，这些构成了对未成年人权利保护的相对完善的法律体系。近年来，国家也通过相关社会政策，如“两免一补”、促进义务教育的均衡化等措施，进一步保障了未成年人受教育及其他的社会经济文化权利。

② 简单地说，这些亲属虽然名称各异，但主要是由核心家庭的主要成员派生出来的，即由儿童的父系和母系的近亲组成，包括父亲的父母、兄弟姐妹以及母亲的父母和兄弟姐妹。由于国内长期的父系社会的影响，在照顾脆弱儿童方面，与母系亲属相比，父系亲属往往起着更大的作用。

③ 作者认为，父系与母系照顾者比率的变化反映了扩大家庭安全网的削弱（Foster，2000）。

洲社会宗族的恢复力的研究中尤为突出。她指出一些艾滋孤儿和受到艾滋病影响的儿童（OVC）并不是没有扩大家庭的支持，即使所谓的只有儿童的家庭也常常与更大的宗族联系在一起。基于此，她提炼出大多数解释的两个重要特征：经济和社会支持的持久和义务（Ankrah，1993）。她将家庭定义为“一个广泛的拥有确定联系的社会网络”，她也注意到扩大家庭发挥作用的潜在性和网络性，从而使传统的扩大家庭进一步受到重视。Hunter对乌干达的孤儿照顾情况进行了分析，建议继续将扩大家庭看做是最为重要的支持来源（Hunter，1990）。与此同时，另外一些研究认为扩大家庭所组成的安全网对于儿童来说非常重要，它是阻止儿童滑出安全网，变为流浪儿童、商业性工作者、临时工或者早婚妇女的最后一道屏障（Njoroge et al.，1998）。当然由于各种因素的影响，这种传统的由扩大家庭成员为儿童提供照顾的方式在实践中遇到了一些困难。由于社区中孤儿数目增加，使得叔叔、姑姑——传统替代照顾者的第一选择无法获得，祖父母被补充到孤儿的照顾队伍中（Foster et al.，1996），他们成为为孤儿提供照顾的最后一道屏障。从另外一个层面上讲，寡妇再婚、有目的的寄养以及与亲属的联系等因素反映了扩大家庭安全网的力量（Foster，2000）。从目前现状来看，虽然扩大家庭的作用日趋削弱，但它仍旧是一个对有病亲属及孤儿进行照顾的主要单位（Ankrah，1993）。因此，扩大家庭成员在对孤儿提供照顾的过程中，往往能够发挥其他人员无法替代的重要作用。

社区和家庭正在改变它们的孤儿照顾系统的现状，也部分解释了扩大家庭处置机制的力量、弹力和适应性。家庭支持的形式多种多样，除了前面提供的核心家庭和扩大家庭外，各种形式的类家庭，如寄养家庭也开始作为一个替代性儿童福利服务方式①受

---

① 替代性儿童福利服务的形式主要有寄养、收养和院舍型照顾三种。其中，家庭寄养是一种对脆弱儿童的暂时性生活安置形式，最终的目的是使儿童能够回归到自己的家庭，或被领养，或达到法定年龄后终止安置，这在多个家庭寄养的定义中已经体现出来。

到重视。“阳光家庭”实际上就是目前艾滋孤儿救助工作中出现的新的家庭寄养形式，这实际上是一种政府推动、社区主导的家庭寄养方式，已经推行近两年。S县是率先开展阳光家庭试点工作的[①]，因此对其实际情况进行研究，对于探索合适的艾滋孤儿救助模式和国内社会福利政策都有非常重要的意义。因此，本研究将阳光家庭的基本情况作为研究对象之一。阳光家庭的具体情况我们会在以后的章节里详述，这里暂且不谈。

五　各个层面社会支持的相互关系

在艾滋孤儿的社会支持系统中，以上四个层面的社会支持都有自己的特色。如果将支持的内容、类别与关系性质进行交互分类的话，会得到下列结果。家庭层面往往是强关系，可以提供工具性支持、情感性支持以及信息性支持；而组织层面是弱关系，提供的支持更多是工具性支持与信息性支持；社区层面的支持更为复杂，既包括强关系，也包括弱关系，其提供的支持包括工具性支持、情感性支持和信息性支持；而国家与政府层面的社会支持是一种弱关系，其提供的社会支持是一种正式的制度性支持，这种制度性支持以国家法律以及不断发展的社会经济条件为保障。

国家与政府层面的社会支持更多地表现为工具性支持，其通过社会政策的制定与执行使艾滋孤儿的权益得到保护，范围涉及生活、教育、卫生以及其成年后的职业培训等各个领域。支持的层面、关系性质、内容及支持类型如表4－2所示。

本研究的社会支持涵盖了正式的社会支持与非正式的社会支持，国家与政府层面和社区层面的社会支持具有更多的正式支持的特征，且需要借助于其他媒介，如家庭来发挥作用；而组织和家庭层面的社会支持直接作用于个人，很少有其他中间媒介。从个

---

① 从阳光家庭的数目可以看出这一点。第一批全省确定的阳光家庭共有11个，而在S县就有7个。这也说明了S县开展的阳光家庭工作是走在全省前列的，对其进行研究有一定的典型性和代表性。

表 4－2　社会支持的层面、关系性质、内容及支持类型

项目 层面	关系性质	支持内容	支持类型
国家与政府层面	弱	工具性支持	正式
社区层面	强、弱	工具性、情感性、信息性	正式/非正式
组织层面	弱	工具性、信息性	非正式
家庭层面	强	工具性、情感性、信息性	非正式

人的需求满足来看，个人的情感性需求的满足大多由具有强关系特征的社会支持，如家庭和社区提供；而个人的物质性需求及其他需求，则可以由具有强关系和弱关系特征的多类社会支持共同提供。

另外，应该注意到，这里艾滋孤儿的社会支持系统是一种理想类型的划分。在现实生活中，社会支持的叠加与某一层面社会支持的缺失可能同时存在。社会支持的叠加主要表现为同一层面社会支持的相互叠加。如既有家庭层面的社会支持以不同的形式体现出来，也有多个非政府组织所提供的社会支持共同作用于同一个孤儿，来保障其合法权益。与此相反，由于各种各样的原因，可能存在部分艾滋孤儿没有得到任何外来的社会支持，而其原有的家庭不具备为其提供支持的能力。这样，社会支持系统出现断裂，他们无法受到较好的照顾和保护。可以说，社会支持的叠加与断裂共同存在。以后的章节里我们将分别以阳光家庭和非政府组织所办的院舍为例，来说明两种不同救助情境中艾滋孤儿的社会支持状况的差异。

与此同时，某一层面的社会支持有时也会以另一层面的支持形式体现出来，从而使得各个层面的社会支持之间的关系更为复杂。如国家和政府层面的社会支持具有不同的体现形式，如既可以体现为阳光家庭，表现为家庭形式的社会支持，也可以体现为阳光家园，表现为组织层面的社会支持。这两种形式都属于政府推动的艾滋孤儿救助模式，存在诸多相似之处。因为后者不属于本研究的研究重点，因此不对此过多涉及，只是在这里说明社会支持的变形情况。

六　实用主义的态度——政府与非政府组织

作为社会一方，非政府组织（NGO）在环境保护、健康、教育、扶贫等多个领域开展工作，动员民众，在进行社会救助、提供社会福利、满足弱势群体的需要方面起到了重要的作用，其重要性已被广为重视，非政府组织的发展壮大已经成为一种国际潮流。在这种情况下，出于理念以及其他方面的原因，非政府组织，尤其是国际非政府组织也在不断地扩大自己的范围，加强自己在发展中国家和地区的工作。由于原有的理念、方针、专业性、地域文化等方面与其开展工作的地区存在着诸多差异，非政府组织进入任何一个地方都面临着妥协与坚守的两难选择。同时，非政府组织的发展壮大也对基层政府的管理治理能力提出了极大的挑战。下面以 S 县的情况为例，谈一下当地政府如何处理和应对与非政府组织的关系。

1. 机构性质、进入途径与开展工作的难易程度

目前非政府组织的类别如果从其来源地来看，大致可以区分为来源于海外的、港台的非政府组织和内地的草根组织。这三类组织在资金、技术、规模、专业性等方面有较大差异。通常来说，来源于海外的非政府组织所能够动员的资金多、规模大、专业性强，但对于当地基层政府来说，由于对境外机构的背景不了解，不知道他们到这里来的真实目的，因此在双方信任关系没有建立起来的情况下，政府机构更多持一种防范的态度；而对于内地的机构，他们往往认为是自己人，这样信任关系就更容易建立，当然也更愿意与之合作。[①] 与此同时，如果通过上级主管部门或是熟人介绍过来的非政府组织开展工作，就更容易接受一些。也就是说，机构性质和是否有人介绍成为影响非政府机构进入内地开展

---

① 对于基层政府机关来说，这里面也存在着一个“内外有别”的传统思维方式的影响，当然也有管治能力的因素在内。

工作的重要因素。

非政府组织的机构性质、进入途径影响其进入的难易程度。这里面实际起作用的是非政府组织和政府间的信任关系。这种信任关系的建立不仅取决于机构的性质（境内还是境外）、而且取决于其进入的途径（是否有上级组织或是熟人的介绍），这里的上级组织或者熟人实际上充当建立信任关系的媒介，其作用有些类似于实地调查中的“守门人”。一般来说，非政府组织与政府之间信任关系的建立需要一个过程，熟人或上级部门的介绍可以加速其信任关系的建立。而信任关系建立之后，非政府组织和政府组织往往会形成参与和合作的关系，他们的工作会更为顺利，也更容易得到政府部门的配合。也就是说，熟人或者上级机构的介绍往往是在关系建立之初所起的作用更大；到了关系维持和发展阶段，则主要视非政府组织和当地政府的实际情况而定。

从S县的情况来看，有多个非政府组织在从事工作，它们的对象、工作方式及救助力度也各不相同。在这个过程中，当地政府机关，尤其是民政部门开始慢慢学会与非政府组织打交道。[①] 与同类的基层政府机关相比，他们对于非政府组织有着更为清楚的认识。从其与多个非政府组织的关系来看，实际上采取了一种实用主义的态度。毕竟，外来的非政府组织带来的不光有当地基层政府愿意要的，还有他们不是那么欢迎的内容。总的来说，他们对于非政府组织到这里从事社会服务和救助持欢迎态度，同时视非政府组织提供支持的类别及内容而区别对待。对此某政府部门工作人员谈了自己的看法。

外边的人过来做工作，我们愿意提供条件和支持，如材

---

① 这与民政部门负责民间组织管理和社会福利、社会救助的传统有重要关系。除了极少数非政府组织之外，大多数非政府组织要进入一个地方开展工作，往往要先与当地民政部门打招呼。甚至有的非政府组织还需要当地民政部门提供救助对象的名单、村庄等。这样往往会形成相对融洽的关系。

料、小孩名单。需要我们做什么工作，我们配合。只要能把这件事情促成，多救助几个小孩就行。钱虽说给了小孩，但只要花在咱这地方，我们都愿意（X，政府工作人员）。

从政府的角度来看，他们对于外来的物质性支持更为看重，更愿意非政府组织直接给钱、给物；而对于技术上的指导或是活动之类，则态度不一，有的地方政府机关工作人员对此持否定态度。①

2. 对宗教的态度

从目前现状来看，相当比例的非政府组织及其工作人员具有宗教背景②，来源于境外的非政府组织在这方面更为明显。这可能与慈善事业发展早期受到宗教的影响有重要关系，也可能与社工理念与宗教理念有近似之处，因而与更多的信教者会选择社会服务行业有一定关系。不管是政府部门本身还是其工作人员，他们对于宗教更多地采取一种实用主义的态度，在实际工作中处理方式比较灵活。因为对于当地来说，外来的非政府组织带来了当地迫切需要的稀缺资源，但同时外来的救助往往与宗教有着非常密切的关系。因此，在现实中，对于处理外来的救助与宗教之间的关系，政府工作人员采用了一种实用主义的态度。

ZMX 他们来搞救助活动我们很欢迎，但他们同时给小孩发《圣经》，在咱们这儿是不行的。后来让我们发现后都从小孩那儿要了回来。并且我们对小孩儿说，你们现在年龄小，

① 在调查期间，我同 S 县民政部门工作人员还有临近县市同一部门的工作人员见面，谈到 CF 行动（因为这个非政府组织也在那个县进行工作）。他们对这个机构的工作并不赞同，认为“他们来这里，我们还得迎来送往，费了半天事，只搞些太花哨不实用的事，没有什么用，还不如直接给钱”。因此，他们实际上并不欢迎这些机构到本地来。

② 我曾经在香港实习期间调查过香港的非政府组织和社工，有宗教背景的非政府组织和有宗教背景的从业人员大致占总体的 1/3。

主要任务是学习，现在先不要考虑这些与学习无关的东西（X，政府工作人员）。

一个佛教协会上次来，看见人就给钱，每个人大概给2000元～3000元（人民币）。我知道后，就把他们领到一个乡的敬老院，让他们给每个老人一份礼物，加上300块钱。一般说“天上不会掉馅饼”，有时就是有天上掉馅饼的事情发生。他们从一座桥那儿过，车子不好过下来推车，看见一个老太太在旁边做针线，啥也没说，就给老太太300块钱，让老太太半天没有回过神来。类似这样的稀奇事多啦（X，政府工作人员）。

从这里可以看出，政府工作人员采取了非常灵活的态度对待宗教。实际上，对于外来的非政府组织，政府部门一方面担心它们打着宗教的旗号，从事一些破坏社会安定的活动，另一方面是担心它们无选择地将本地的艾滋病情况向外界广为传播。当地的首要任务是发展经济，吸引外资，使百姓脱贫。而由于艾滋病的高度污名化特征，会将整个地区与艾滋病联系起来，从而影响吸引外资和发展经济。基于此，基层政府往往对非政府组织，尤其是带有宗教背景或者境外背景的非政府组织采取既利用又防范的态度，以最大限度地维护本地的利益。

第二节　阳光家庭中的社会支持

一　阳光家庭建立的背景

在艾滋病的救助工作中，最早实行的是阳光家园的救助方式，实际上就是孤儿院式的救助方式。一般是集中在某些地方建立阳光家园，由政府拨出相应款项，配备工作人员，将孤儿集中在一起，实行封闭化管理。阳光家园的模式在某些地方运行得比较成功，如上蔡。这可能与当地的具体情况，如艾滋病情况及具体实行方式有一定关系。实际上S县也在B乡建立了阳光家园，但那里实际上没有孩子住，最后安排了一些由于艾滋病形成的孤老住在那里。当地民政部门工作人员认为本地得艾滋病的人数没有上蔡那么多，集中建立阳光家园有些浪费。另外一些地方的阳光家园在实际运行中也出现了一些问题，如前期投资较大、运行费用过高[①]以及孩子对阳光家庭不认同[②]等问题。这使得S县民政部门的工作人员认为阳光家园模式不太适合本地的实际情况，因此在实际工作中他们开始探索其他类型的救助模式。

S县属于农业主产区，这里以种植业为主，主要种植粮食作物。实际统计人口数目是120万，但加上没有报上户口的黑户可能有130万。全县共有18个乡镇，其中3个乡的艾滋病患者比较多，这3个乡的具体情况各不相同，政府在这3个乡所采取的措施也各不相同。其中A乡邻近县城，这里已将患者纳入到农村低保的范围，进行最为基本的救助。按照农村低保的政策，一般是每人每月12元。B乡有一个村是省里确定的38个重点村之一，有省里配套的“五个一工程”。C乡没有其他工业及副业，全乡经济状况比较差，有五六个村子的艾滋病状况比较严重。

C乡与A乡接壤，距离S县县城非常近，其最西的村庄距离本县县城只有不到5公里的距离，交通非常方便。[③] C乡的经济状

① 从现在的一般情况来看，建一个阳光家园至少要投资一二百万，这是前期的投资，之后还有运行维护的费用，如孩子的抚养教育费用、工作人员的工资等，这一切加起来数额巨大。前期投资一般有非政府组织支持或者省级财政拨款，而后期日常费用支出一般需要县里自己解决，这对于经济状况不佳的地方来说压力巨大。

② 集中兴建的阳光家园往往实行封闭化管理，有一系列严格的政策规定。在阳光家园中，孩子们离开了自己原来所熟悉的社区，但他们会觉得自己还有家（即使其家中只有爷爷奶奶，并且他们没有较好地照顾他们的能力），阳光家园并不是自己的家，因此不愿在那里生活。

③ 这与一些知情者所谈到的情况有类似之处。艾滋病患者较多的村庄往往距离县城比较近、交通方便，这决定了他们在20世纪八九十年代卖血更为方便。反而位置偏僻、交通不便的地方，艾滋病患者并不集中（张可，2005）。

况在全县处于下等水平，乡里没有任何的工业和副业，基本上以种植业为主。从C乡建立阳光家庭的5个村庄来看，都属于艾滋病高发村，最多的两个村得病人数比B乡所确定的重点村人数还多。这5个村庄都属于行政村，每个行政村包括若干个自然村。从其距离来看，这5个村相距也比较近，甚至有些村庄连到一起。从这5个村庄的基本情况来看，每个村庄大概有两个自然村，村庄人数两到三千人不等。由于该村地处平原，地势平坦，非常利于农作物的种植，因此以种植业为主，属于产粮基地。

二 阳光家庭的概况

从2004年开始，S县确定在C乡搞阳光家庭的试点工作。至今，全乡共有7个阳光家庭，分别建在5个村，其中两个村各有两个，其他3个村各有1个。每个家庭中大概有4～6个孩子。这些孩子大多是艾滋病双孤儿童，也有个别属于单孤儿童，其一方父（母）死亡，另一方父（母）奄奄一息，已经失去了照顾能力。在7个阳光家庭中，6个家庭的寄养父母和孩子都是健康的。另外1个家庭中的3个孩子是艾滋病病毒携带者，其寄养父母也是艾滋病患者（详细情况参见附录四）。

从阳光家庭父亲的基本情况来看，年龄最大的49岁，最小的36岁，平均年龄为43.4岁。其大多数年龄集中在40～49岁（有5位）。从阳光家庭父亲的文化程度来看，3个高中，3个初中，1个中专。从他们的身份来看，在全部7位父亲中，有5位是村干部，这个比例比较高。仅有的两位不是村干部的，位于那两个各有两个家庭的高发村，其中一对夫妇本身是艾滋病感染者。从阳光家庭母亲的年龄来看，年龄最小的30岁，最大的48岁，平均年龄为40.6岁。从这里可以看出，不论是最大年龄、最小年龄还是平均年龄，阳光家庭的母亲均小于父亲，母亲与父亲的平均年龄差为2.8岁。母亲的文化程度大多集中于初中（5位），另有1位高中，1位小学。从母亲的身份来看，均为务农。这与S县是农业主产区有一定关系（详细情况见附录四）。

从阳光家庭孩子的基本情况来看，在全部7个阳光家庭中，一共有36个孩子。从其性别来看，男孩居多，21个；女孩稍少，15个。另外，3个本身携带病毒的艾滋孤儿均为男孩。从年龄来看，最大的13岁，最小的4岁，平均年龄为9.08岁。年龄决定了这些孩子大多处于小学阶段。除了个别未上学及上学前班的孩子外，其他均在上小学，多处于小学高年级阶段，即三年级到六年级（详细情况见附录四）。

一开始，建立阳光家庭是比较困难的。寄养父母的选择也得经过一定的选拔和考核环节，这一系列的程序都是由当地民政部门负责的。开始是报名，当时报名的共有二十多对父母，最后从中选择出7对。先是资格审查，然后是民政部门的面试。面试时要问他们一些问题，如你当了寄养父母后，准备怎样对待这些小孩？现在选出来的父母都是比较精明、年龄适中、身体健康的父母。从这些父母的基本情况来看，他们都有自己的孩子，有抚养、照顾孩子的经验。其中一家寄养父母自己的孩子已经大学毕业。总的来看，被选中的寄养父母与农村中其他人相比，不论是文化水平还是经济水平都相对较好，由他们照顾孩子相对更有保证。

从7个阳光家庭的基本情况来看，5个阳光家庭的寄养父亲是村干部，也就是说，实际上5个村的村干部都成为阳光家庭的父亲。从实际情况来看，村干部成为寄养父母有其自身的原因，因为一般说来，村干部往往在村里要起一定的带头作用；另外因为村干部都是村里的能人，他们各方面的素质相对比一般农民要高，其经济能力也比一般的村民要强；同时，在当时来说，阳光家庭还是一个新生事物，大家对阳光家庭的认识还没有统一，需要村干部来起带头作用。

从阳光家庭的情况来看，当时是由村里先出资修建，符合标准通过验收后省里再给钱。当时省里规定的标准是每个阳光家庭2万～6万元，并且需要阳光家庭的父母自己先垫资。实际上每个阳光家庭基本上投入 5 万元。当时由于个别家庭没有这笔钱垫资，少数阳光家庭的房子及其他一些基础设施是由乡民政所所长领着人建的。而在另外几个阳光家庭，则由阳光家庭父母先垫出这笔钱，通过验收后再由省里拨付。阳光家庭固定设施的所有权属于政府，其父母有使用权，这一点在当时已经由政府相关工作人员向阳光家庭父母说明。阳光家庭里的家具则是由美国人捐赠的。

从阳光家庭父母的报酬来看，分为两部分。一部分是政府付给寄养父母一个月 500 元的报酬；另一部分，国家发给每个孤儿的 160 元中，有 30 元也属于寄养费，应归阳光家庭的父母所有。但从实际情况来看，现在要靠那几百元钱负责 4 ~ 6 个孩子的衣食住行，是不太够的。他们大多需要从事一些非农产业来增加收入，同时也弥补阳光家庭开支的不足。如其中一家在开澡堂的同时还开商店，另一家同时也开办有小工厂，还有一家以打鱼为生。与本村其他人比较起来，他们的收入较为可观。实际上，由于纯农业的收入非常有限，农业尤其是种植业的比较效益偏低，完全依靠农业，尤其是种植业所得的收入根本不可能解决这些孩子的生活问题。正如一对寄养父母所言："要不是干这个，别说是养这几个小孩，就是养我们自己的小孩都养不起。"这也真实地反映了现行农村尤其是阳光家庭的现状。

阳光家庭成立后，得到了上级部门的认可，多个相关工作部门到这里来参观，包括省民政厅、民政部、联合国儿基会。而从隶属关系来看，与阳光家庭有关的具体工作主要由省民政厅社会福利处负责，他们负责与省内外相关工作部门联系以及落实国家有关的方针政策，并结合本省实际情况制定本省的相关政策。阳光家庭试行一年多以来，当地政府认为阳光家庭有一系列优点，比较适合在 S 县推行，他们准备在条件成熟时再在本县其他地方推行。在调查的后期阶段，S 县也准备在 A 乡推广阳光家庭模式。

三　阳光家庭中的社会支持

从社会支持的角度来看，阳光家庭中的艾滋孤儿得到了全部四个层面的社会支持，即国家与政府层面、社区层面、组织层面与家庭层面。当然，这四个层面社会支持的具体作用方式各不相同，主要分为直接和间接两类。直接的社会支持的对象面对孩子，而间接的社会支持往往通过对阳光家庭的支持进行，通过支持阳光家庭而使孩子们得到支持。并且，从现在基本情况来看，在阳光家庭中的孤儿身上，还存在同类社会支持的叠加，这又增加了他们所得到的社会支持的数量。

1. 国家与政府层面

在艾滋孤儿的社会支持系统中，国家与政府层面的支持起着重要的作用，占据着重要的地位。第一，阳光家庭实际上是政府主导并自上而下推动的艾滋孤儿照顾模式，当时是由上级部门决定成立阳光家庭的，而S县成为试点地区也是由上级相关部门确定的。其中的具体工作由S县相关工作部门负责，包括阳光家庭父母的选拔和确立，阳光家庭中基础设施的修建如建房子及基本条件的配备等一系列工作。通过这些工作，他们找到了愿意担当阳光家庭父母的合适人选，做通他们的思想工作，使得他们愿意配合民政部门修建房子。第二，不仅阳光家庭的前期建设费用，后期日常费用也是由国家与政府负责的，这为阳光家庭的运行与实施提供了重要的物质保障。在阳光家庭运行的过程中，民政部门的人员通过落实国家政策，给寄养父母发放寄养费和孩子的基本生活费，为阳光家庭的运行提供了基本的物质保障。从现在的基本情况来看，寄养父母一个月有550元的报酬，对于单孤儿童每月有50元，双孤儿童每月有160元，其中的30元也属于给予阳光家庭父母的寄养费。但在S县阳光家庭的孩子中，单孤儿童比较多，双孤的并不太多，每个月50元的生活费对于他们来说显然不太够，尤其是对于大一点儿的孩子。因此在实际工作中，民政部门将阳光家庭中的单孤儿童的生活费实际补足到160元，从而使得阳光家庭能够运转。第三，在阳光家庭成立后，民政部门经常与阳光家庭联系，及时给他们提供相关信息。上级民政工作部门，包括民政部、省民政厅的领导也经常到这里检查并指导工作，给予他们相应的鼓励和支持。这实际上从舆论上给他们提供了一种社会支持。

2. 社区层面

在艾滋孤儿的社会支持系统中，社区层面的社会支持起着相当重要的作用。对于阳光家庭的孩子来说也是如此。社区层面的支持主要体现在以下几个方面。

一是阳光家庭的父母大部分是社区领袖（7 个家庭中的 5 个）。由他们来担当父母不仅降低了污名的作用，而且起到了示范的作用。同时，由于他们的社区领袖的身份，使得社区内成员和政府对他们有一种心理期待——希望他们承担起作为社区领袖的责任。另外，大部分村干部在村中素质比较高，家庭与生活条件比较好，他们与基层政府工作人员相对更为熟悉。在这种情况下，他们承担了自己的责任——担当阳光家庭的父母。

二是社区内公共产品的提供。由于公共产品的不可分割性，个人不具备提供公共产品的能力，所以公共产品只能由社区来提供。社区通过提供这些公共产品，对社区成员形成一种支持关系。在面对艾滋病患者及其家庭成员时，社区支持最为明显地体现在医疗和教育两大方面。从医疗来说，国家和政府在高发村设立卫生室，艾滋病患者可以在这里免费就医、取药，缓解其病情。这里的对象也包括有病儿童，尽管这部分人数很少。从实际情况来看，政府在高发村的相关政策与措施还是收到了一定成效，某位社区领袖所言证明了这一点。

政府发的药还是起作用的，俺村里近 1110 人，2003 年没有用药的时候一年死了 9 个人，从 2004 年开始用药起到现在还没有死过 1 个人。药还是可以缓解病情的（ZQ，社区领袖）。

政府发的药还是管用的。2003、2004 年死的人最多，像

WL村一个生产队住在一条街上的人死得差不多了。2005年以后由于开始用药，死的人少多了（X，政府工作人员）。

不管是在高发村建立卫生室，还是为村民发放药物，都需要有人起到联系上级政府与村民的纽带作用。从现实情况来看，担当这一职责的往往是高发村的社区领袖。因此，所有这些立足于高发区的工作都需要告知社区领袖并取得他们的同意。[①]

我们村谁是艾滋病人我都知道，因为他有病得去村卫生室挂水、拿药，都得经过我同意。所以他们有病的话不可能瞒过我的（ZH，社区领袖）。

基于此，社区领袖是社区成员疾病信息的知情者和发布者。他们在外围的社会支持，尤其是在国家与政府层面的社会支持、组织层面的社会支持能否最大限度地发挥其效能方面，起到了非常关键的作用。而在现实生活中，不管政府还是非政府组织，都利用了社区领袖的力量来开展工作。父母得到医疗及药物方面的支持，延缓其病情和生命，实际上也对其子女形成一种间接支持。

阳光家庭的选址也得到当地社区的支持。所有阳光家庭的建造既考虑到孩子们的安全问题，没有紧靠公路，又考虑到出行方便，离村里的大路都不远，有的只有十几米。所有的阳光家庭不管建在村内还是建在村外，都离学校特别近，甚至与学校只有一墙之隔，在阳光家庭的院子里都能够听到学校的朗朗读书声。在这种情况下，孩子们上学非常方便。可以说，在这方面，当地社区实际上提供了一种土地方面的支持。

三是社区内邻里之间的相互扶助。传统的中国社会是一种基

① 村中建立卫生室需要社区领袖的有力支持，以协调村与村民的关系、与上级的重重关系，等等。这样，村中卫生室才能最后建立。可以说，没有社区领袖的支持，很难建立卫生室。

于血缘和地缘关系而建立起来的差序格局的社会，在这种社会，人们依据他人与自己的亲疏远近来处理彼此之间的关系。虽然现在的内地农村也受到社会变迁的影响，传统力量衰微，但其作用并没有完全消失。

在艾滋病高发村，由于村内的污名程度相对较低，邻里之间往往还存在着一定的相互帮助关系。尽管有时受到污名的影响，这种帮助关系局限于患者与患者之间。随着人们对于艾滋病认识的日益加深，他们对于患者的污名程度正在逐渐降低，邻里之间（健康人与患者）的帮助也比过去有所增加。阳光家庭的邻居并没有因为他们抚养这些孤儿而降低与他们的交往频率，还是会经常互相串门、聊天、玩乐等。这实际上也是对艾滋孤儿的一种潜在支持，使得他们能够处于一种正常的生活环境、家庭环境和交往关系中，这十分有利于他们的健康成长。从其内容来看，邻居提供的社会支持既具备一定的情感性特征，也具备一定的工具性色彩。

3. 组织层面

这里的组织层面的社会支持主要是指非政府组织所提供的社会支持。前面我们已经提到，有多个非政府组织在这里从事相关的救助工作，尽管他们的对象、范围各不相同。多个阳光家庭的孩子受到非政府组织的资助，一般都是提供生活费用和学费。CF每年不定期地在这里搞活动，给孩子们发放生活费。从这里也可以看出，由于阳光家庭与政府相关部门的工作人员相对熟悉，他们的信息更为灵通，所以更容易知道这些信息，使阳光家庭中的孩子享受到这些补助。

阳光家庭中的家具也是由美国的一个非政府组织负责人J捐赠的。这种为阳光家庭提供的物质支持实际上也是对孩子的间接支持，它使得孩子的基本生活设施更为完备，提供了他们在此生活的基础。除了物质方面的支持与帮助外，非政府组织的支持有时也以其他形式表现出来，例如对寄养父母的培训，这不仅使得孩子的状况可以得到改善，也使得寄养父母得到鼓励，照顾水平得到提高。同时，另一些非政府组织，如前面提到的 BBT①，还每隔几个月到这里来定期检查和督促，这一方面使阳光家庭父母得到鼓励，另一方面也使得他们的责任感增强。

因此，从实际情况来看，社会支持的叠加使阳光家庭中的孩子得到更多的社会支持。这也使阳光家庭中的孩子得到的社会支持更为多样化，其支持的层面更为丰富多样。这些社会支持往往共同起作用，实际上也减轻了阳光家庭的负担。从其作用范围来看，这些社会支持中的大部分往往也在社区内进行（因为小学在村里），少部分在社区外进行（比如乡里或者县里的学校）。G 所谈到的情况证明了这点。

> ……我今年上半年已经花出去四万多块，一般一年都要花五六万块。不过咱这里在农村，种点粮食就有吃的，饿不着。别的方面的花费也相对少一些。像大的那个小孩因为成绩好，给免了学费，另外几个小孩不收学费，所以负担还轻一些（G，阳光家庭的母亲）。

正是由于社区内外的社会支持，包括国家与政府层面的各项政策性支持，以及教育部门给予孩子的减免学费的支持，还有非政府组织所提供的物质上的支持与帮助，几方面相互作用，从而减轻了阳光家庭父母的经济负担和心理压力，使得他们可以坚持下来，为孩子提供更全面、更好的照顾，以促进他们的健康成长。

4. 家庭层面

阳光家庭是通过人为方式建立起来的一种类家庭，这种类家庭与生活在一般寄养家庭中的孩子既存在相似之处，也存在一些

① 此处为非政府的名称，这里采用匿名处理，用其缩写代替。

差异。最大的差异是孩子本身的情况不同。一般寄养家庭中的孩子大都是原来福利院中的孩子，他们中的大多数身体上有残疾，存在着各种各样的缺陷（吴鲁平等，2005）。这些身体上的缺陷可能影响到他们的适应能力以及成年后的发展。而本研究中阳光家庭的孩子，除了一个阳光家庭中安置的3个孩子之外，其他的都是身体健康、智力发育健全的孩子，他们没有艾滋病。① 另外，他们原来在家庭和社区中长大，没有福利院的生活经历。这两点是阳光家庭中的艾滋孤儿与一般寄养家庭中孩子的最大区别。

还有一点，由于这些孩子一直在本村生活，他们与阳光家庭的父母原本就认识，因此接受这些父母就更为容易一些。而且这些阳光家庭的孩子还保持着与原生家庭的联系②，假期时回去居住，平常也与他们保持一定的联系。从这些情况来看，这些孩子的家庭层面的社会支持主体由两类人员组成，即阳光家庭的父母和原生家庭的成员。③ 这两类人员提供的社会支持形式也有一些差异，前者所提供的社会支持形式更为全面，包括其物质的支持和日常生活的照顾，以及情感上的支持；而后者提供的社会支持形式更多的是情感上的支持。由于孩子与原生家庭之间的情感纽带，使孩子更容易和他们形成情感上的互动与共鸣，从而使得孩子不容易与阳光家庭父母形成情感上的联系与互动。当然在孩子内部也存在一些区别，这主要由孩子年龄上的差异所造成。例如，年龄小的孩子更容易接受阳光家庭的父母，与他们建立起感情上的联系，彼此之间会比较亲；而年龄较大的孩子更为懂事，从理智

---

① 由于艾滋孤儿大多是身体健康的孩子，这使得他们与福利院的孩子存在较大的不同。他们更多的是心理和社会方面的问题，而不是身体和医疗方面的问题。如果能够尽量降低父母丧亡对他们的不良影响，实际上他们成为有用之才的可能性非常大。

② 虽然其父母中的一方或双方去世，但其扩大家庭的个别成员还是存在的。即使这些扩大家庭的成员没有照顾孩子的能力，但对于他们情感上的联系还是存在的。

③ 由于其原生家庭中核心家庭的成员已经死亡，这里主要指其原生家庭中扩大家庭的成员，如祖父母、外祖父母、叔、伯、姑、舅、姨等亲属。

上他们很清楚阳光家庭的父母为他们所做的工作，也对父母存在感谢之情，但由于年龄已大，已经懂事，因此与他们难于建立浓厚的感情联系。

孩子与其扩大家庭的成员保持情感上的联系，既有利又有弊。其利在于孩子的情感性需求能够得到满足，可对他们形成一个多元化的支持系统；其弊在于孩子很难全身心地投入阳光家庭及对待阳光家庭的父母，这样往往使得父母的付出得不到回报。同时，由于其扩大家庭的成员往往也在本村，使得阳光家庭的父母在管理及教育孩子方面心存顾虑，只能宠爱孩子，而无法管教孩子。他们担心孩子回去后抱怨他们，由此引起孩子的原生家庭成员对自己的不满。显然，不管教对孩子的健康成长是不利的。

不仅阳光家庭中的孩子受到外来支持的作用，而且由于农村中的亲属关系的作用，使得阳光家庭的父母不可避免地受到亲属意见的影响。从实际情况来看，阳光家庭父母大都得到了自己亲属的支持，如其中一位阳光家庭母亲的情况就是这样。

> 我现在做寄养父母，我妈妈、婆婆都支持。还不是看着这些小孩怪可怜的，他自己又没有爸爸妈妈，总得有人管吧，现在我做这个也是积德行善的事情（M，阳光家庭的母亲）。

从这里来看，对于阳光家庭中的母亲来说，除了配偶的支持之外，娘家与婆家双方母亲对于此事的支持，也成为她们重要的社会支持来源，使得她们能够坚持下去。毕竟在实际生活中，这些母亲在对孩子提供日常生活照顾和情感性支持方面，起着非常重要的作用。从一般情况来看，孩子在家庭中受到母亲的照顾更多些，因此这些母亲能否坚持下来，对于阳光家庭来说有着举足轻重的影响。所以，不仅阳光家庭中的孩子需要外来的支持，这些阳光家庭的母亲也需要外来的支持。这些外来的支持在阳光家庭运行的过程中起着重要的作用。

综上所述，阳光家庭中的艾滋孤儿得到了全部四个层面的社会支持，包括国家与政府层面、社区层面、组织层面和家庭层面。不同的阳光家庭，每个孩子个体所得到的社会支持存在着量上的微弱差别；[①] 对于阳光家庭中的艾滋孤儿，存在着同类社会支持的相互叠加；由于孩子并没有离开其原来所熟悉的社区，并与其原生家庭保持一定的联系，所以与院舍中孩子相比，这里不存在社会支持的让渡与转移，孩子进入阳光家庭后的社会支持总量比原来只增不减。以上这三方面因素的作用使得阳光家庭中的艾滋孤儿得到的社会支持数量相对更多，类别更为丰富多样。

第三节　院舍中的社会支持

从现在的情况来看，作为一种重要的照顾形式，机构照顾与家庭寄养、收养等安置形式共同存在，以维护脆弱儿童的基本生活并保护他们的基本权利。与其他照顾形式相比，机构照顾既有优点，也有缺点。其优点在于它在一定范围内将有限的资源相对集中，有利于资源的合理有效配置，提高了社会服务资源的利用效率。毕竟资金和专业人员都属于稀缺性资源，而稀缺资源只有相对集中才能产生更大的效率。其缺点在于，由于它们使用标准化的程序来进行运作，往往会将其服务对象物化和异化，这与个人的社会性发展存在一定矛盾，尤其在为人类服务的行业中更为明显。一些研究比较了家庭与机构在儿童照顾方面的特征，发现机构常常为儿童提供更少的发展和实践新技能的机会，机构也缺乏肯定性行为的社会动机，因而未必能配备儿童个人发展所需要

① 由于阳光家庭中的孩子情况存在差别，而从事救助的各个非政府组织的对象也各异，从而导致实际中会出现有的孩子符合多个非政府组织救助条件的情况。例如同为艾滋孤儿，年龄小的女孩更容易得到外来的救助，而与此相反的则不容易得到外来的救助。不过，外来的救助一般也是由阳光家庭的父母统一支配的，最终还是都会花在这些孩子身上。因此虽然会存在阳光家庭之间的区别，但同一个阳光家庭内部不同孩子之间的差别则相对较少。

的条件（Frank et al.，1996；Yarrow，1961）。

一 院舍的基本情况

Z机构的总部在外地，最初从事青少年戒毒工作。其领导人曾于20世纪80年代在一家搞专业戒毒的机构工作，后来自己创办Z机构，并从事戒毒工作。从那时起到现在，Z机构已经存在了16年。他们采取三位一体方法，即集戒毒、职业培训与正确的价值观于一身，并在一个封闭的社区内进行。这样，其康复率比较高，工作开展得也比较顺利，并得到了当地政府的认可。政府经常把符合条件的青少年送到其机构进行戒毒，该机构的规模近年来也越来越大。

近些年来，Z机构总部的上层领导人认为中国内地社会服务发展的空间较大，开始到内地来从事并发展社会服务事业。现已成立了内地公司部，设在东南沿海某个省区，另外在中国内地多个省区均设有分支机构，各个分支机构的工作重点和工作进度也各不相同。该机构在中国内地主要从事的工作项目有戒毒、脆弱儿童的暂养及教育、流浪儿童救助以及这里的艾滋病项目。该机构各地工作的进展情况各不相同，其总部所在地工作最为顺利[①]，其他地方进展速度一般。

Z机构在这里的工作方式、理念与他们既往的理念与工作方式一脉相承。他们认为艾滋病与吸毒有密切的联系，因为毒品是艾滋病传播的一个重要途径，吸食毒品者中艾滋病的得病率较高。基于此，他们认为可以将本机构在戒毒方面的成功经验运用于艾滋病项目中。他们认为，艾滋病患者受到社会歧视与社会排斥是由于无知以及污名的作用，因此要促进其社会融入的进程。这一方面需要普及相关知识，另一方面需要降低污名。而在降低与艾滋病有关的污名过程中，最重要的是融入与接纳。这需要有人带

---

① 因为他们与所在省的相关部门合作，从事这项工作，因而得到了当地政府的承认及大力支持。

头，起相应的示范作用。基于此，他们就要建立一个实验区，将健康人与有病的人放在一起。这样过了几年后，健康的人仍然健康就证明了艾滋病不传染，进而达到降低和消除污名的目的。这是Z机构在S县做这项工作的初衷，其在这里的工作也是按照这一思路进行的。

从Z机构的基本情况来看，在这里负责的是一对夫妇，他们举家从外省到S县工作。其丈夫R原来从事工程方面的工作，也做过生意，并且与多个非政府组织合作过。妻子RW原来是一所大学的外语教师，后来辞去工作。他们来这里之前，均受过艾滋病相关知识的培训。在进入途径方面，Z机构是通过熟人介绍到S县来开展工作的。[①] 由于Z机构来源于外地，如在S县建立院舍进行救助的话，必然要进行基建方面的投资。因此Z机构的进入，不仅能帮助S县进行艾滋病救助，还可以帮助县里完成引进外资的任务。这样，机构与县里形成一种互惠关系。Z机构以公司形式注册，对外的名称是"ZZ爱心学校"。Z机构在此地一共投资了230万元，承包了187亩地，并用铁丝网圈起来，盖学校后收容艾滋病患者及艾滋孤儿。至2006年，这里的基本建设已经完成，实际上盖了一栋教学楼，一共上下两层，面积有1600平方米左右；有6个大教室，可以容纳小学一到六年级的所有学生；另外还有数个小房间作为老师宿舍。这栋楼也是当时院舍可见的规模最大的基础设施。据院舍负责人反映，这栋楼一共花了140多万元，于2005年下半年完工。

二　院舍中的社会支持

1. 机构负责人外来者的身份使得机构难以得到外界承认

一般来说，外来者到一个陌生的地方，要融入当地社会需要

---

① 某人的老家是S县的，他与Z机构的总部负责人相熟。他知道这里艾滋病患者比较多，就把他们介绍到这里来，并将自己的侄子介绍给他们。老人的侄子是市法院某个审判厅的厅长，然后再通过他介绍他们与S县的县领导相识。

一个过程。从 R 夫妇的情况来看，由于两人均为外省人士，除了当初引荐他们的人之外，不认识当地其他人。外来者的身份使得他们在当地没有熟人，也不具备大家所认可的精英身份。他们到一个完全陌生的地方来开展工作碰到了诸多困难。另外他们对当地的方言、风俗习惯以及与政府部门打交道的方式也不太了解。尽管他们一直在学习这些，但在与外界沟通的过程中，效果一直不佳。这使 Z 机构与外界的关系，包括与其所在社区、地方政府的沟通中存在一些问题。另外，R 夫妇本身的思路也存在一些问题。他们更多地从自己的思路出发，自认为怎样合适就怎样做，而较少地考虑当地的实际情况以及外来的东西到当地后的适应情况。不过，这也与中国内地更讲究关系和人情的特征有一定关系。可想而知，如果在当地没有什么关系，又不太善于寻找和建立关系，在一个完全陌生的地方开展工作自然会面临诸多困难。何况他们从事的工作本身又是为常人难以接受的。虽然随着时间的推移，与艾滋病有关的污名会慢慢降低，但这毕竟需要一个过程。因此在开始阶段，他们的工作难以得到外界的认可也是必然的。

另外，R 作为机构负责人，一些表现也难以得到外界的认可，这也增加了外界和院舍工作人员对他以及院舍认可的难度。毕竟在与外界打交道时，院舍负责人往往代表了院舍的形象。

> 农场里的麦子已经收割，并种上了玉米。麦子都堆在一个房间里面，他们还准备放着，因为嫌现在麦子一斤六毛五的价格太低，想等着涨到一斤七毛的时候再卖。别人问：麦子你可以用收割机，但玉米怎么办？R 说："我自己现在也正愁着这事情呢！"地里还种有梨树苗，一会儿养的小羊又去啃梨树苗了，R 又跑去赶羊。这幅情景让一个政府工作部门的人看见大笑，他觉得这太不可思议，也太理想主义了（摘自调查笔记）。
>
> 以前我没有来过这个地方，可能你以前来过有心理准备，

> 但我现在怎么觉得这个地方不像一个单位啊（X，政府工作人员）？
>
> R看着跟一般人不一样，怎么跟个艺术家似的？那天他们来找我，我本来从那里过也看见了，因为不认识他，所以还以为是上访的人呢（A，县里主管领导）。

这些是不同的政府工作人员对R的印象，他们有些是当地领导，也有些是当地相关部门的工作人员。从政府机构工作人员的思路来看，他们往往对于机构以及机构工作人员有一个无意识的认定标准。一旦自己接触的人不符合这个潜在的标准时，他们心中更容易对其作出否定的评价。因此他们对院舍以及对R个人的认定方面，都给出了否定性评价。这固然与院舍负责人不修边幅和政府工作人员以貌取人有一定关系，不过，院舍负责人的一些做法也有待商榷，如上面对于粮食的处理办法。毕竟就资金周转来说，单位时间内周转越快则利润越高。基于此，相关政府部门更多地对院舍持一种中立或者否定的看法，他们认为院舍的做法不太现实，过于理想主义。

2. 院舍的封闭性使得机构难以为外界了解，难以得到外界的支持

院舍的封闭性不仅体现在有形的封闭——铁丝网上面，而且体现在无形的隔离——院舍与周围社区基本上不打交道。院舍所在的地方原来是个林场，并不在老百姓的社区内，离周围村庄还有一定的距离。同时，这里并不是艾滋病高发区。不过这里与老百姓的田地还是相邻的。院舍用铁丝网将自己的范围与周围老百姓的田地分隔，出现了明显的界线。同时，院舍与周围社区基本没有什么交流，院舍工作人员一般不会到周围社区去，除了附近偶尔有人到院舍打一些短工外，周围社区的社会成员也不到院舍来，他们彼此近乎处于相互隔离的状态。他们所提到的状况证明了这一点。

平常到这里的人很少，不信教的人到这里的更少。你是来我们这里的两个不信教人中的一个。另外一个人是附近学校的教师，他知道我们干这个，比较同情，以前来过两趟，捐过一箱方便面、一箱豆奶（R，院舍负责人）。

虽然周围社区的社会成员不到院舍中来，但关于院舍的种种说法还是在周围社区广为流传。在传言的过程中，社会成员的想象成分加入进去，使得传言的内容越来越丰富。这些传言也与院舍的封闭性有一定关系，由于封闭，人们对院舍缺乏了解；由于艾滋病的高度污名化，而院舍又与艾滋病联系在一起，人们也不愿去了解。而院舍也并没有主动寻求外界的了解与支持，使得院舍的封闭性增强。下面是工作人员对此状况的描述。

这个地方这么封闭，几乎与外面没有什么交流。我刚来的时候，由于小灵通是外地的，到这里不能用，这里的电话又不能打长途，往家里打电话都不方便，还得跑到 ZY（一个村庄的名字）去打。这里基本上和外界没有什么交流。在这里待着也没有什么娱乐活动，日出而作，日落而息，乏味透了（YM，院舍工作人员）。

我们这里基本上没有什么人来，所以来一个人都很稀罕（XY，院舍工作人员）。

虽然到这里来的人很多，但大都是到这里来看看的，真正愿意留下来的人很少（RW，院舍工作人员）。

院舍的封闭性与年轻人渴望交流、渴望与外界打交道的天性存在一定矛盾。在这种情况下，院舍难以吸引并留住年轻的工作人员，他们相继离开院舍。工作人员的频繁流动使院舍的培训成本增加，降低了院舍的内部一致性，并导致院舍的实际运行遇到更大困难。同时，院舍的封闭性也导致外界对于院舍的认知度难以提高，造成院舍进一步边缘化。

3. 对于宗教的虔信使得院舍单纯依赖教会的力量，支持形式比较单一

Z机构中所有的工作人员，包括组织负责人和一般工作人员，都是虔诚的基督教徒。他们为自己的信仰而自豪，认为信仰使自己来从事这项工作并坚持下来。[①] 在这个相对封闭的环境中，他们按时从事宗教活动，每天饭前祷告，晚上唱赞美诗，周日做礼拜。这不仅已成为常规性活动，而且成为重要的娱乐形式。在这些常规性活动中，几乎所有的人员，包括工作人员、艾滋病患者以及孩子都参与到这些活动中来。这里的宗教氛围对患者产生了强大的吸引力，使得原来不信教的患者在这里一段时间后也开始信教，包括年幼的孩子。[②]

但在组织内部，尽管所有的工作人员都信教，但信仰程度存在较大差别。这不仅影响到他们的动机、决定，而且影响到他们对事实的判断，下面所提到的事例可以证明这一点。

> 某日谈到招人来干活时，RW说："咱们要招人就招信主（基督教）的，不信主的人的人品靠不住。"这遭到了其弟的反对，他说："有时候信主的人的人品更靠不住，信主的也有坏人呢。"（摘自调查笔记）

---

① 我个人认为，宗教对人的影响在某种程度上可以理解，因为信仰会驱使着人们做某些事情，这种选择有些类似于韦伯所讲到的价值理性，但这种选择往往不被他人理解和支持。因此如果对宗教的虔信过度，影响到个人对于事实的理性判断和决策，其效果就有待商榷了。

② 这种状况的形成有其特定的原因。首先，由于机构从事的工作性质所致。他们从事与此有关的救助工作，这使得患者及孩子容易给予他们肯定性的评价。其次，由于个人的从众心理所致。在这个相对封闭的环境中，不信教的人属于极少数，他们需要极大的定力才可能抵御宗教对个人所产生的诱惑，对于缺乏知识与判断的艾滋病患者或孩子来说更是如此。再次，患者也有寻求一种心理寄托的现实需要。在多数人的眼里，艾滋病是一种无法治好的病，他们承受着肉体上及精神上的痛苦，有寻求心理寄托的现实需要，而宗教恰好满足了他们的这种心理需要。

这两人都信教，但他们对于同一事件的认知程度存在较大差异。当然，从现实情况来看，是否信教与其人品好坏之间没有必然关系。RW 的这种看法可能与其对于宗教过分迷恋，进而影响到其对事实的判断有一定关系。另外，在一个宗教氛围非常明确的机构中，这种氛围也可能会对孩子产生影响。即虽然他们并不对孩子传教，但孩子天天见到的都是事物的一面，即宗教如何好、非信教的如何不好，这可能会对他们正确地看待问题产生影响。

这种浓厚的宗教环境形成了一种非常强烈的吸引氛围和排他氛围，既会对信教的人产生强大的吸引力，也会对所有不信教的人形成一种无形的排斥。在这种强大的压力和吸引作用下，原本不信教的人会逐渐接受他们的看法、观点等，最终相信宗教的种种好处，Y 就是一个例子。她原来并不信教，但在这里住几个月后，这里的人一直照顾她，对她传教，宣扬主的恩典，并且不让她打骂自己的小孩 J，等等。在这里有人管，她觉得比较满足，她也慢慢地开始信教，成为一个教徒。这种影响范围不光是成人，还包括未成年人。尽管 Z 机构总部的负责人一再告诫院舍负责人不要对孩子传教，因为中国内地对于传教有自己的政策，作为外来的机构必须遵守相关政策。但在日常生活中，他们还是会不由自主地将自己的想法贯彻其中。他们对孩子的教育往往通过唱赞美诗来进行，反对进化论而提倡上帝造人说。孩子的日常读物也大多与宗教有关，宗教故事占了相当的比重。在这种环境的熏陶下，缺乏判断力的未成年人当然比较容易相信这些并成为教徒。

由于 Z 机构中所有的工作人员都是虔诚的基督教徒，因此院舍取得的帮助与支持大多是通过教会来进行，提供支持的主体是教友，其形式比较单一。不管是工作人员的招募还是其他的工作，他们都是通过教会进行。而在 S 县乃至我国绝大多数省区，教会的力量都比较有限，其提供的支持也比较有限。院舍交流的单一性在其负责人的话语中也有所反映。

> 到这里来的除了你和另外一个附近的教师不信教外，其他来的都是信教的人，都是通过教会途径来的（R，院舍负责人）。

从这个机构的性质来看，虽然他们的工作具有一定的社会服务的内容，但具有非常明显的宗教色彩。仅仅依靠教友的支持使院舍得到的外来支持过于单一，也影响到他们工作的进展以及对孩子提供的支持。

4. 较低的内部一致性使院舍内耗增加，影响到工作人员对孩子提供支持

首先，工作人员的频繁流动使得院舍的内部一致性难以提高。尽管院舍负责人试图用宗教来统一工作人员的思想，使得他们能够在这里留下来并长期干下去，但其效果并不太好。工作人员的流动性非常大，一般在这里干够两个月就已经算久的。除了院舍负责人的亲属外，其他工作人员中最长的在这里干了半年，最后也离开院舍。新的工作人员进来还没有适应并认可院舍的做法就又离开，频繁的更换使得院舍的内部一致性难以提高。

其次，工作人员对于问题的认识不一使得内部矛盾加剧。由于本项目是艾滋病项目，不可避免地要与艾滋病患者打交道。对于这一点，不同的工作人员的看法各不相同。对于Z机构中的最高领导人，即总部的负责人认为，这是一个很有潜力的项目。他认为正是存在与艾滋病有关的严重的污名与歧视，才导致孤立、隔离和社会排斥。而他们要减缓直至消除这种现象，最合适的手段就是在当地建立一个试验区，让健康人和艾滋病患者一起在那里生活几年。几年后，健康人还是健康人，没有被感染，不就证明了一般的接触不会感染艾滋病吗？他认为正是人们的无知导致污名，进而产生孤立与社会排斥。因此要消除歧视的第一步就是

要有实验区，使周围的人看到事实，进而接受这种观念。但这里的工作人员并不这么看。院舍负责人 R 夫妇对总部负责人也存在不满情绪。

> 我们一家到这里来，条件也不好，开始也没有给我们说要干多长时间，最开始说半年，后来说一年，后来就说是三年，这样我们就一直在这儿坚持下来了。这儿的条件这么差，我们以前真的没有想到艾滋病人会有这么多问题，工作开展起来有这么多困难。我们能够在这儿坚持这么长时间已经不错了！如果他（指总部那边）还指责这个指责那个，他自己来这儿干啊（RW，院舍工作人员）。

从 R 夫妇的角度来看，他们认为自己能够来这个艰苦的地方从事这项工作本身就已经相当不容易了，除了他们没有别的什么人愿意来做，所以总部不应该再提什么额外的要求。在实际事务的执行中，尽管他们有事情时会向总部汇报，听取那边的意见，但往往徒有虚名，多数时候都是他们自己决定。毕竟总部距此遥远，不可能天天过来盯着。也就是说，院舍的工作成效是要靠院舍内在的力量去实现而非外在的监督与制约。

在 Z 机构内部，尽管所有的工作人员都是教徒，但他们在对待艾滋病的问题上也没有取得一致意见。作为组织负责人的 R 夫妇两人经常意见不一，并且他们与其弟——这里的另外一个工作人员的意见也经常不一致，三个人吵架的事情时有发生。在前面提到的招工问题上，姐弟俩的意见就不一致。后来又因为艾滋病的问题，弟弟与其姐夫也意见不一，这件事的直接后果是其弟被辞。虽然因为其弟家在外地，地已经包出去了，因此人还在这里干，但没有工资。这有另外一位老人的话为证。

> R 和我儿子现在相处不好，前一阵儿两人还吵了一架

（这与 RW 的叙述相符合，即她把自己的弟弟开除了，现在她弟弟在这里没有工资）。俺儿子东北的地已经租给别人了，一租三年，现在还没有到期，就是回去也没有地种，那怎么办？只好在这里待着呗，到明年满三年了就回去。俺家媳妇特别好，她说我儿子现在没有工资，只有她一个有工资，不光要养我，还要养我儿子和她自己，所以她得好好干。她自己也不容易，我们都是东北人，到这里气候也不适应，本来到这里是给 R 帮忙的，现在他这样对待我们。我女儿说话也不管用，他也不听她的（RM，R 的岳母）。

从这里也可以看出，即使在组织内部有亲缘关系的人中间，也存在着矛盾与冲突。老太太对女儿、女婿有意见但没有任何办法；女儿、女婿与儿子内部存在不一致和冲突并引起严重后果。这使得组织内部的冲突情绪积累，导致组织内部的不一致性提高。

组织内部不一致的另外一个表现就是一般工作人员之间的不一致。这种不一致不仅体现在他们对于艾滋孤儿的看法上，而且体现在他们彼此之间的相互认可以及他们对于 R 夫妇的认识上面。由于工作人员跟随这对夫妇的时间长短不一，认可程度也各不相同。跟其时间最长的那个女孩更容易认可他们，尤其是认可 R 的做法。但对他妻子，他们大多并不认可，也不喜欢她，更不愿意听她的意见。许多时候，他们只是基于礼貌对她的观点不发表意见而已，其实他们心里并不赞同她的意见。

从这里可以看出，院舍内部存在着几对矛盾。Z 机构与总部的矛盾与冲突；机构内部 R 夫妇之间的矛盾；R 夫妇与其弟的矛盾；R 夫妇与其他工作人员的矛盾以及工作人员之间的矛盾和冲突。组织内部的矛盾和冲突使得组织的运行出现问题，导致其出现各种负面效果。

总而言之，院舍中的社会支持相对较少与院舍的管理方式、封闭性、与政府的关系、内部一致性、地理位置等因素有重要的关系。这些因素相互作用，使院舍所得到的社会支持相对较少，院舍中的孩子得到的社会支持更为单一，几乎只有由院舍本身所提供的组织支持，其他层面的社会支持非常少见。院舍为孩子提供日常生活的照顾及基本的物质支持，同时还由其工作人员对他们提供教育。地方政府只在院舍的开办及经营之初提供了一些方便，除此之外，他们对 Z 机构所做的事情并不了解，也不太愿意去了解。地方政府更多的是一种政策上的支持，会给他们办理相关证件时提供一些方便，其他直接性的支持相对较少。另外，由于院舍与附近社区是一种隔离的关系，因此院舍及院舍中的孩子也没有得到来自社区的社会支持。因此，院舍中孩子所得到的社会支持形式比较单一，不存在同类社会支持的叠加。

三　从家庭到院舍——社会支持的让渡与转移

从院舍中的实际情况来看，院舍的救助对象——不管是艾滋病患者还是艾滋孤儿，原来都生活在家庭和社区之中。尽管由于其（或者其父母得病或死亡）得病，给家庭经济带来了沉重的负担，使其原有的非正式的社会支持网络受到极大破坏，但实际上还是有一些社会支持的。某艾滋病患者所述证明了这一点。

> 慢慢地大家都知道是这个病（艾滋病），大家虽然还会过来，但不敢离你太近，放下东西就走；有的人还跟我说话，就是离我远一点儿。人家害怕，不敢离我太近。邻居们在我喊他们帮忙时，会帮我提水，帮助代买一些东西等（Y，艾滋病患者）。

从这里可以看出，艾滋病患者在社区与家庭中生活时，由于熟人社会相互熟悉的特征，个人无法达到隐瞒疾病信息的目的。邻里虽然已经知道 Y 有艾滋病，由于污名的作用，存在一些心理障碍，但还是提供了非常重要的社会支持，主要表现为日常生活的照顾，即工具性支持。在 Y 转移到院舍之后，由于距离遥远，这些邻里提供的社会支持实际上已经消失，无法提供。

与社区支持相伴随的还有家庭支持，这也由于艾滋病患者转移到院舍而有一些变化。我们来看 Y 亲属提供的社会支持。

> 我娘家妈妈得肺癌死了，现在还不满三年。俺爸有脑血栓后遗症，身体也不太好，无法成天照顾我。但我住在这里，他不害怕艾滋病，经常来这里看我。别的人，俺哥、兄弟姐妹都害怕。你有这个病，人家害怕传染，都躲得远远的。俺堂姐（一个爷的）说是要过来的，不知为啥，到现在也没有过来。剩下的就没有什么人来了，小姑子家离这儿远，来往不方便。俺搬到这儿来以后，她来看过一次（Y，艾滋病患者）。

从这里可以看出，Y 的亲属，包括其父亲（因为其母亲和婆婆都已经去世）、兄弟姐妹等人都已经知道她的病情，他们采取的态度各不相同。由于艾滋病的高度污名化特征，多数亲属不愿意提供相应的社会支持，对于疾病和传染的恐惧甚至使他们采取了排斥的态度。Y 的父亲虽然年迈，但仍旧不顾与艾滋病有关的污名，为其提供社会支持，其支持状况在其入住院舍前后没有什么大的变化，一般半个月会到院舍中来看她一次，这给 Y 提供了宝贵的精神支持。其他亲属，包括其大多数兄弟姐妹，几乎没有提供什么社会支持，他们大多采取了漠不关心的态度。这种态度在其入住院舍前后，没有什么变化。而其小姑子由于距离遥远，不便于提供什么有效的社会支持，可以说其提供的支持相对较少。

下面再来看政府所提供的社会支持情况。

> 政府的钱，像我们这种情况的，一个月一个人 12 块，但拿这钱需要办的手续太麻烦，我们也没有去领。俺那个镇卫生院的院长也帮我不少忙，给我送了一年多的药，对我不错。

> 这些药还是起作用的，否则我早死了。以前我也没有挂过水（指输液），后来在乡卫生院输过，都是儿子在照顾我，他排队、挂号、取药、拿药等活都会干，和那些医生、护士混得特别熟（Y，艾滋病患者）。

从这里可以看出，虽然当地政府有政策上的规定，但一方面由于Y已经发病，无法走路，坐着轮椅，行动不便，因此无法去领钱；另一方面是由于手续复杂，加之没有别人的帮助（指在这件事情上），Y实际上并没有享受到相关政策。在医疗方面，本地医院的医生提供了重要的工具性支持，这些支持对于她生命的维持起到了不可或缺的作用。另外，在她入院的过程中，其儿子J（一个6岁的小男孩，也是艾滋病患者）为其提供了重要的工具性支持，包括排队、挂号、取药、拿药等种种事宜，尽管这些事情在常人看来是那么不可思议。当然，这些支持一直持续到Y入住院舍之后。

下面来看Y在院舍中的情况。

> 现在这里免费住，儿子给我做饭。因为这儿的人太忙，他们吃饭太晚，我等不到那个时候，只好自己做自己吃。有时候他们做好吃的也会给我拿过来。儿子现在炒菜、切菜、生火、做饭都会做，平常在家里都是他照顾我，没有办法。我心里生气就吵他、打他，谁知这样子还能活几天呢（Y，艾滋病患者）。
>
> 开始的时候，我有时一天吃六七十片药，还有些效果。不过药也有副作用，不想吃饭。医生交代不让我吃辣的。儿子也吃药，医生交代让他多吃肉，吃有营养的东西，说这样可以提高免疫力，增强抗病能力。现在我让儿子管R两口子叫干爸干妈。上次，我想吃好的，还是他们买凉粉、卤鸡过来，也没有管我要钱。现在我自己的腿使不上劲，坐轮椅到

处去。他们（院舍的工作人员）平常都忙，没有人和我说话，有时我父亲会过来看看我。俺公爹不干正事，整天就忙着打麻将（Y，艾滋病患者）。

晚上，机构中的一个社工亲自给小J上药。孩子身上的疱疹一片一片，他就一块一块给他涂抹（摘自调查笔记）。

从这些陈述中可以看出，Y入住院舍后，在日常生活的照顾方面，其儿子为其提供了最为重要的工具性支持。另外，其父亲经常过来看她，也提供了一些力所能及的支持，当然更为重要的是心理上及情绪上的安慰及支持。其公爹及兄弟姐妹没有为其提供任何支持，持一种漠不关心的态度。此外，院舍负责人及其工作人员也经常为其买东西，提供一些工具性支持。但由于院舍工作人员的时间有限，提供的工具性支持也有限。同时，院舍基本上未提供情感性支持。

综上所述，在国家及政府层面的社会支持方面，由于存在着实际的困难及繁杂的手续，Y实际上没有享受到政府政策的支持，政府的规定被虚置。在社区层面，Y入住院舍之前，尽管存在一些心理障碍，其邻居及同村的人还是为其提供了一些工具性支持，不过这些支持在其入住院舍之后消失。在家庭层面，Y的公爹及兄弟姐妹没有为其提供任何支持；其小姑子由于距离遥远，提供的社会支持非常有限。实际为Y提供支持的主要是其父亲及儿子。这些支持在其入住院舍后继续存在，变化不大，甚至在其他的相关支持消失后，这些支持的重要性进一步凸显出来。在组织层面，主要是在Y入住院舍之后，院舍负责人为其提供了一定的工具性支持，包括金钱及实物方面的帮助。另外，专业人员主要是医生为Y提供的社会支持没有随着其入住院舍而变化，其犯病时仍旧由院舍工作人员送到附近医院看病。

Y入住院舍后，由于脱离原来的社区，距离遥远，使得一些原本基于地缘方面的支持消失，这里主要消失的是邻居提供的社会支持。与此同时，在Y的社会支持构成中，增加了院舍提供的工具性支持。这样，就存在着一种社会支持的替代关系。由于这一对母子相依为命，都是艾滋病患者并且均已发病，为母亲和儿子提供的支持几乎同时存在。当然，在母子之间的支持关系中，儿子为其母亲提供的支持更多。后来，由于Y的去世，其儿子J实际上是艾滋病患者与艾滋孤儿的双重身份。这些社会支持的让渡与转移也可以从其他人员那里得到旁证。

> 问：如果我们把那些有病的艾滋孤儿送到那儿（指院舍）的话，那国家每月给的160元的补贴还继续给他们吗？
>
> 答：这就不可能再给啦（X，政府工作人员）。

从这里可以看出政府的支持在艾滋病患者转移到院舍之后也随之消失。

从另外一些个案的情况来看，社会支持的让渡与转移也同时存在。

> 小H是一个双孤儿童，现年4岁，没有任何亲属，是省里的熟人知道这里有阳光家庭给送到这里来的。小H本身是个艾滋病患者，已经发病。刚来时，他的症状比较厉害，全身像鱼鳞那样，一片一片的。由于他发病比较厉害，也没有敢把他和别的小孩放在一起（主要是担心传染），而是由村里一位五保户老人照顾他。那个老人比较干净，照顾得比较好。过一段时间，他的身上让老人给收拾得干干净净的。不过，乡民政所1个月要在这个小孩身上花660元，其中包括给五保老人的寄养费用500元，以及孤儿补贴160元。同时，由于他是从其他地区转过来的，国家给的钱还没有下来，民政所没有办法，只能使用救灾款暂时支撑。这个小孩儿在这里的10个月，乡民政所已经花了6000多元，正在为这事情发愁。后

来经研究者介绍，小 H 被送到了院舍，S 县相关政府部门就不用在这个小孩身上花钱了（摘自访谈笔记）。

社会支持的让渡与转移实际存在，让渡与转移的对象是院舍，社会支持从政府或邻里一方转移到院舍，由院舍工作人员来为他们提供最为主要的工具性支持。

虽然院舍实际上从事的是艾滋病救助方面的工作，但不管是其负责人还是一般工作人员，在开始之时并没有充分认识到艾滋病患者的精神心理的复杂性。这就使得在实际工作中碰到一些棘手情况时，院舍的处理手段单一，应对水平稍嫌低下，有时还会出现一些问题。

前一段时间，我们接了一个艾滋病人，刚接的时候，镇长、她的丈夫都说得好好的，说她生活能够自理，没有什么。结果她到这里后，表现让我们非常吃惊。她老想着去报复别人，随地大小便，也不管有没有别人在场，也不管是男人还是女人。她还随便到外面去，我们不让她去，她扒开铁丝网钻出去，躺在路上。还是我从外面回来时看到她在那儿躺着，把她带了回来。如果没有人看见，可能车都能把她碾死。我们为这个说过她好几次，她都不听。后来我们想让她丈夫来把她接走，也不成功。她丈夫一直说家里困难，他自己还得干这个那个的，没有能力管她啊什么的。她把我们这里搞得乱糟糟的，弄得员工也人心惶惶的，大家都不愿意到后面她住的地方去。后来我们做了许多工作，说我们这里也是公司，也需要有正常的秩序，最后她家人才把她给接走了（R，院舍负责人）。

关于这个病人的情况也在院舍其他工作人员那里听到了反映，这也从侧面证明了当时的情况确实如此。

> 原来在这里住的那个艾滋病人，一点规矩都不懂，到处乱跑，乱拉乱尿。你不让她私自出去，她还从铁丝网钻出去。后来没有办法，只好又把她送走了（YL，院舍工作人员）。

从这里可以看出，患者的种种怪异行为令其家人难以忍受，在其生活在家庭和社区之时，其家庭不得不管她而提供社会支持。这也给他们带来了沉重负担，使他们急于将其送出去。所以在与院舍打交道的过程中，他们隐瞒了患者的真实情况，将其送到院舍来。而院舍虽然是做这方面工作的机构，但正如他们自己所言，并没有认识到晚期艾滋病患者的种种复杂情况，心理上也没有充分的准备，院舍被患者搞得人心惶惶而难以承受这种压力。在这种情况下，当他们又想把她送回其原来的家庭和社区时，遇到了种种困难与问题，即家庭与社区并不愿意接纳。这个患者被送到院舍的过程中，也存在着社会支持的让渡与转移，其社会支持的来源从家庭成员转为院舍工作人员。到院舍之后，原来的家庭支持消失，转为组织支持。但由于其个人的种种行为令院舍工作人员难以接受，他们实际上已无法为其提供全面的支持。可以说，在其转到院舍之后，其社会支持表现为一种替代，总量并没有增加。

社会支持的让渡与转移不仅体现在成年人身上，而且体现在艾滋孤儿身上。院舍中的艾滋孤儿由于母亲去世之前就已经在院舍中生活，其家庭与社区层面的支持已经转移到院舍，因此院舍对于原生家庭的一些要求会被拒绝。院舍负责人所提到的情况说明了这一点。

> Y死后，我们跟小J的姥爷商量，让他过来帮助照看他，我们给他发工资。小J本来就是他外孙，按说也是顺理成章的事情，可是他死活不愿意过来（R，院舍负责人）。

院舍负责人试图打破院舍中救助对象——艾滋孤儿仅由院舍单一提供社会支持的方式，如在这里院舍想让小J的姥爷来照顾他，并做了许多工作，但没有达到目的。

从小J的基本情况来看，在妈妈Y去世后，其原有的家庭支持也不再提供，可以说他是完全生活在院舍中，由院舍工作人员为其提供社会支持，包括提供物质性支持、照顾其日常生活，当然也有少量的教育。

从以上几个个案的基本情况来看，在艾滋病患者从原有的家庭和社区转移到这个由非政府组织所办的封闭性院舍之后，其原有的社会支持，包括国家与政府层面的支持、社区支持以及家庭支持都有所减少，甚至消失。当然，这几个层面支持的减少不一定完整地在每一位患者身上同时存在，但起码存在这几个层面减少以至消失的情况。转移到院舍后，唯一增加的是院舍所提供的组织支持。由于院舍自身条件的限制，院舍提供的支持也比较有限，难以满足患者的需要。从支持总量来看，从社区转移到院舍之后，其社会支持的层面减少，支持量降低。这种降低与贫困地区的资源相对缺乏（这主要指国家与政府层面的社会支持）、距离遥远不便于提供支持、污名的影响以及家庭成员不堪重负等因素，均有重要的关系。

结论

从两种救助方式的社会支持的内容及形成来看，阳光家庭及阳光家庭中的孩子实际上得到了多个层面的社会支持，包括国家与政府层面、组织层面、社区层面以及家庭层面。同时，在多个阳光家庭内部，实际上存在着社会支持的叠加，这使得阳光家庭中的孩子得到的社会支持相对更多。另外，阳光家庭中的孩子还得到了间接的社会支持，这种社会支持往往通过对阳光家庭的支持而使孩子受益。从阳光家庭中孩子的基本情况来看，由于没有离开原有的社区，只是在其原生家庭不具备完善的支持能力的情况下，国家以及政府、阳光家庭的父母成为支持提供方，为其提供更为完备的社会支持。在某种程度上，阳光家庭起到了部分替代原生家庭的作用。因此，与其入住阳光家庭之前相比，阳光家庭中的孩子进入阳光家庭之后，社会支持的总量是上升的。

与此相比，在院舍中，院舍是孩子最主要的社会支持提供者。由于院舍负责人外来者的身份、院舍的封闭性、宗教的作用、较低的内部一致性等因素，使得院舍得到来自政府和社区的社会支持较少，其支持形式单一，几乎完全依赖于教友的支持。在这种状况下，院舍中的孩子得到的社会支持类别单一，这加剧了院舍中社会支持的贫乏程度，使得其为孩子提供社会支持的能力不足。

同时，院舍中孩子的社会支持的单一性也与社会支持的让渡与转移有一定关系。由于资源的贫乏、家庭成员逃避责任等因素的影响，在救助对象被转移到院舍之后，伴随着院舍所提供的组织支持增加的同时，其他层面的社会支持在减少以至消失。因此，从其社会支持总量来看，救助对象的社会支持总量并没有相应的增加，有时反而减少。

因此，从社会支持的角度来看，由于以上这些因素的综合作用，阳光家庭中的孩子得到的社会支持相对较多，而院舍中孩子所得到的社会支持相对较少。

第五章
污名与污名控制策略

第一节 艾滋病、污名与污名控制策略

由于疾病会带来各种各样的痛苦，因此污名与疾病有着重要的关系。在所有的疾病中，艾滋病属于一种具有严重污名化特征的疾病。与此相似的还有肥胖、精神疾病、麻风病等其他疾病。当然，从社会文化的角度，这些疾病具有一定的隐喻性特征（苏珊·桑塔格，2003），这使得某些疾病与污名联系在一起，使其成为某些偏差群体特有的疾病。艾滋病属于这些疾病中的一种，并且其对现代社会产生着越来越大的影响。

一 艾滋病与污名概述

艾滋病具有严重污名化疾病的所有特征，包括疾病的致死性、不可治愈性以及无法识别性，这使得艾滋病成为高度污名化特征的疾病，并将其与其他威胁生命的疾病区别开来。学者们对疾病与污名进行了广泛的研究，国外的一些研究认为，由于艾滋病的高危人群往往属于被污名化的群体，如同性恋者、吸毒人群等，他们由于自己的偏差行为而得病，这样艾滋病被社会定义为边缘

化群体的传染性疾病，从而形成污名的叠加（Herek et al.，1988）。同时，由于少数民族和穷人往往是艾滋病的高发群体，使得种族、贫困、民族、边缘群体等问题与艾滋病联系在一起，导致与艾滋病有关的污名问题更为复杂。

学者们后来的研究发现，污名不仅影响到患者自身，而且其范围还会扩大，包括影响到他们的家庭成员、朋友、照顾者等。一些实证研究发现，虽然大多数患艾滋病妇女的孩子是健康的，他们没有艾滋病，但是当一个家庭成员有艾滋病时，家庭中的每一个人都受到疾病的影响。孩子和扩大家庭的成员可能出现与病人相似的感觉，包括罪恶感、恼怒、害怕等（Bonuck，1993）。由于与艾滋病有关的污名，孩子或亲属常常生活在秘密的忧伤中，他们被隔离于社会支持和正常的服务之外（Mason et al.，1998）。这不仅增大了他们对于社会支持的需要，同时也使得他们被社会孤立和边缘化。国外学者对于中国国内的研究也证实了这一点。一项对于中国沿海地区的调查表明，85%的被调查者认为艾滋病毒携带者照顾他人的孩子是不安全的；72.8%的被调查者认为艾滋病患者应该被隔离，一半的被调查者认为艾滋病毒携带者应该被惩罚；55.7%的被调查者报告他们将不与艾滋病患者交朋友（Martha B. Lee et al.，2005）。

艾滋病主要有血液传播、性传播和母婴传播三种途径，我国不同地区的致病原因也有较大区别。例如沿海城市更多地由于性传播而致病，而西北和西南地区更多由于吸毒而致病，而中部多个省区则由于血液传播而得病。S县位于中部地区，这里大部分人由于贫困而卖血、因卖血而导致艾滋病的传播。对于这一事实，不管是健康人还是患者都非常清楚。而从人们的心理习惯来看，往往容易将道德判断付诸于疾病之上，将结果与原因联系起来，去追究得病的原因是什么，即社会成员往往视艾滋病患者是否无辜而去认定其是否有责任。因此，从污名与责任推定的关系来看，这些经血液传播而致病的人一般不被认为有较大的责任，因此不存在将艾滋病与偏差行为叠加的情况。[①] 这也可以从一些其他研究中得到证实，一位农民说："我很坦然，不害怕呀，村里人都知道我是卖血得的。这个和城里人得的不一样，他们是因为风流才得这个病。"从维纳的归因理论来看，人们往往不由自主地会对高度污名性疾病加上一种道德判断，对个人能够控制而得病的人/行为产生更大的恼怒；而对于由于个人不能控制的原因而得病的人则产生更大的同情，如由于母婴传播而得艾滋病的孩子或者由于输血而得艾滋病的人。因此对于前者的污名程度更高，而后者的污名程度则更低。对于这里的农民来说，他们自己认为应当得到的是同情和悲悯，而"城里人"才应该受到道德的谴责（景军，2006）。他们认为自己与性生活混乱者、同性恋者、吸毒者的情况有较大区别，他们只是因为贫困而卖血染病，在此之前他们与一般的社会成员没有什么根本的不同，并且他们当初卖血时也并不知道会产生这样严重的后果。因此，相对而言，这里的人们对艾滋病患者的污名往往只是始于前几种因素，即人们害怕死亡、恐惧传染。对于艾滋病患者本身，不存在前面所述的污名的叠加。由于社会成员将致病原因与后果联系起来进行责任推定，导致在现实生活中，一部分患者为了博取他人同情，会有意无意为自己进行无罪辩护。例如一些人实际上是由于性生活混乱而得病，但在谈到自己的得病途径时却说是因输血而得病，以此来获得更大的同情。

由于健康状况的不同，艾滋孤儿的污名状况也存在一定差异。从其健康状况来划分，艾滋孤儿可以分为两类。一类是本身健康的孩子，他们由于父母艾滋病患者的身份而受到影响。他们属于

---

① 也有个别人认为致病是由于部分农民好吃懒做而去卖血，认为染病有其个人原因。但持这种看法的只是个别人，不是主流。大多数人还是认为是由于贫困和农民的无知，以及地方政府管理不善才造成艾滋病的蔓延。因此，个人并不应该是责任的主要承担者。

艾滋病污名扩大化的受害者，其污名性质比较单一，绝大多数孩子属于这一类。另一类孩子本身也是艾滋病病毒携带者，他们既受到其艾滋病污名扩大化的影响，又受到艾滋病病毒携带者的身份影响，形成了污名的双重叠加，这部分艾滋孤儿的情况更为复杂。从实际情况来看，这部分孤儿数目相对较少，大概不到10%。

二　时间、空间与污名

与疾病有关的污名是在特定的时空情境下建构和发展起来的，时间和空间因素成为影响污名的重要因素。下面来分别分析时间和空间因素如何影响污名的建构及污名程度。

1. 时间与污名

时间是影响污名程度的一个变量，随着时间的推移，人们对于艾滋病相关知识的了解更为丰富，对艾滋病患者、感染者及孤儿的污名程度会有所降低。在这个过程中，以下几方面因素的作用更为突出。

一是媒体的作用。通过媒体、公众教育及其他渠道，社会成员对疾病及治病防病的相关知识更为了解，从而有助减轻和降低污名。尽管短期内，媒体在降低污名方面可能起到负面作用，但从长期来看，媒体还是起着正向作用。通过媒体的宣传，社会成员对于艾滋病相关知识的了解越来越多，从而有助于降低人们的恐惧心理，有利于进一步降低污名。

二是权威的作用。这里的权威包括三种类型。第一类是国家领导人，他们属于社会中的政治权威，由于其特定的职务，其行为不只代表他们自己，更起到了一定的象征与符号作用。他们拜访艾滋村、与艾滋病患者接触、拥抱艾滋孤儿等行动给公众传递了一种信号，这促进了社会成员对艾滋病患者态度的改善，起到了降低污名的效果。第二类是一些公众人物，他们担当了艾滋病宣传大使[①]，通过自己的行动促进公众对艾滋病的了解。他们大多是各行各业有影响的人物，其行为更有说服力，更容易起到教育社会公众的作用。第三类是一些信教人士、宗教领导人及专业人士，他们身体力行，通过教育、宣传与动员，也使得污名有所降低。

三是组织的作用。通过政府组织和民间组织的工作，起到示范和教育社会成员、降低污名和增进社会支持的作用。这些不同类别的人在降低污名的过程中所起的作用有些差异，由于特定的职务身份，加上我国社会公众长期以来对于政治精英们的认同，因此他们身体力行的行为有着更大的号召力。当地知情人士的看法也印证了这一点。

> 其实艾滋病患者所面临的关键问题不是贫困而是歧视。大伙一开始心里都有顾虑，像医生对这方面是最为了解的，他们碰了病人之后还要洗多少遍手，医生就是治病的，他们还那样害怕，那一般老百姓不是更害怕啦！对艾滋病态度的真正改变是在近几年，最主要的还是在温总理到艾滋村并拥抱艾滋病小孩以后，大家的观念开始转变，都想着总理还敢拥抱他们，还不怕死，看来这病不传染，咱们一般人还害怕啥？总理的这一举动比多少广告、花多少钱都管用，比濮存昕的那些广告的作用大多了（T，政府工作人员）。

---

① 较早从事慈善事业、与艾滋病接触的公众人物较少，如英国的戴安娜王妃等人，他们的行为对于促进艾滋病感染者的社会融入进程起到了重要作用。随着艾滋病的蔓延和对艾滋病相关认识的加深，国内的公众人物也开始加入到艾滋病宣传这一行列中来，如濮存昕在2000年就成为卫生部聘请的艾滋病宣传员，其后他又拍了大量的公益广告，出演与艾滋病有关的电影，提交议案等，希望达到社会对防治艾滋病的重视以及呼吁社会关心艾滋病患者的目的。后来越来越多的公众人物加入这一行列，如张朝阳、姚明、蒋雯丽、彭丽媛、周涛、徐帆等人均成为艾滋病宣传大使，亲力亲为地加入艾滋病宣传工作中来。

从这里可以看出，政府领导和公众人物作为社会精英的行为有着更强的社会感召力，往往为更多的社会成员所理解和认同，这是其共同之处。至于政府领导还是公众人物谁起的作用更大一些，不同的人有不同的认识。由于政府领导特有的职务身份，其行为不只代表了他自己，而且代表他背后的机构或者政府对这一事件的看法。因此政治领导特有的权威性，加上民众特有的“官本位心理”，使其作用超出了公益广告以及其他一些文化人士的作用。但公众人物往往可以凭借自身良好的公众形象和影响力来进行社会倡导，从而发挥其独特的作用[①]，这种作用往往是政治领导人无法代替的。相关部门负责人对此深有体会，如卫生部新闻发言人邓海华谈到：“我们为什么要聘请知名人士做宣传员，就是要发挥他们的知名度、他们的诚信度。通过他们的嘴说出来，就比我们这种政府官员说出来要好得多，所以发挥这些公众人士的作用，发挥非政府组织的作用，通过这些对艾滋病能够起到独特的作用”。[②]

在我国艾滋病宣传的过程中，较早介入的如濮存昕等公众人物的行为经过新闻媒体的放大后，对于减轻社会成员对于艾滋病的污名起到了一定作用，也得到相应部门的认可。如中国疾病预防控制中心健康教育所所长侯培森谈到：“首先他有爱心，热爱这项事业，第二他有一个良好的公众形象，很多国外的报纸评论都说他现在是我们请到的公众形象当中最好的一位，所以我希望我们有更多的艾滋病宣传员出现，那么我们这个宣传教育就更加好做，使得我们遏制艾滋病上升的趋势成为可能。只有人人都参与了，我们才能够在政府的领导下，确实遏制艾滋病上升的势头。”[③]尽管这些公众人物的行为与其产生效果之间会有一个时差，但污

---

① 公众人物的影响力和倡导力来源于他们自身，这是其与政治精英的最大区别。

② 新任艾滋病宣传大使在线访谈，http：//www. health. sohu. com/7/0704/99/column220939972. 2010-7-7.

③ 新任艾滋病宣传大使在线访谈，http：//www. health. sohu. com/7/0704/99/column220939972. 2010-7-7.

名随着时间的流逝而降低会成为一个必然趋势，对此高发区的社会公众深有体会。

> 前几年对这里的歧视还是比较严重的……不过现在好多啦，大家也知道艾滋病就那几种传播途径，也不那么害怕啦（N，高发村一般群众）。
>
> 刚来的时候，由于不知道情况，我们自己心里也害怕，不愿意来。但咱是公办老师，让你来你就得来，没有办法。现在在这里一年多，时间长了也习惯了（F，教师）。
>
> 现在宣传多了，知道艾滋病就那三种传播途径，也不害怕了。我都知道我们村谁是艾滋病患者，我们还经常在一起聊天、打牌、玩儿（N，高发村村民）。

从访谈材料中可以看出自己亲身接触所起到的降低污名的作用。了解艾滋病的相关知识是降低污名的第一步，是基础；接触或者行动是降低污名的必由之路。了解是降低污名的充分非必要条件，也就是说，了解不一定必然降低污名，但不了解则污名肯定不会降低；同时，接触/行动必然降低污名，但行动需要以了解为基础。刚接触艾滋病时，不管是老师还是相关政府工作人员，心里对艾滋病不可避免地都有惧怕和心理压力。但由于是国家的政策和上级的要求，强制性的政策规定使他们不得不来到艾滋病高发村，这种行动实际上是一种被迫行为。但在这种密切的日常接触过程中，随着教师们对于艾滋病的了解，其污名慢慢降低，促使他们逐渐接纳了患者、感染者以及孤儿。因此，从这里可以看出，个人和他人的亲身接触有降低污名的效果，同时行动还具有象征意义，行动所传达出的信息往往使其教育及说服作用更为明显。不管是他人的亲身接触还是自己的亲身接触，都在一定程度上起到了降低污名的效果。

实际上，污名的降低以至消除与三大因素密切相关，即疾病的治愈、疫苗的发现以及人们对疾病的了解程度。因此降低污名既需要医疗技术的发展与完善，又需要干预及教育方面的努力。而后几个方面都与社会环境因素密切相关。总的来说，降低污名不仅需要被污名化群体自身的努力，增进彼此之间的相互支持，进行污名控制和污名抵制，而且需要改变社会环境，通过社会教育和社会动员，塑造一种更宽容的社会环境，促进被污名化群体的社会融入进程。在这个过程中，大众媒介、精英人物以及非政府组织都起到了相当重要的作用。

2. 空间与污名

由于被污名化群体受到歧视对待，他们往往会联合起来，向“智者”或“自己人”求助，或者增强彼此之间的相互支持，进行污名抵制来维护自身的权益。在这种情况下，被污名化群体会形成一定地域范围内的相对集中，这使得空间与污名产生了联系。①

由于艾滋病患者相对集中，呈现出家族性和地域上的特征，患者空间上的聚集对艾滋病相关的污名产生影响，从而形成地域污名化。一些艾滋病患者较多的村、县、市、省往往为人所共知，如一些村庄被称为“艾滋村”。与艾滋病有关的污名使得高发区内的所有人，包括健康者也往往受到污名的影响，他们在就学、就医、用工等领域都受到不同程度的影响。在污名地域化的形成过程中，媒体和非政府组织往往起到了推波助澜的作用。他们往往出于自己的目的，如出于新闻线索或者出于筹款的动机，而倾向于暴露艾滋病高发区的真实地名和艾滋病患者的真实身份。在这个过程中，一些艾滋病患者的实际身份和艾滋病高发区被进一步暴露，这加剧了社会成员对这些地域的刻板印象，使社会成员将这些地区与艾滋病更为深刻地联系在一起，如广为人知的河南上

---

① 这种相对集中可能是现实的地域上的相对集中，如城市中贫民窟的出现；也可能是虚拟的，如被污名化群体网上联盟的形成往往会有更强的集体动员能力。这种强大的网上动员能力在许多时候会转化为现实中的动员能力，这需要引起广泛关注。

蔡、安徽阜阳、山西运城等地往往面临着这种情况。一些相关研究也提到了新闻媒体中艾滋病话语的社会建构性（景军，2006）。可以说，在艾滋病话语社会建构的过程中，谣言和新闻媒体起到了推波助澜的作用。

从实际调查情况来看，与艾滋病有关的污名在高发村与低发村有较大的差异。在高发村内，由于得病人数较多，彼此情况相近，其污名程度相对较轻。同时，他们会团结起来，采取措施来保护自己的利益，这使得污名程度降低。

> 在高发村，受到艾滋病影响的孩子已经成为多数，有的甚至占到50%～60%，正常的孩子是少数。他们往往可以团结起来，采取一些策略来保护自己。这样，高发村的歧视情况并不太严重；而在低发村，由于得病人数很少，歧视还是比较严重的（D，非政府组织工作人员）。

这两方面的措施使高发村内的污名程度相对较轻；而在高发村外，在一个较小的范围（比如一个县）内，大家一般都知道哪个村是高发村，这样社区外对整个高发村的污名化程度会更重，大家很容易将整个村庄与艾滋病联系在一起，使得村内健康人也受到影响。

而低发村的情况则与此不同。在低发村内，由于病人是极少数，社区内对病人的污名程度更重。这些病人非常容易被孤立起来，有时还会产生一些严重后果。

> 我们这附近艾滋病比较少，附近的村里有两个艾滋病人，一个后来有病死了，另一个听说是受不了自杀了（Q，院舍工作人员）。

低发村内的患者人数较少，其污名程度相对严重，这导致被污名化的个人心理压力增大，不良情绪积累又没有缓解的渠道，最终产生严重后果，如前面提到的自杀。而从社区外来看，由于得病人数少，不存在对整个社区的歧视，污名程度反而较轻。因此，空间与污名的具体情况如表 5－1 所示。

表 5－1　空间与污名

位置 / 污名程度	高发村	低发村
社区内	轻	重
社区外	重	轻

从这个表中可以看出空间与污名的关系，污名状况在高发村与低发村、村内与村外呈现出较大的差异，社区的边界非常明显。

三　污名扩大化——污名物化

在西方社会已有的研究中，研究者证实了污名的对象不只是患者本身，后来其范围还有所扩大，患者的家庭成员、照顾者、朋友也往往受到污名的作用。这种情况在东方照样存在，例如这里的艾滋孤儿属于艾滋病患者的家庭成员，由于其父母的艾滋病患者的身份，他们受到污名扩大化的影响。同时从实际情况来看，由于人们缺乏艾滋病相关知识，加上乡村地区人们的偏见，污名的指向对象不光是“人”，在某些情况之下还涉及“物”，从而形成“污名物化”。如下面的内容所述。

> 前几年对这里的歧视还是比较严重的。像我们市里的一个司机来这里钓鱼，这里的村支书特别热情，还专门跑到外面给他买鱼放到塘里钓。最后钓上来的鱼要给他，他想着是艾滋村的鱼，一个都不要。搞得人家村支书也怪不得劲儿的（X，政府工作人员）。
>
> 刚开始到艾滋村时，村民对我们非常热情。我们到村民

家里，他们给我们倒水，我们都不敢喝。给我们摘院里的黄瓜，我们也不敢吃。后来慢慢了解多了，也不害怕了，想想也是，他有病，他家里的水、他种的菜又没有病毒啊（X，政府工作人员）。

以上这些都是当地政府工作人员的亲身经历。与一般社会成员相比，这些政府工作人员具备更多的艾滋病方面的知识，从理论上说也应该比一般社会成员更不害怕艾滋病。但实际情况并非如此，他们也与其他社会成员一样，从心理上对艾滋病患者以及他们接触过的物品存在天然的恐惧。了解是行动的第一步，但了解并不等于行动本身。从这里可以看到，污名的对象指向多种多样，不仅包括人，还指向物。这里表现为包括艾滋病村或艾滋病患者的农副产品以及其他东西，如家里的水。“污名物化”是在人们知识缺乏的情况下，个人由于心理上的恐惧造成的。具体表现为不光对艾滋病患者本人采取排斥态度，而且对与其有关的一切事物，包括其种的菜、水果、粮食以及养殖的产品均采取拒绝和排斥态度，鲜明地表现为不接受、不购买，从而导致污名的物化。

因此，污名物化是在社会公众在缺乏艾滋病相关知识的情境下，艾滋病患者在地域范围内的相对集中使得污名扩大化而产生的必然反应。这使得污名的范围进一步扩大，导致了进一步的社会排斥，使得患者、感染者以及孤儿的社会生活受到进一步影响。

四　熟人社会的污名与污名控制策略

1. 熟人社会的污名表现

污名的影响涉及多个领域，其后果是歧视与社会排斥。从现实情况来看，婚恋、教育和人际交往领域的污名最为明显，其程度也最为严重。但也应该认识到，在被污名化群体内部，由于时间、空间以及具体社会情境因素的影响，每个个体的污名程度存在较大差异。

（1）婚恋领域。这一领域的污名最为明显，影响面最大，程度也最为严重。

> 我认识的一个人卖血得病，后来死了。他的老婆也死了。他的孩儿（儿子）长大了，现在有二十来岁吧，虽检查说没有病，但没有人敢和他结婚，大家都害怕，万一啥时候发病了咋办？老百姓都怕，能离他们远点儿就离远点儿（O，知情人士）。
>
> 艾滋病人家庭的小孩儿虽然是健康的，人家也忌讳，也不愿意和他们结婚，人家觉得摊上这个情况倒霉（K，社区领袖）。
>
> S县主要是TZ乡艾滋病人比较多，并且主要是在X村。前几年曾经有不成文的规定，这个村子的男的不能娶外村女的，这个村的女的不能嫁到外村去。后来，这个村里没有卖血的人都想办法慢慢搬走了，人家嫌受影响，怕背上这个不好的名声，影响自己小孩儿找对象（P，政府工作人员）。
>
> 现在这几个地方是艾滋病高发村，周围人都知道。这几个村小孩的结婚恋爱成问题。“男不外娶、女不外嫁”，其他村的人不敢和他们结亲，现在这几个村的小孩长大后流落到城市中的不少，有的出去打工，有的到城市里乞讨、小偷小摸等（T，政府工作人员）。
>
> 现在艾滋孤儿的男婚女嫁比较困难，虽然他们大多数没有病，别人还是心里忌讳（X，政府工作人员）。
>
> 俺周围也有两个是艾滋病的，人家一般都不愿意说，宁愿不拿国家给的钱也不说，害怕影响到孩子以后找对象（Q，院舍工作人员）。

害怕传染和对死亡的恐惧使得社会成员采取了一致的做

法——孤立与排斥，传言的作用使污名加剧。患者地域上的相对集中导致污名地域化，使得污名范围扩大，波及高发村内与艾滋病无关的家庭，迫使他们最终离开。高发村内的人们非常敏感，他们很容易将一些生活事件与艾滋病联系在一起。

> 大家心里都清楚这里是高发村，外面的人来这儿十有八九是因为这事情。外面的人来这儿进谁家他们都关心着呢。进了谁家，别人就开始在背后怀疑，是不是他家人也有病（ZH，社区领袖）。

在同一个社区内，健康人与患者的策略有所不同。健康人的策略是把患者甄别出来，以保护自己及家人；而患者（尤其是家中有接近适婚年龄孩子的患者）的策略是隐瞒疾病信息，以避免污名。但在熟人社会，要做到这一点非常困难。一旦暴露，还会导致恶性事件发生。

> 像我们村另外一家，这女孩儿的娘家婆家都是俺们村的。结婚时不知道男方父母有艾滋病，后来都结婚有小孩儿了，女方父母才知道男方老人有艾滋病。这时候也不可能再退婚了，但女方父母觉得心里不舒服。后来小两口一生气，女方父亲就把女儿留在自己家，不让她再回（婆家）去。男方叫（女方）了几回都叫不回去，心里就有意见了。一次又去岳父家里，两人争执起来，结果把他老岳父身上扎了好几刀。后来送到医院，现在老头活过来了。那儿子后来也被抓住，还被判了刑（K，社区领袖）。

婚恋领域是人际交往中接受程度最高的一个领域，社会成员即使能够在其他方面接受这些儿童或者为他们提供帮助，但却很难同意让自己（或自己的孩子）与他们结婚。这是认同度最高的一个层面，属于量表上的困难项目，具有最高的接受和容忍度[①]，而大部分社会成员难以达到这个程度。当然，艾滋孤儿在婚恋领域受到的拒绝也与社会心理因素有一定关系，这是一种非常实际的考虑。从社会心理因素来看，社会成员认为艾滋孤儿失去父（母），成家后没有人帮他们操心家庭事务，又得不到外来的经济援助，家庭负担会更为沉重。同时，在周围人士都采取孤立态度的情况下，突破这一点需要极大的勇气。污名在婚恋领域的影响范围最大，只要父母中的一方有艾滋病，不管其是否在世，子女均受到影响。

（2）教育领域。除了极少数辍学的孩子外，大多数受到艾滋病影响的未成年人处于学龄期，学校成为他们一个重要的生活场域，这使得教育领域的污名凸显出来。教育领域的污名有多种表现形式，最严重的是有艾滋病的儿童无法入学。

> 以前在俺们村里时，小J要上学，村里的学校不敢收他。校长害怕收了他，别的家长不让他们的孩子上学。校长对我说，我如果不让你孩子上学是违反《义务教育法》的。但你孩子有病，让你孩子上学，小孩子整天在一起玩，难免有个磕磕碰碰，别的家长不放心。他们都把孩子转走的话，我们学校也没法办（下去），我们也为难（Y，艾滋病患者）。

众多家长对学校形成制约，他们通过消极的抵抗方式——转

① 鲍嘎德社会距离量表被用来测量受访者与某类人的社会交往意愿。其问题一般如下排列。第一，你愿意让阿尔巴尼亚人住在你的国家吗？第二，你愿意让阿尔巴尼亚人住进你的社区吗？第三，你愿意让阿尔巴尼亚人住在你家附近吗？第四，你愿意让阿尔巴尼亚人住在你的隔壁吗？第五，你愿意让你的孩子与阿尔巴尼亚人结婚吗？这类量表在强度上有明显区别，如果某人愿意接受某种强度的项目，那他就应该愿意接受在此之前的所有项目。人们一般容易接受简单项目，而无法接受困难项目。除了些特例外，鲍嘎德社会距离量的逻辑是，受访者一旦反对某个项目，则对比该项目更困难的项目也会持反对态度（艾尔·巴比：《社会研究方法》，华夏出版社，2000）。从这个量表来看，与其通婚属于认同度最高的项目，因此也最难以接受。

学来使学校服从自己。而学校迫于压力，不得不考虑大多数家长的意见。当然，校长也非常清楚国家关于义务教育的规定，他采取与艾滋病儿童家长协商的办法来解决问题，使这些家长认识到他们的难处，不再让学校为难。在此过程中，学校起了“和稀泥”的作用，以达到避免冲突的目的。患有艾滋病的儿童在教育领域受到污名与社会排斥的情况并非个案，类似情况也可以从其他地方的实际情况中见到。

在其中一个高发村，由于健康的孩子纷纷到外村上学，本村小学学生人数越来越少，无法继续办下去。现在本村已经没有小学，孩子们都是在外村上学。而在另外一个高发村，由于健康的孩子纷纷转移到其他村子的学校上学，致使现在村中小学只有十来个学生，他们大都是与艾滋病有关系的，由于别的学校不收，属于想转也转不走的孩子（摘自调查笔记）。

从这里也可以看出，对于已经患艾滋病的儿童的污名与社会排斥是一个非常普遍的现象。这里并不存在对孩子的有罪推定或者与疾病来源途径的双重叠加，因为大家都很清楚孩子的得病途径，对这些孩子也非常同情。但是同情根本无法抵消人们对于死亡和传染的恐惧。对于这一点，家长以及亲戚的担心和忧虑比较普遍，这也可以从另外一些知情人士的话语中得到印证。

……对于本身有病的孩子，情况就比较复杂了，他们上学是比较麻烦的。主要是家长考虑得比较多，担心传染。而学校受到这方面的压力，也往往不太敢接收这些孩子（D，非政府组织工作人员）。

孩子整天在一起，难免有个磕磕碰碰的，你让健康孩子和有病的孩子在一起，万一给人家（健康的孩子）传染了怎么办？我看L手上裂着口子，天天跟小J在一起玩我就挺担心（RB，院舍工作人员）。

孩子们整天在一起玩，打打闹闹的，难免有个皮肤破损的情况出现。小孩子又不懂得自我保护，万一感染了怎么办（X，政府工作人员）？

上述的人员，不管政府工作人员，还是非政府机构工作者，他们专门从事这方面工作，他们对于艾滋病相关知识的了解程度比一般人要高[①]，他们对于将自己的孩子与患有艾滋病的孩子放在一起，也是比较担心。这也从另一个侧面证实了家长的担忧心理存在着更为普遍的基础。一些非政府机构的实务工作者，他们对于将自己的孩子与艾滋病患者、艾滋孤儿放在一起，也存在非常严重的担忧心理。

现在和他们（指小J及其母亲Y，两人均为艾滋病患者，且已经发病）整天在一起，说是不害怕，但心里还是有那个感觉的。我的孩子整天和她的孩子在一起玩，互相喂东西吃。我的孩子喂她的孩子吃东西我倒不怕，她的孩子喂我的孩子时我心里还是挺担心的。孩子小，整天在一起玩，我们也不可能天天看着，加上小孩子有时也难免磕磕碰碰的，还是有点不放心（R，院舍负责人）。

这种同样的心理也从RW那里得到证明。

小J特别喜欢我女儿，他俩整天在一起玩，我也担心小孩子不会保护自己，难免磕着碰着。我都是在看到孩子手上有伤口时，教育她别跟小J待在一起。但我们也不可能时时看

① 据了解，他们在到S县从事这项工作以前，曾经接受过专门的培训。

着，只能让主保佑她健康吧，我们也没有别的办法（RW，院舍工作人员）。

在实地访谈中，也曾经见过 RW 对小 J 说过："妹妹现在手破了，你现在不能碰她。要不，你的病也会传染给妹妹的。"（摘自调查笔记）

教育领域污名的产生与以下几方面因素相关。首先是艾滋病的致死性和传染性使家长对疾病充满恐惧，他们害怕将自己的孩子与艾滋孤儿放在一起，担心会使自己的孩子受到传染。其次与孩子的自我保护能力欠缺有重要关系。由于年龄和认知方面的限制，孩子们不具备完善的自我保护能力，这无形中扩大了孩子感染疾病的可能，也加剧了家长对于传染的恐惧。最后与家长对子女的爱护关系密切，他们要尽可能地保护其子女的安全。普通的社会成员没有艾滋病传播和防治方面的专业知识，他们自然不愿冒风险将自己的孩子与有艾滋病的孩子放在一起，从而使自己的孩子处于潜在的危险之中。不论职业、地位、身份如何，保护自己孩子的安全是每一个父母的本能。这些因素的相互作用使得污名在教育领域广泛存在，其主要对象是本身携带艾滋病病毒或已经发病的孩子。

（3）人际交往领域。人际交往领域的污名主要是孤立、不来往等，这在熟人社会的农村表现得尤为明显，主要表现在农村家庭的一些大事上面，如红白喜事、修房盖屋等。

前几年村子里歧视得非常厉害，别人都不敢到这里来，红白喜事也不来往。都是这块儿的人自己处理。有病的和有病的来往，没病的和没病的来往。他们之间要打架什么的，大伙也不敢去劝架，万一他急了，给你身上抓破了怎么办（ZH，社区领袖）？

艾滋病患者在社区内的公共领域受到孤立与歧视，也使社区内成员迅速分化为两个阵营，即患者和健康者。在这种情况下，艾滋病患者会团结起来，彼此寻求支持，如有矛盾时尽量自己解决。但在无法自己解决的情况下，他们也会寻求社区领袖的调解，俗称“说事儿”。在这种时候，尽管社区领袖存在一定恐惧，但在大多数场合，他们也不得不进行调解。人际交往领域的污名会在不同场域、不同情境中出现，比如刚才提到的农村的红白喜事、修房盖屋，甚至宗教活动中。

> 我是信基督教的，前几年我们村没有教堂，就到外村去做礼拜。那时还受到人家的歧视，比如不让我们用别人的东西，让我们自带碗筷，规定我们村的人只能坐在一块地方，不能坐别的地方（W，艾滋病患者）。

污名体现在诸多生活事件中，这些生活事件相互作用，又促进了污名的社会建构，加剧了人们对于疾病的恐惧，使得艾滋病患者进一步受到歧视与社会排斥。

与艾滋病有关的污名不仅使成年人受到影响，而且使儿童也受到影响。但儿童的交往范围、方式与成年人又存在较大的差异。由于儿童的交往范围有限，更多的是与同龄人交往，人际交往领域和教育领域的污名往往相互交织，进一步加剧了污名程度。同时，由于儿童的心理发育还不成熟，比较脆弱，他们对污名的感受更为明显。

> 我碰到一个十二三岁的小孩儿对我说：“我恨所有人，恨不得弄炸药把他们都炸死。”这话听了让我很害怕，这小孩儿现在这种心态，长大后怎么办。他对别人有这种仇恨在很大程度上是由于别人对他的孤立造成的。周围人一知道他爸爸妈妈是艾滋病人，马上都躲得远远的，在学校里也没有人与

他说话，离他很远，也没有人跟他交往（T，政府工作人员）。

从这里可以看出，父母艾滋病患者的身份使孩子污名化，导致孤立与歧视，使他们心理上受到较大的影响。在被污名化的情况下，被污名化群体采取各种措施进行污名控制，以获得社会支持，降低污名。但由于被污名化群体地域上的相对聚集和熟人社会的特征，熟人社会的污名控制策略具有自己的特色。

2. 熟人社会的污名控制策略

（1）污名控制策略概述。

采用不同的方式，可以将污名控制策略进行不同的分类。从被污名化的群体有无意识的角度，可以将污名控制策略区分为有意识的污名控制策略和无意识的污名控制策略。有意识的污名控制策略是指患者出于避免污名的目的，而隐瞒其疾病信息；而无意识的污名控制策略主要基于贫穷以及患者对于疾病的无知。两种污名控制策略相比，在有意识的污名控制策略中，患者及其家人所起的作用更大，他们有其明确的目的与手段去进行污名控制，其目的是为了避免污名与控制污名；而无意识的污名控制策略则没有这些手段与目的，只是由于当初没有去医院检查，无法清楚地判断其病因而形成的。不管是有意识的还是无意识的，其后果大同小异，实际上都达到了避免污名和控制污名的目的。

由于贫困以及社会成员的无知，还有农村医疗条件落后等因素，使得村民对待疾病的态度往往是得小病扛过去、得大病才会想到去医院，这样使小病拖成大病。还有一些人发病后根本没有去医院看病。再加上艾滋病发病时没有明确的症状，往往表现为其他疾病，这样使得一些青壮年虽然死于艾滋病，但由于没有去医院检查，其家人及周围人并不知道病因，都以为是其他疾病。现在家人只知道其死亡的各种症状疑似艾滋病，但无法做进一步的确认。

> ……一年多以前，俺儿子去世，由于没有钱看病，也没有去医院，所以到现在也不知具体是什么病，只是有发烧、呕吐等症状（U，一般群众）。

这种无意识的污名控制策略与贫困、治病防病意识淡薄以及长期以来的“小病不算病、大病才去看”的传统密切相关，客观上起到了控制污名的作用，使得其家人及孩子避免受到与艾滋病有关的污名的影响，但也往往造成“小病拖成大病、大病致死”的困境。

而在有意识的污名控制策略中，可以将其区分为隐瞒与暴露策略。持这种看法的学者相对较多，污名控制策略实际上是从完全隐瞒到完全暴露的一个连续统，被污名化的个人的选择往往处于这个连续统中的某一点上。当然，这往往是被污名化群体的个人有意识的选择。由于艾滋病具有不可识别性，也就是说，这种疾病在不发病的时候难以识别出来，这就为个体有选择地暴露创造了条件。在这里，健康状况是一种重要的影响因素，即如果已经发病，表现出疾病的各种特征，会使别人意识到，这时污名控制就起不了多大的作用。由于污名的作用，社会支持的效果发生变化，即社会支持不一定导致正面的效果，在某些情况下，社会支持的效果可能发生偏差，导致存在负面的效果。

由于社会支持与污名共同作用于艾滋病患者，他们会基于自己的现实情况进行理性选择。在其他因素大致相同的情况下，个人预期得到的社会支持越多，越有可能采取暴露策略；反之，个人越有可能采取隐瞒策略，以控制污名，减少社会排斥。由于个体的污名控制策略是一个动态过程，在这里涉及时间的作用，即个体对前段时间暴露/隐瞒策略效果的总体评价，其往往会根据前一阶段暴露的结果而对后续行为进行修正。如果个人采取暴露策略后得到较多的社会支持，就可能继续采取暴露策略，即对更多的人在更大范围内暴露；而如果个体得到的社会排斥超过社会支持或者超过其心理预期，则可能以后采取隐瞒策略，即不再对其他人暴露自己的真实情况。个人的污名控制策略执行得好，则得到更大的社会支持；执行得不好，则带来社会排斥。但个人的污名控制策略受到其个人健康状况的严重影响。如果个人出现发病症状，将使其隐瞒策略进一步受到限制。如果将他们的污名控制策略与健康状况进行交互分类的话，会得到以下结果。如表 5－2 所示。

表 5－2　健康状况与污名控制策略

污名控制策略 / 健康状况	暴　露	隐　瞒
健康者	虚假的艾滋病患者	真实的健康者
有病者	真实的艾滋病患者	虚假的健康者

从现实情况来看，目前实际的艾滋病患者和艾滋孤儿的人数并不确切。现在的实际数字其实是采取暴露策略的患者和虚假的艾滋病患者的集合，并不包括那些采取隐瞒策略的艾滋病患者。尽管从理论上说，可以对所有采取暴露策略的人进行检测，以剔除掉那些健康者。但由于目前自愿检测的限制，这一点往往难以达到。因此，从现实情况来看，由于条件所限，只能以政府部门实际统计的数字为准。

（2）由于熟人社会对于个人的污名严重，有时会导致更为激烈的污名抵制方式——反抗。

在一些地方，尤其是一些患者只占极少数的村庄，他们在人际交往中往往受到孤立。由于他们大多是卖血得病，他们会认为与其他形式得病的人比较起来，自己更为无辜。因此他们会觉得受到孤立是一种不公平的待遇，进而会采取一些措施进行反抗。

前几年，大家对艾滋病不了解，与病人不交流，歧视他们。有的病人心里有看法，觉得自己委曲，要报复别人，他们就抽自己的血打到西瓜里，打到猪身上，打到浴池的水里，想这样把病也传给别人，吓得大家那阵儿都不敢买西瓜、买肉、去洗澡。现在好多了，大家也了解了。其实那些病人也不了解，那样根本不可能传染给别人的。像浴池里的水温那么高，早把病菌杀死了（X，政府工作人员）。

她可厉害了，前一阵还总想着去告这个告那个。你也不想想，就是告了，你的病不也好不了吗？要不是她自己有这个病，孩子咋会有（Q，院舍工作人员）？

在高发村，受到艾滋病影响的孩子已经成为多数，有的甚至占到50%～60%，而正常的孩子是少数。在这种情况下，这些孩子往往可以团结起来，采取一些策略来保护自己（D，非政府组织工作人员）。

……正因为受到歧视，我们村又没有教堂，一部分人就聚集在我家里做礼拜。大家互相鼓励、安慰，取得帮助，现在聚集在我家里的人大概有300人吧（W，艾滋病患者）。

由于受到污名的影响，这些被污名化的群体采取了种种手段进行污名抵制，甚至包括采取更为激烈的手段，也有的从宗教那里寻求安慰或支持。在这里，宗教成为一种获得情感寄托和得到社会支持的手段。与此同时，正如戈夫曼所言，被污名化的群体还可能寻求“自己人”或者“智者”的帮助，一方面得到心理上的支持及安慰，另一方面通过这种方式来共同保护自己的利益，以达到降低污名的目的。

（3）在熟人社会，病人难以在社区内有效地进行污名控制，其隐瞒策略往往无法起作用。

艾滋病人为了避免污名，往往隐瞒自己的疾病信息。但在熟人社会，往往难以达到隐瞒疾病信息的目的。

我的病一直不好，后来想起来生第一个孩子后总是发烧、呕吐，检查了许多次，都没有检查出来是什么病。后来想到输过血，就去检查艾滋病，结果我和儿子有，女儿没有。慢慢地大家都知道我得了这个病（艾滋病），我也不知道别人咋知道了，“好事不出门，坏事传千里”（Y，艾滋病患者）。

像那几个高发村，大家都知道，所以一般人不愿意与那儿的人结婚成家。不过也不是高发村里的人都有病，一般一打听就可以知道真实情况，一个村里的人熟得不得了，他能瞒得住谁啊（T，政府工作人员）？

在熟人社会，由于社区成员世代居住在一个地方，长期共享一个生活场域，他们彼此之间非常熟悉。在这种情况下，疾病信息是否暴露以及如何暴露往往不是患者个人能够控制的，传言起到了相当重要的作用，对于艾滋病这样一种污名化特征强烈的疾病来说更是如此。但“无风不起浪”，熟人社会的传言最终被证明是真实的。

疾病阶段也会对患者的污名控制策略产生一定的影响，没有发病的人由于其症状没有显现出来，采取隐瞒有时还能够达到目的；但对于已经发病的人，由于其症状已经凸显，加之宣传力度的加大，使得社会成员往往对疾病的症状非常清楚，患者及其家属即使隐瞒也达不到目的。

去年夏天孩子穿着小裤头，身上起了一块儿一块儿的，整天在村里跑着玩。别人都看见了。你跟人家说，你孩子没病，人家会说，你孩子没病咋会身上弄成那样？人家根本不信。这样时间长了，别人就知道孩子有病了（Y，艾滋病患者）。

在熟人社会内部，由于社区成员相互熟悉，患者尤其那些已经发病的人是难以隐瞒疾病信息的。疾病信息通过口耳相传的方式为整个社区内的成员所共知，成为整个社区共有的秘密。但被污名化的群体到了社区之外，由于相互陌生，他们有更大的可能进行污名控制，以避免歧视与社会排斥。

> 有的艾滋病人的小孩儿就出去打工，到外边找对象，这样别人不知道他家里的情况，有的是等感情深了或有了小孩儿才回来，有的根本就不回来，反正在哪里都是生活（ZH，社区领袖）。

（4）熟人社会和污名地域化导致地域的污名控制策略——地域概化和地域隐瞒。

地域概化。在地域污名化的情况下，被污名化群体采取了一种污名抵制策略——“地域概化”。即他们离开村庄到其他地方，包括外县、外乡、外省后，往往将自己的地域概化，不说自己的村庄或县的名称，而直接说所在市或省的名称。这样，别人不会将他们与艾滋病或“艾滋村”联系起来，以达到避免污名的目的。

> 村里的小孩儿长大上学或是到外地打工，到ZH、到GD等地，一般不说是这个村子的，说是ZZ的。反正ZZ市这么大，别人一般不会把他们和艾滋病联系在一起（ZH，社区领袖）。

地域隐瞒。这是地域层面的污名控制策略，主要表现为不公开地谈论、讨论与艾滋病有关的事情，也不鼓励非政府组织进行有关活动。高发区大多是经济上较为贫困的地区，当地的重要任务是招商引资，发展经济，摆脱贫困，这也是消除卖血及其他不良行为的根本措施。但在艾滋病被严重污名化的情况下，一个地方一旦公开，往往带来的是整个地区的污名化，这是高发区的地方政府不愿看到的。因为任何一个地方都不愿意将自己这个地方与艾滋病联系起来，不论其实际上有没有艾滋病患者，得病人数有多少。在这种情况下，他们采取了地域隐瞒策略，以达到避免地域污名的目的？

> 县、乡政府一般不愿多说这类事情，他们认为丢县里的人，影响政府的形象。因此在进行艾滋病的宣传时，县里一般都不太愿意，即使给钱也不行。例如，一个发廊愿意让G（某个非政府组织）在自己门前搞活动，宣传艾滋病相关知识，也借此宣传自己。结果县里不愿意，最终活动还是中途流产。其实，他们最主要的是担心将整个地方与艾滋病联系在一起（摘自调查笔记）。
>
> 一般来说，不搞这个的或与这个（指与艾滋病有关的工作）没有多大关系的人是不太清楚具体情况的。像这种事情，谁会整天去大张旗鼓地宣传，说自己那里是艾滋病高发区呢（E，政府工作人员）？

地域隐瞒使得外地以及本地不从事与艾滋病有关工作的人，对当地艾滋病状况了解甚少。这导致了积极和消极两个方面的效果。从积极的方面来说，由于地域隐瞒，避免了整个地区被污名化以及随之而来的歧视与社会排斥；从消极的方面来看，这种策略使得外来的救助资源难以到达本地，患者难以得到外界的帮助，社会公众也难以认识到艾滋病预防及救助工作的重要性与迫切性。

结论

熟人社会的污名最明显地表现在婚恋领域、教育领域与人际交往领域。由于发病者群体在地域上的相对集中以及熟人社会的影响，导致空间与污名的关系密切，污名程度在社区内外呈现出较大差异。熟人社会相互熟悉的特征也影响到个体的污名控制策略，个体的隐瞒策略难以在社区内起作用，疾病信息往往成为整个社区共有的秘密。同时，出现地域概化和地域隐瞒策略。

第二节　阳光家庭与污名

前面已经提到，阳光家庭是一种政府推动的艾滋孤儿照顾新模式。这种模式通过人为的方式创造一种类似家庭的环境，使得那些艾滋孤儿在一个接近正常的环境中受到照顾。由于阳光家庭照顾的对象是艾滋孤儿，以及与艾滋病有关的污名的扩大化的作用，尽管这些孩子中的绝大多数身体健康，没有艾滋病，但他们还是不可避免地与艾滋病联系在一起。而阳光家庭是在社区内对他们进行照顾的一种方式，自然也不可避免地将艾滋病与污名联系在一起。但从实际情况来看，政府及阳光家庭本身采取了多种方式来降低这种与艾滋病有关的污名。其中，地理位置、安置方式、照顾者的身份、内部一致性以及社会支持等因素，使得阳光家庭以及生活在阳光家庭中的艾滋孤儿，污名程度降低。

一　社会支持与污名

由于阳光家庭是由政府倡导并进行探索的新模式，现在政府对此项工作非常重视，也付出了巨大的努力。虽然阳光家庭是在基层实际推行，由基层的县乡相关部门进行具体实施，但也得到了上级政府以及相关管理部门（阳光家庭的工作主要由民政部门负责实行与实施）的关注与承认。当然，这与阳光家庭是一种由政府尤其是上级政府所倡导的艾滋孤儿救助模式有重要关系。对于政府高层部门来说，他们已经认识到艾滋病高发区的问题，并认识到需要对这些艾滋孤儿进行合理的救助与安置，以促进他们的健康成长。在此之前，已经由民政部门负责，进行过阳光家园的探索。但在实际运行中，发现了阳光家园固有的一些缺陷，如运行成本过高、院舍式的安排难以得到孩子的认识与支持等，因此进行了新的模式——阳光家庭的探索。从这些部门的角度来说，他们也希望这种新的救助模式能够更好地运行与实施。这样一方面可以给社会一个合理的交代，另一方面也给这些孩子提供了一个妥善的安置方式。从高层相关部门来看，他们对阳光家庭给予了更多的关注，其付出也较多。从民政部到省民政厅，以及其他一些国际组织的负责人、工作人员都经常到这里来视察、参观。这些人与部门的到来对于阳光家庭来说具有重要的意义。他们带来了资源，包括国家以及地方政府的一些政策和一些物质资源。例如当时阳光家庭是由村里先出资修建，符合标准并通过验收后，省里再给钱。省里规定的标准是 2 万元 ~6 万元的幅度，每个阳光家庭基本建设上实际投入 5 万元。阳光家庭里的家具是由美国人捐赠的。现在给寄养父母一个月 500 元的报酬。另外，国家给每个孤儿所发的 160 元费用中，30 元也是属于寄养费。这些都是由国家相关政策支持并由省里拨付的。

阳光家庭是由基层的县乡相关部门负责实际的运行与实施，而政策、物质方面的投入都是由上级相关政府部门负责。当然，阳光家庭的运行实际上也得到当地社区的支持，从其实际选址就可以看出这一点。几乎所有的阳光家庭不管建在村内还是建在村外，都离学校特别近，甚至与学校只是一墙之隔。在阳光家庭的院子里都能够听到学校的朗朗书声。所有的这些资源在艾滋病高发区的人们眼里是非常重要的稀缺资源，是大家都非常想要得到的东西。在某种程度上，由于这些稀缺资源的作用，使得社区中其他成员的看法有了一定程度的改变。另外，由于来视察参观的许多人都是权威，不论是政治权威还是知识权威，他们在一般社会成员心目中都具有一定的地位，他们所倡导的行为往往具有更高的社会公信力，往往会有更多的人去追随。在实际情况中，这种行为的符号象征意义更为突出。

以上这两类社会支持，不管是有形的物质性支持还是无形的支持，都具有重要的作用，使得加诸于艾滋孤儿之上的污名程度降低。

二 照顾者的身份与污名

从阳光家庭父母的身份来看，在全部7对父母中，有5对中的父亲是村干部。那两对不是村干部的父母也分别在有两户阳光家庭的村庄中居住，而那两个村庄的村干部也都是阳光家庭的父亲。从人员的基本素质来看，农村中的村干部往往是村中的能人，他们的素质比一般的村民要好，文化层次也要更高一些。作为社区中的精英，他们受到村民的尊重。另外，村干部也往往是整个社区村民利益的维护者，社区成员疾病信息的发布者。在村民个人有了任何事情需要帮助时，他们首先想到的往往是找村干部。

> 某家的儿子、媳妇结婚时没有领结婚证，可能是那时男方不到年龄而无法领结婚证。后来两个人出去打工一直没有回来。现在媳妇怀孕已经八九个月，快要生孩子了才回来。去医院里检查，人家说是没有手续就怀孕，至少要罚500元。这把他们一家人给吓了回来。回到村里就来找村支书，想让他给出主意，想办法（摘自实地访谈笔录）。
>
> 一般到艾滋病人家里，还是支书带着去比较好，因为他最清楚全村情况（T，政府工作人员）。
>
> 前几年村子里歧视得非常厉害，别人都不敢到这里来。这两年宣传得多了，大家对这个病了解得多了，没有原来那么害怕了。他们有什么事情，有纠纷什么的去找我，我都是把门带上，出门把他们叫到地里去商量解决事情。有的人家死活不愿承认，要是承认，一方害怕影响到孩子，就以离婚相逼。但是他们要到村里卫生室拿药、输水，还必须说实话。所以我们村的实情我都知道，只是他们不愿意对外人承认（ZH，社区领袖）。

从实际情况来看，村干部往往是社区内社会成员利益的协调者及守护者。村民有事情，例如有纠纷或是自己难以解决的事情，首先求助的对象是他们。同时，村干部也是村内居民与外界，包括与基层政府以及非政府组织联系的纽带和媒介。他们既是政策的执行者，也是社区中疾病信息的知情者和对外发布者。因此他们在社区中的声望与地位得到整个社区所有成员的认可，同时也得到了政府工作人员的认可。[①] 在一个相对熟悉的社区之内，村干部的地位往往具有不可替代性。一些村干部长期担任这一职务，进一步巩固了其社区精英的地位。由于艾滋病与污名联系在一起，社会成员容易对其有污名。但由社区成员所认可的、具有一定声望与地位的村干部来担任阳光家庭的父亲，其特定的身份可以在一定程度上降低与艾滋病有关的污名。

三　地理位置与污名

正如前面已经提到的，污名受到时间和空间因素的影响。由于本研究针对的是一个时间段的污名状况，因此对污名的历时性影响不予过多考虑。而在同一时点上，空间对于污名的影响较为突出，不仅表现为地域污名化，而且表现出不同地域空间的污名状况具有显著差异。当然，这也与被污名化群体的污名控制策略有一定关系。在高发村内，由于受到污名化的群体已经达到一定的比例，他们会采取一定的措施来维护自己的权利，进行污名抵制。这样导致在高发村内，艾滋病患者所受到的污名化程度反而轻；而在低发村内，由于患病人数极为个别，其在村内所受到的污名反而较重。但到社区之外，高发村的成员控制污名的余地相对较小；而低发村的成员则有较大的可能进行污名控制。对于个

---

① 基于此，某些艾滋病高发村的村干部长期担任这一职务，时间长的达到十几年之久。有些感觉到压力太大而不想再干下去，但苦于无人接替而不得不再三连任，绝大多数村民也支持他们连任，认为别人接任会干不好。这可能也与村民的认可有一定关系，因为他担任这一职务时间长了之后，村民往往对他有更多的信任与期待，同时也更不易与其他人建立起信任关系。

人来说，社区是他们非常重要的工作与生活的场所，因此社区内的污名状况会对个人产生非常重要的影响。

从阳光家庭的安置方式来看，考虑到其规模性以及艾滋孤儿的实际需要，实行的是在高发村内建立阳光家庭。从实际情况来看，与低发村相比，高发村内的污名相对较轻。所有7个阳光家庭全部建立在高发村内，由于空间因素的影响，阳光家庭及阳光家庭中的儿童所受到的污名相对较轻。

四 内部一致性与污名

从阳光家庭的选择程序来看，是以家庭为单位，必须是夫妇两人都同意做阳光家庭的父母才可以报名。在实际执行中，也规定了一系列的条件，使得合格的父母可以被选拔出来。这样，从其程序来看，在对待这些孩子的问题上，首先夫妇两人已经经过商量，取得了一致意见后，才向民政部门报名参加选拔。这样，在阳光家庭父母之间，首先在担当阳光家庭父母的问题上取得了一致。夫妇之间的一致性成为他们能够担当阳光家庭父母的前提，其程度和标准正如相关政府工作人员的以下描述。

> 阳光家庭的父母是经过一定程序选拔出来的，是需要进行考试的。当时报名的共有二十多对父母，我们最后从中选择出7对。考试时要问他们一些问题，如你当了寄养父母后，准备怎样对待这些小孩儿？当时，我们也想到一些需着重考虑的因素，比如年龄是否合适、身体是否健康，另外还必须有抚养孩子的经验。我们是按照这个标准来选择的。现在选出来的父母都是比较精明、年龄适中、身体健康的。他们都有自己的孩子，有抚养、照顾孩子的经验，其中一户阳光家庭父母的孩子已经大学毕业。我们感觉，他们能把自己的孩子照顾好，已经有照顾小孩的经验，再由他们来照顾这些孩子也相对较好，我们更放心一些（X，政府工

作人员）。

从政府部门的程序来看，他们是以夫妇为单位来进行考察和选拔的。对于候选对象来说，要成为阳光家庭的父母，首先必须在夫妇间取得一致意见，然后才可能去报名及参加考核，这是前提条件。从其考核内容来看，起码父母已经具备抚养孩子的经验，并且对抚养这些孩子有一定的心理准备，而这些都需要夫妇两人来共同协作。因此，夫妇之间的一致性必不可少。

另外，这种内部一致性不仅体现在阳光家庭中核心家庭成员之中，而且体现在其扩大家庭成员之中。至少，作为阳光家庭父母的双方老人对于他们的支持起着不可或缺的作用。正如前面所提到的，阳光家庭也得到了他们的扩大家庭的支持，尤其是他们双方老人的支持。他们在此问题持大致相同的意见，使得阳光家庭的父母受到鼓励，并坚持下来。因此，从这些方面来看，不管是阳光家庭父母的核心家庭内部，还是其扩大家庭内部成员之间，其内部一致性较高。

五　安置方式与污名

前面我们已经提到，父母出于保护孩子的心理，不愿意自己的健康孩子与艾滋病孩子混合在一起，使得艾滋孤儿在婚恋领域、教育领域受到的污名非常突出。污名的存在也与三大因素——疾病的传染性、无法识别性和致死性密切相关。而在目前这种疾病还无法根本治愈的情况下，对于大多数不具备完善的治病防病知识的父母来说，他们会尽量减少甚至避免自己健康的孩子与艾滋病儿童接触，其目的是为了使自己的孩子不受到传染。对于大多数父母来说，这是一种有限的理性选择。

从其动机来看，由于阳光家庭模式是由政府推动的，政府相关工作人员是把这当做自己的工作任务来完成的，所以他们会尽最大的努力来做这个事情。对于他们来说，首先要保证健康孩子和阳光家庭父母的安全，这是第一位的。在安置儿童之前，他们首先确认合适的儿童，然后给所有的欲送往阳光家庭的儿童进行艾滋病病毒检测，确认是否携带病毒。然后，将携带病毒的3个孩子安置到一个阳光家庭，由本身有病的阳光家庭父母来照顾他们。而对于另外没有艾滋病的儿童，则由其他的健康父母来照顾。儿童的健康状况有医院的检验报告单证明。这些基本情况在安置儿童之前已经告知阳光家庭的父母，取得他们的同意。这样，一方面减轻了阳光家庭父母的心理负担，消除了他们的顾虑；另一方面也使本身健康的艾滋孤儿避免受到与艾滋病有关的污名的影响。健康儿童和患病儿童分别安置的策略使得阳光家庭及阳光家庭中的儿童身上的污名有所降低。

污名降低是与其他的艾滋孤儿相比而言。与正常孩子相比，阳光家庭仍然与艾滋病有一定的联系。对此，正常的孩子还是有一定看法的。正如另外一位脆弱儿童的家长所提到的情况。

> 上回我问他俩，说XL（一个村名）那儿办有孤儿学校（指阳光家庭），你愿意不愿意去。孩子说："我又不是孤儿，去那孤儿学校干啥？孤儿学校那名儿多难听（U，一般群众）。[①]

从这里也可以看出，与阳光家庭有关的还是有一定污名存在，但这些污名并不是与艾滋病有多么密切的关系，而是与"孤儿院"这个称谓关系密切。在当地人的眼里，"阳光家庭"与"孤儿院"是划了等号的，即阳光家庭 = 孤儿院。而孤儿院中所住的当然是孤儿，而孤儿往往与可怜、孤独等联系在一起。实际上即使是孤儿，他们也不愿意承认自己的孤儿身份，这可能出于一种自我安慰的心理。在儿童的眼里，哪怕父母有病，但只要活着，孩子往

---

① 这里孩子的父亲因病去世，其母亲离家无音信，因此与老奶奶相依为命。

往就有精神上的依靠。一旦父母去世，就是“没娘孩儿”，就成为别人眼里同情和怜悯的对象。不仅孩子这么看，其他人也持类似看法。而由于自尊心的作用，不到万不得已，人们一般不愿意得到别人的同情和怜悯。因此，正由于阳光家庭所赋予的特殊含义，使得一般儿童往往不愿意住到那里。这也是目前阳光家庭推广中所遇到的一个问题。这也从一个侧面说明了本研究中的院舍之所以难以得到周围社会成员认同的原因所在。

另外，艾滋孤儿对阳光家庭也存在着选择性。前面我们已经提到，由于艾滋病与巨大的污名联系在一起，父母出于为孩子考虑的想法，往往采取隐瞒策略来控制污名。尽管这种策略在熟人社会往往不太成功，但并不意味着不存在仍旧隐瞒其艾滋病患者身份或是家人死于艾滋病的那部分人。在这种情况下，孤儿的家人会阻止他们入住阳光家庭，除非他们自己完全坚持不下去。因为孩子进入阳光家庭意味着其艾滋孤儿身份的暴露。因此，对于艾滋孤儿来说，不到万不得已，他们是不愿意到阳光家庭的。这样，实际上入住阳光家庭的往往是最为困难的那部分孩子，因其原生家庭的亲属无法坚持下去，而不得不暴露。

结论

较高的内部一致性、高发村内的地理位置、阳光家庭父亲社区领袖的身份、健康儿童与患病儿童分别安置的策略以及社会支持的作用和外界较高的认可度，使得与艾滋病有关的污名降低。加之阳光家庭中的大部分孩子是健康孩子，他们本来是受到污名扩大化的影响，这一点与那些本身有病的孩子的污名叠加的情况有所不同。因此，尽管污名还在一定范围内存在，但对于阳光家庭和生活于其中的孩子的污名程度相对较轻。这不仅反映在其父母的认定中，也反映在孩子的个人表现上。不管是阳光家庭的父母还是孩子们自己，都认为他们在学校没有受到歧视。他们与其他孩子一样平等地入读正常的学校，享受到专业教育。尽管刚到阳光家庭时，有些孩子不善于与人沟通，但经过与阳光家庭父母的磨合，这些孩子的人际交往能力得到较大的改善。他们看起来很快乐，会大方地与人打交道，彼此之间关系良好，经常在一起写作业，玩玩闹闹，脸上带着笑容。

第三节 院舍与污名

一 院舍的污名及表现

1. 污名扩大化使院舍工作人员受到影响

前面已经提到，本研究中的院舍处在S县的艾滋病低发区，周围艾滋病患者以及感染者比较少。由于空间与污名的关系，这个乡的社会公众对于艾滋病的污名更为严重。由于这是一个相对封闭的机构，并且其做的项目就是艾滋病项目，因此通过这段时间在当地的工作，周围社区的社会成员都知道附近的这个院舍以及他们从事的工作性质。他们都知道附近的孤儿学校，并且那里住有艾滋病患者，这里被周围百姓称之为“艾滋病的老巢”。在院舍建立及发展的过程中，院舍与艾滋病紧密地联系在一起，导致了院舍本身的污名化，以及院舍的健康人对于艾滋病患者的污名化和健康人逐渐被排斥的现象。对此，院舍中的工作人员也有自己的看法。

> 现在对艾滋病的歧视还是蛮厉害的。毕竟这是传染病，不是其他什么病，人家都害怕。Y的要求也蛮多的，那阵儿让我们骑三轮车带她到镇上公共浴池去洗澡。你这病传染，别人能不知道吗？就算一次人家不知道，次数多了人家能不知道吗？你不是坏人家老板的生意吗？老T家又是这里的，周围十里八乡的人都认识他，现在他两口子在这里，回家去儿媳都不让他们见孙子，人家怕传染，说是艾滋病老窝里出来的人带有病菌。以前这里干活请人好请，现在你出高价都没有人愿意干。原来在我们这干的那两口子不是都不在这儿干

> 了。这里开始招老师时要求的标准还蛮高的，要求是师范专业毕业的，这不是招不来嘛（RB，院舍工作人员）。

由于从事与艾滋病有关的工作，院舍内部的工作人员也受到污名的影响，受到歧视与社会排斥。如这里的工作人员回家受到自己家庭成员的排斥，受到排斥的原因主要是他们担心工作人员携带病毒而传染孩子。因此，这里又验证了前面的看法，即在这些经血液传播艾滋病的地区，社会公众对于艾滋病的污名几乎不存在道德方面的认定，更多是由于人们对于传染的恐惧及害怕死亡所造成。院舍工作人员受到污名扩大化的影响，但他们对施污者并没有怨言，反而比较理解，他们将责备的对象转向了艾滋病患者以及院舍本身。对于艾滋病患者，他们认为是他们不知道约束自己的行为给大家带来了麻烦；对于院舍，他们认为是院舍没有找到自己的定位，过于理想化而造成院舍的发展停滞。他们本来与周围的社会成员完全一样，本身与艾滋病并没有关系，但由于从事艾滋病救助方面的工作而受到污名扩大化的影响。由于其本身无辜，他们也不可避免地存在负面情绪。对于这种情况，院舍负责人并没有采取强有力的措施来疏解，导致污名进一步积累，使得院舍工作人员不堪承受，最后不得不离开。

2. 用工领域的高度污名使院舍难以招到合格的员工

由于周围社会成员对于艾滋病的高度污名化，使得对于院舍的污名在用工领域也表现出来。这一领域的污名主要表现为周围的社会成员认为院舍是“艾滋病老巢”，不愿到院舍来，更不愿意与院舍打交道。这样使得院舍被周围的环境进一步孤立，这在用工方面表现得非常明显。院舍难以合理的价格招到合适的短工。即使有少数愿意到这里来干活的，他们往往也会提出更高的价格要求，院舍负责人对此深有体会。

> 去年收庄稼时，雇人一天10块钱，今年人们都出去打工

> 了，一天12块都雇不到人。人家向我提价，要求一天给15块钱。他们说："你这里有艾滋病，我们不去你那儿干，别人也不会去。你应该给我们加工资。"我说："附近别人那里一天10块钱，我一天12块已经比别人高了。要是我一天给你15块，也坏了行情。让别人怎么干啊？你们愿意干就干，不愿意干就算了，大不了我就把这地荒着。"后来我也没有给他们涨工资（R，院舍负责人）。

这种状况不只是表现在招短工干农活，而且表现在其他方面，如院舍即使出更高的薪水也招不到合格的教师、医生及其他专业工作人员。相对来说，这些工作的专业性更强，从事这些工作的人需要进行长期的培养，也因此更为缺乏。院舍不得已，只能在现有的范围内降低标准。但即使这样，来这里的人也在这里干的时间不长，平均能够干满两个月的就已经算很长时间了，这样使得院舍工作人员流动频繁。周围的社会成员不是万不得已不愿意到这里来工作，导致院舍进一步被孤立。

3. 污名物化使得院舍的产品也受到与艾滋病有关的污名的影响

不只是工作人员，甚至院舍的"物"也受到与艾滋病有关的污名的影响。由于院舍所占的土地原来是个林场，虽然后来从事这方面的救助工作，但按照国家的土地政策，对于土地用途不能进行太大的改变。因此，院舍也搞一些种植业，以降低开支，同时取得一些收入。院舍主要种植粮食以及西瓜等水果。在夏天，院舍里种的西瓜成熟后要到周围的集镇上卖。但是周围的老百姓由于受到与艾滋病有关的污名的影响，不愿意买，即使他们后来降价降到一块钱一个西瓜也没有什么人来买。

> 一天，几个工作人员（用来照顾小孩儿的几个姑娘）到附近的集镇上卖西瓜。这一天，虽然天气很热，大概有三十五六度，但他们的西瓜卖得并不好，拉出去一车西瓜又拉回

来大半年，没有卖出去几个。后来想着卖不出去就要烂了，干脆便宜点处理掉算啦，于是一块钱一个西瓜，就这都没有几个人买。回来后，XW（一个年龄大一些工作人员）对这几个小姑娘说：你就别说是我们这里产的西瓜，你们要这样说了，别人肯定不买！要是碰上认识你们的人，你们就说我们这儿原来的两个艾滋病人一个死了，一个又送走啦，现在这里没有艾滋病人。这两个小孩有病，周围的人不知道（XW，院舍工作人员）。

在我们这里盖房子打短工的，他们只在这一片地方（指盖房子的地方）活动，从来不到这里的其他地方，尤其是后面厨房那里去。人家知道这里有艾滋病人，他们都忌讳。他们在这里哪怕再渴，也从来不喝这里的水，他们都要回家再喝水，他们说这里的水有艾滋病病毒（XY，院舍工作人员）。

从上面所提到的情况来看，这些情况属于前一节中所提到的污名物化的典型表现。污名“物化”是在污名严重的状况下表现出来的，属于污名扩大化的一种表现，即污名的指向对象不只是“人”，而且指向“物”。在这里，由于院舍被严重污名化，污名中的“物”——西瓜、水也受到周围社会成员的社会排斥，典型地表现为院舍内的“物”也受到周围的社会成员的拒绝，并且这种拒绝往往以一种非正式的方式，在人际交往过程中表现出来。但这种非正式的表现往往难以用正式的途径，如政策法规等手段来进行制约，使得院舍工作人员既没有办法反对，心理上又受到负面影响。①

4. 人际交往领域的污名使院舍进一步受到孤立

周围老百姓尽管没有到过这里，但他们对这里还是知道

① 这也是目前去污名化过程中遇到的最大难题。正式的污名可以采取国家的政策法规进行监督和制约，但对于非正式的污名，尤其是人际关系中的不接触、孤立等行为，难以采取有效的措施进行应对。

的，知道这儿有一个孤儿学校。我曾经到过周围社区，附近就有一个小学，他们一看我们说话与当地不太一样，直接反应就是你们是那边学校的吧。然后看我们的眼光都不一样，好像我们是什么危险分子（摘自调查笔记）。

我们这儿整天基本没有什么人过来，所以来一个人都很稀罕（XY，院舍工作人员）。

我们这里的人都信教，来过这里的也都是附近县市的教友们。不信教的人来过这里的只有两个：你是一个；另一个是附近学校的老师。他们知道我们干这个事情，比较同情我们，来过这里两次，一次送了100块钱，一次拿了一箱奶、一箱方便面，我都把这些东西让几个小孩儿吃啦（RW，院舍工作人员）。

院舍被污名化使得院舍的封闭性进一步增强。周围的社会成员既不愿意到这里来工作，也不愿意与院舍打交道。甚至在碰到与院舍有关的人员时，都与正常状态不同，表现得非常紧张，存在种种的疑虑与不安。这使得院舍以及院舍工作人员的对外交往受到进一步的限制，只局限于与附近县市的教友们打交道。这些教友有时也会来这里看看，给院舍提供一些力所能及的帮助，例如帮院舍收割庄稼，干一些体力活等。但由于距离和人力所限，这些帮助往往是暂时性和短期性的。除此之外，非信教人士到院舍中来的只是个别人。院舍在人际交往领域被严重地孤立和社会排斥，这种被孤立和社会排斥来源于院舍被标签化为“艾滋病老巢”。由于院舍被标签化，传言的作用使得标签的作用更为明显，院舍受到的污名进一步加剧。

由于各种因素的影响，院舍在多个领域受到与艾滋病有关的污名的影响。由于污名的对象是指向整个院舍，包括院舍中的工作人员、院舍中的物以及院舍中的孩子，因此，污名不可避免地对儿童产生了影响，最主要是影响到院舍中孩子的需求满足。院舍被高度污名化与多种因素息息相关，这些因素的相互作用使得院舍的污名加剧。因此，有必要探讨院舍被高度污名化的原因之所在。

二　院舍被高度污名化的成因分析

1. 将健康儿童与患病儿童混合安置的方式使污名加剧

院舍对儿童的安置方式是将携带病毒的儿童、已经发病的儿童以及完全健康的儿童混合在一起安置，并且在院舍中实行暴露策略。院舍中所有的工作人员都知道哪个人有病，哪个人携带病毒，哪个人是健康的。与此同时，院舍内没有任何针对健康儿童以及工作人员的防护措施。这样就对院舍内工作人员提出了更高的要求，即平等对待。毕竟在社会成员不知道谁是艾滋病患者的情况下，其交往态度与交往行为会更为自然一些。在知道谁是艾滋病患者的情况下，愿意接触并去除心理上的恐惧是他们需要应对的一大难题。暴露的前提是平等对待和非歧视的态度，这就需要先消除院舍内工作人员对于艾滋病的恐惧，尤其是在周围社区对于艾滋病的污名还非常严重的情况下。而从现在的情况来看，由于缺乏对院舍绝大部分工作人员进行艾滋病相关知识的培训，加上外部环境严重的污名，院舍工作人员难以坚持自己的意见。[①]同时，他们对于艾滋病的看法也不一致，他们自己对于艾滋病患者还是比较害怕，害怕自己被传染。在一个封闭的院舍的范围内，彼此之间属于密切接触者，将健康儿童和患病的儿童在一起安置，不可避免地使院舍的污名程度提高。同时由于年龄的限制，儿童对于疾病的认知能力和自我保护能力受到较大的制约，他们不懂得疾病的危险性以及如何保护自己。他们整天在一起生活，这使得健康儿童被感染艾滋病的可能性增加，也使得院舍的污名程度提高。

其实，院舍工作人员对于将健康儿童和有艾滋病的儿童放在

---

① 在院舍中，除了院舍负责人即 R 夫妇外，其他工作人员均没有受到艾滋病相关知识的培训。

一起安置的方式的也有意见，他们主要是担心健康儿童受到感染。即使是院舍负责人，对于将自己的孩子与患有艾滋病的孩子放在一起，也是心存疑虑。虽然他们从事这项工作在理智上认识得很清楚，但从情感上来说，他们也是比较担心自己孩子的安全。

院舍采取这种将健康儿童与有艾滋病儿童混合在一起的做法是有其原因的，这受到多种因素尤其是机构的背景、理念等因素的影响。正如前面所提到的，这个机构的总部在外地，是个以青少年戒毒为主的机构。他们主要采取封闭式社区戒毒的方式进行全方位的戒毒，取得了一定的成功，也得到政府的认可。而在中国内地社会服务业发展的情况下，他们进入内地，想将其经验推广，发展内地的社会服务业。因此在S县，虽然对象不同——前者是物质滥用的青少年，后者是艾滋孤儿，他们仍力图贯彻其思想，采用一种全封闭式的院舍型方式来对艾滋孤儿进行照顾。另外，从其领导人的理念来看，他认为现在世界范围内存在着严重的对艾滋病的污名与歧视，歧视导致社会排斥。他们为了消除社会排斥，就准备在高发区建立院舍，让健康人和患病的人在那里生活。这样几年后，健康的人仍然是健康的，就可以证明艾滋病不传染，从而起到宣传和教育的目的。但这种理念没有认识到艾滋孤儿和戒毒青少年的根本区别。戒毒青少年是暂时去除其不良的习惯，培育良好的习惯，所以在一个较为封闭的社区范围内较为可行，也容易控制，从而取得成功。但对于艾滋孤儿来说，他们除了这种特殊的身份，并没有其他需要一个封闭的环境来培育的意识或观念。孩子应在一个开放的环境中长大，才能更有利于他以后的社会化进程。在普通的社区长大对于孩子来说，也在一定程度上减轻了污名因素的影响。对此，从事艾滋孤儿救助工作的一些人士有自己的看法，如智行基金会的杜聪提到，如果孩子在一个封闭的环境中长大，以后要问起来你是在哪里长大的，这些孩子将永远带着烙印——我是在哪个孤儿院长大的。他认为，院舍式的照顾方式会对孩子的社会化进程产生负面影响。目前，国际上也在对院舍式的照顾方式进行反思，主张让孩子回归家庭。因此，这种将健康儿童和患病儿童混合安置的做法不仅受到现实的考验，而且其可行性也有待商榷。如果有健康者被感染，尤其是年幼的孩子，他们缺乏判断能力和自我保护能力，那将预示着整个项目的失败。另外，在社会服务理念上，究竟能否拿人来做实验，社会服务实验是否有违社会服务的伦理也需要进一步考虑。毕竟这里的对象是人，应该以重视人、尊重人、切实考虑到人的各种需要为根本出发点。

2. 低发村的地理位置使得院舍的污名较高

前面已经提到，污名受到时间和空间因素的影响，在高发村内，对艾滋病患者及艾滋孤儿的污名程度相对较轻，这主要由以下原因所致。在高发村，由于得病群体已经占到了一定比例，甚至在一些地方，他们倒成了多数，而健康人为少数，这样他们往往能够团结起来，一方面相互取得社会支持，包括工具性支持和情感性支持；另一方面进行污名抵制，维护自己的合法权益。而在高发村外，也就是病人是极少数的地方，由于他们是个别人，周围人士对艾滋病的恐惧心理还是比较严重，这里主要表现为人们害怕传染、害怕死亡。由于得病途径都是血液传播，因此不存在与被污名化群体的偏差行为的污名叠加。而从现实状况来看，由于多种原因，这个非政府组织所建立的院舍设立在低发区，周围的艾滋病患者很少，这不仅使院舍的行政成本增加，而且使院舍受到的污名更为严重。实际上，院舍的选址经过了一番波折。

问：这个地方又不是高发区，离县里、市里都远，又不方便，你们当初怎么会考虑这里？

答：其实我们当初不是在这里的，是在另外一个地方，那个地方是高发区，并且离县里、市里都近，如果能够去那儿的话，行政成本会低一些。但是县里领导与这个镇里领导的关

> 系比较好，这里又有连片的集体的地（这里原是集体林场，因为不可能要干什么事情去占老百姓一家一户的口粮田，那样既没法谈，也不现实），就建议我们来这里。那时候L先生已经到那个地方看过好几次了，但考虑到我们要在这里长期待下去，也不能和县里关系搞僵，就又改到这里的（R，院舍负责人）。

这样，由于院舍所在的整个镇的得病人数都比较少，人们对艾滋病的了解、接触有限。前面我们已经提到，污名受到时间和空间因素的影响，而在院舍所在的区域，由于其属于低发区，使得对艾滋病患者的污名程度更为严重。

3. 院舍的封闭性使得污名进一步加剧

院舍的封闭性不仅表现为有形的边界——铁丝网，而且表现为无形的边界，彼此之间缺乏信任关系。一方面，院舍与外界是用有形的铁丝网隔开，铁丝网外面是老百姓的耕地，离周围百姓居住的村庄还有一定的距离；另一方面，无形的封闭性表现在院舍与外界的沟通与交流异常缺乏，除了平常在这里干活的人（由于这里有一些基建工种，需要一些短工，周围村庄有人会到这里打工）和少数通过教会的途径到这里来的教友之外，周围社区的人很少到这里来。

院舍的封闭性使得周围社区及百姓对院舍缺乏了解，他们仅仅知道这里是从事与艾滋病有关的工作，知道这里办学校，但具体干什么没有人清楚。在不信教的人中，除研究者外，仅有一人曾经到过院舍，并且对院舍也不了解。由于院舍的封闭性造成周围社区社会成员对于院舍缺乏了解，因此关于院舍及院舍工作人员的种种说法被进一步建构出来。这里被称为“艾滋病老巢”，在这里打短工的人连这里的水都不敢喝，认为水里含有艾滋病病毒。在社会建构的过程中，由于院舍的封闭性，外界对院舍的了解程度较低，污名一步步加剧。这样，导致院舍及院舍中的儿童污名程度提高。与此同时，由于人是社会人，需要与外界进行交往与联系，但院舍的封闭性使得年轻的院舍人员的交往范围局限在院舍中。同时院舍的工作性质难以对他们产生吸引力，尽管他们也有宗教背景，但他们对工作更多的感受是乏味，从工作之中得不到动力。[①] 两方面因素相结合，使得周围社会成员对院舍的污名化程度提高。院舍负责人也认识到这种状况，出于污名抵制和凝聚人心的目的，采取了一些污名抵制行动，但收效甚微。

> 其实这个地方对艾滋病患者的歧视还是非常严重的。像Y的哥哥、父亲都不愿意理她。前一阵儿是我们这儿最困难的时候。员工思想也不稳定，人家也担心传染。我曾经有一次当着大家的面，把小H用过的碗用馒头擦了一遍后，把馒头吃了，想以此来安定大伙的心思，证明艾滋病不传染。其实我也不愿意这样做，只是想通过这种方式告诉大家，一般的接触不会导致疾病的传播。结果这样子后，又纷纷传着，我之所以敢这样，是因为我也有艾滋病。这简直没有办法解释了。这一阵儿才好了一点儿（R，院舍负责人）。

对于这件事情，院舍工作人员也曾经提到过，他们对此持否定的评价，认为“恶心死了”！而外界对于院舍负责人的做法也并不认同，反而适得其反，这使得院舍负责人的污名抵制行动宣告失败。他的做法不仅没有起到降低污名的目的，而且起到了相反的效果——人们纷纷认为他有艾滋病。这说明，在传言或者舆论的强大压力下，单个人的污名抵制行动如果方式不适当，即使采取措施，也很难达到预期效果。

4. 较低的内部一致性加重了与艾滋病有关的污名

由于内部一致性低，导致其内部的工作人员对院舍照顾艾滋孤儿的认识及照顾方式存在较大的分歧。机构的负责人曾经在云

---

① 这可能与人的天性有关。人的天性更喜欢健康的、美的，对于疾病似乎有一种天然的恐惧。因此，人们可能需要更大的理智因素才能克服这种恐惧与厌恶。

南从事过相关方面的工作，并经过艾滋病方面的培训，他们对此问题有一定的认识，并且由于个人信仰的影响，与一般工作人员相比，其工作决心更为坚定。他们也采取种种措施来进行去污名化的努力，但由于其做法的实用性有限，有时并没有达到预定的目的，甚至起了相反的作用。另外，由于一般工作人员更换频繁，没有经历专业的知识培训，他们对于艾滋病以及此项工作的认识程度并不一致，存在较大差异，这使得院舍内部的一致性较低。加之院舍处在外界强大污名的影响下，使得原本态度较为坚定的工作人员也开始慢慢变化，导致对艾滋病持否定态度的观点渐渐地占据了上风。当然，这种状况的形成与工作人员之间、工作人员与艾滋孤儿之间相互密切接触的状况有着强烈的关系，可以说，这种密切接触关系成为工作人员态度变化的一个必不可少的关键性因素。在这种态度变化的过程中，传言起到了相当重要的作用，对组织内工作人员的态度与看法也有较大的影响。尽管机构负责人也曾经使用宗教来统一工作人员的思想，想以此达致共识，提高其机构内部的一致性，但收效甚微。

机构工作人员对于周围社会成员对与艾滋病有关的强烈的污名给予了更多的理解。虽然他们有时也同情病人，但他们也会站在他人的角度来考虑问题，正如上面提到的会站在老板的角度来考虑问题一样。在这个过程中，其他一些工作人员的离开也进一步支持了他们的观点。在此过程中，由于工作人员对于疾病认识的不一致以及疾病的污名化特征，导致工作人员对患者以及艾滋病本身的态度进一步分化，他们容易对病人进行有罪的责任推定，其中一个工作人员的看法就说明了这一点。

> Y说她是输血得的，她家那里是有名的卖淫嫖娼地儿，老T家就离那儿几里，他们都知道。南来北往的货车司机都在那儿。她到底是怎么得的，谁也不知道。这事不好说。不过也怪，她和她儿子有病，她女儿倒没有（RB，院舍工作人员）。

这是院舍工作人员的个人看法，基于此，他们认为这个患者得病是罪有应得，对于她只有更多的恼怒与气愤，更少的同情与怜悯。但分析实际情况就可以看出，由于农村是一个熟人社会，相互之间非常熟悉，这种氛围往往会对个人形成一种制约，约束个人的一些越轨行为或者不符合社会规范的行为，这实际上起到了一种社会控制的作用。基于此，即使她去卖淫，顾及到其家庭及个人的脸面（荣誉），她也不可能在本地卖淫。如果那样，这个消息早就传得为众人所知，她以及她的家庭势必受到严重的孤立与歧视。而从实际情况来看，Y 的家庭没有受到严重的孤立与歧视。因此，这种推测是经不起推敲的。但正是这种经不起推敲的猜测，显示出工作人员对于患者的看法以及院舍内部看法的不一致性。

院舍工作人员的频繁流动不仅使得照顾质量得不到保证，而且也增加了工作人员对组织负责人的看法，使得院舍的不一致性进一步加剧。另外，不同工种的工作人员之间也有看法。

> 来了什么人，什么文化程度，我姐都和我说起过。不过你一想就明白了。我家那孩子十八了还在上学，这十五六岁就出来干了，文化可能高吗？……现在初中毕业多了，这算什么呀！（XY 还是满聪明的）人家不一样，人家都上高中了，是因为家里穷，供不起两个孩子同时上学才不上的。人家哥上大学，比他们几个强多了。当然，我也不是说一定要上多少年的学，而是说人一定要有悟性，可现在有几个能够符合要求？没有人管的孤儿那是没有办法，教成啥样是啥样呗（RB，院舍工作人员）。

对于招不到合适的专业工作人员，院舍中留下来的人也有自己的看法，并进行了自己的理解和建构。这种理解和建构与对艾滋病的污名密切地联系在一起，并受到专业人员和院舍负责人行为的影响。从现实情况来看，工作人员对于院舍领袖的做法并不认同。

> 你要不就专收有病的，给人家在这儿工作的人钱多点儿，人家冲着钱愿意在这儿工作。你现在把健康的与有病的混合在一起，我们这是信耶稣，干这个的，人家别的人又不信这个，凭什么来？你说人家无知，那我说医生都是干这个的，干啥还要整天戴着大口罩，从上到下裹得严严实实的？人家医生都要全副武装才接近他们。我也知道别的病没事儿，可肺结核、非典、禽流感、艾滋病、麻风病都是传染病，人家医院都是要隔离的，别的病在一块儿，这些病都是单独在一个科，传染病科，知道不知道？一个非典，医生、护士死了多少，那时候是不知道，现在知道了，人家干啥还要冒恁大的风险？不怕一万就怕万一啊，谁敢打这赌啊！这病它跟癌症还不一样，癌症它不传染，这它传染啊（RB，院舍工作人员）。

可以从这里看出，在工作人员对于艾滋病污名的社会建构的过程中，传言与专业人员的态度起了重要的作用。在大多数社会成员的眼里，专业人员（这里主要是医护人员）属于对疾病了解程度比较高的人，他们属于知识精英，具有高度的权威，其做法与方法更具可信性。专业人员的专业方面的要求，包括医护人员必要的防护成为一般社会成员反对和孤立艾滋病患者的重要理由。这进一步加剧了与此有关的污名，也使得机构内部的不一致程度加剧。

从某个时间阶段来看，人们对于知识的了解是有限的，而不了解的却是无限的。对于这些不曾了解的知识，人类付出了巨大的代价。对于艾滋病，现有的知识日益增多，可以说在某种状况下的传染可能性较小，但传染的可能性仍旧存在。个人为了保护自己，会尽量降低潜在的风险，采取对患者孤立与歧视的态度。可以说，救助院舍较低的内部一致性使得与院舍有关的污名进一步加剧。

5. 与外界的关系僵化使得院舍难以得到外界的支持，导致污名加剧

作为一个非政府组织与外界的关系主要涉及与当地的政府部门以及与当地社区的关系。组织与外界的关系和谐，则得到更多的支持，不管是对组织本身的支持还是对组织中的孩子的支持；关系不和谐，则产生冲突，加剧组织的污名化。组织与外界环境，尤其是基层政府和附近社区的关系可以从双方互动的一些事件中充分反映出来。

> 第一件事情是这里南边的小河有大量的青蛙，晚上青蛙叫声一片。周围村里的人就在夜里来捉青蛙，成麻袋地捉了后，拿到集市上卖。我们都知道，青蛙是有益的动物。我为了保护青蛙，跟他们说过好多次，他们都不听，晚上还过来捉青蛙，一般都是在凌晨两三点的时候过来。我要是知道了，就起来去阻止他们，开始的时候还会叫上同事，后来多了，时间又比较紧张，那时候大家都在睡觉，也不可能每一次都叫上人家。后来他们知道后不放心，说我们还得陪着你。要不，你要是让人家打死了怎么办？
>
> 第二件事情是地亩的事情。镇长没有书记好说话，特别难缠，地亩的事情也证实了这一点。我们开始包这儿的地的时候，镇里告诉我们是187亩，结果后来就有人告诉我说，实际地亩是162亩。他们所有的人都知道，就瞒着我们。我知道后，就又叫市水利学院的人来测量，河到中间，路也到中间，算下来还是162亩。我就拿了这个结果去跟镇长讲理，告诉他们，如果他们不同意这个结果，我们可以再叫别人来测量，到时候测量费各出一半。这事情拖得时间很长，到后来SH先生都同意给他们让步了，我没有给他们让步。后来书记被我缠得没有办法，同意按新的数字计算。但由于镇长是法人，更改合同还得找他签字。但是他非常不情愿地给我签这个字。

> 我一看这样子，有点着急，说了一句不该说的话："书记都同意，你这儿怎么还不同意啊?"我把他惹火了。还有其他一些类似事情发生。从这些事情之后，镇里对我们不像当初那样好了。前一段时间是我们和镇里关系最低潮的时期，这一段时间又稍好一点儿（R，院舍负责人）。

从这些事情上可以看出院舍与周围环境的关系。第一件事情涉及院舍与社区的关系；第二件事情是院舍与地方政府的关系。作为一个非政府组织，会与社区、当地政府存在一系列的矛盾，但矛盾的解决需要智慧、灵活的手段。而在这里，组织的领导人只是沉迷于自己固有的解决模式，对其对象和社会环境考虑较少，导致问题迟迟无法解决和双方关系的恶化。院舍与外界关系的恶化使院舍难以得到外来的，尤其是政府以及周围社区的支持和帮助，也加剧了院舍和院舍中孩子的污名。而在现阶段政府的支持与帮助对非政府组织的健康发展至关重要。

结论

由于患病者群体在空间上的聚集和艾滋病的高度污名化特征，导致了污名地域化和污名物化。熟人社会的污名明显地体现在婚恋领域、教育领域和人际交往领域。在熟人社会内部，由于社会成员相互熟悉的特征，被污名化群体的隐瞒策略往往无法起作用，疾病信息成为整个社区共有的秘密。社区领袖成为社区内成员疾病信息的发布者。由于空间与污名的密切联系，使得空间对污名产生影响，高发村内外的污名程度呈现出较大差异。高发村内污名相对更重，低发村内污名程度相对较轻。这导致地域层面的污名控制策略出现，表现为地域概化和地域隐瞒。

不论是阳光家庭还是院舍，都与艾滋病有关的污名联系在一起，但其污名程度相差较大。高发村的地理位置、照顾者的社区领袖身份、健康儿童与患病儿童分别安置的方式、强大的社会支持、较高的内部一致性以及较高的外界认可度，使得阳光家庭中的儿童的污名程度降低；反过来，位于低发村附近、院舍负责人的外来者身份、健康儿童与患病儿童混合安置的方式、较低的内部一致性、外界认可度较低等因素，使院舍及院舍中儿童的污名程度较高。当然，应该注意到，这里孩子的污名状况受其所在的照顾情境的严重影响。因为社会公众更多的是从其处于什么地方来判断其身份。因此，从这里可以看出，高发区、权威的参与、较高的内部一致性、分别安置的方式起到了降低与艾滋病有关的污名的作用，这些因素对于去污名化的研究及实务具有重要的意义。污名导致歧视与社会排斥，影响到被污名化群体的污名控制策略以及被污名化群体的需求满足。同时，污名也扩大了艾滋孤儿对于社会支持的需求，减少了他们实际上得到的支持。因此，提高艾滋孤儿的社会支持状况与需求满足状况，不仅应该考虑到加大社会支持的投入，而且应该考虑到如何去污名化，这对于社会福利资源的分配、输送及效益具有非常重要的意义。下面分析两种不同情境中艾滋孤儿的需求满足状况，以探讨社会支持、污名与需求满足的相互关系。

第六章
艾滋孤儿的需求满足

第一节 人类需求的基本理论

需求又称为需要，是一个非常重要的心理学概念。它指的是有机体内部的一种不平衡状态，主要表现为有机体对内部环境和外部生活条件的一种稳定的要求，是有机体活动的源泉（彭聃龄，2001）。人的基本需要的理论主要来源于人本主义理论的思想，与精神分析学派及行为主义有着不可分割的关系。人本主义理论于20世纪50～60年代在美国兴起，主要代表人物是马斯洛。他把人类的基本需要分为生理需要、安全需要、归属和爱的需要、尊重需要和自我实现的需要。其中，最低级的需要是生理需要，主要包括个人的衣、食、住、行等最基本的生理需要，是人要优先满足的需要，也是人的本能需求。当人类基本的生理需要得到满足后，较高一级的需要随之出现，这就是人的安全需要。这是马斯洛思想的最初内容，后来他又在尊重需要和自我实现的需要之间加上认知需要和审美需要。如果这两类需要得不到满足，人在精神上就会产生很大压力，甚至会产生变态行为。马斯洛认为，人的需要满足是从低到高逐渐发展的，低一级需要满足后便产生了高一级的需要；同时，一种需要一旦在相当程度上得到满足之后，其对个体所具有的重要性也随之减弱，但这种需要仍然存在于个体自身之中。也就是说，任何时候都是多种需要影响人的行为，人们在追求高一级需要满足的同时保持着低一级的需要。自我实现的需要是最高层次的需要，是创造的需要，是追求自我理想的需要，是充分发挥个人的潜能和天赋的心理需要。后来，弗洛姆等人又对马斯洛的理论进行了修正，他认为人的需要不是严格按照从低到高的顺序发展的。在有些情况下，某些需要可以跨越其中的某些阶段而发展。

在人类需求的分类方面，除了马斯洛的划分方法外，英国学者布莱德萧（Bradshaw）认为，需求包括规范性需求、感觉的需求、表达的需求和比较的需求。规范性需求往往是由专家学者从宏观方面来衡量的，是由已建立的标准与状况相互比较之下所产生的。因此，他认为如果个人或团体的情况或现状尚未达到理想或愿望中的标准，需求就存在着。感觉的需求是偏重个人的感觉或经验的需求，它同时与“想要”是相互联系的。然而当个人无法得到充分的信息，不愿意或甚至无法寻求帮助，乃至于虚报个人需求时，真正的需求将有所偏差而无法完全表达出来。因此，感觉的需求是反映个人与他人或环境互动的结果，再通过个人主观的解释而建立的需求。表达的需求是指由前面的需求转换为实际行动的表现。这种表达的需求无异于要求。在这种概念下，整个需求被界定为需要服务的那些特定的政策受益人或团体。比较的需要立足于相对性的比较观点。即当某些个人或团体所接受的服务与具有类似特征的另一些没有接受服务的个人或团体相比较时，则没有接受服务的人们的需求就相当明显了（Bradshaw，1972）。此需求分类方法在涉及需求的研究中应用较为广泛，其影响也更大一些。另外，盖茨（Gates）从社会科学的观点诠释需求，认为需求包括社会学的需求、心理学的需求、经济学的需求以及政治经济学意义上的需求。他试图从社会及行为科学的关系来审视需求与人类行为的互动关系。这与布莱德萧提出的规范性需求的基本假设有着密切的关系，即社会需求的产生源于社会体系的失调，而通过社会政策的仲裁达到社会需求的满足，是维持社会和谐与稳定的要素。

人类需求尽管一直存在，但并不是所有的需求都能够被认识、被满足，这里面最重要的影响因素是经济发展水平和人类认知的限制。因此，人类需求的满足受到认知水平和经济发展水平的制约。在现代社会，人类需求满足的主体有许多，其中最重要的是家庭和市场这两个自然的渠道，只有当其崩溃的时候，国家才介入并进行运作。市场也是满足个人需求的一个非常重要的途径，社会成员主要通过购买的方式从市场来满足自己的基本需求。但市场存在自己的缺陷，因为一个社会存在着不同的社会阶层，他们具有不同层面的需求。对于上中层来说，他们具有能力，可以通过购买的方式来满足自己的需求；但对于广大社会下层来说，由于其不具备充足的经济能力，他们的福利需求无法通过市场得到满足。这成为市场满足福利需求的缺陷，也给国家介入提供了可能。

不论是市场或是慈善都无法合法保障最低的需求满足，只有国家的力量才得以达成。从这个层面上讲，国家在满足社会成员的基本需求方面具有不可替代性，它是保护社会成员基本利益的最后一道屏障。当然，这也与私营服务企业的性质有一定关系。私营服务企业的经营原则是，排除“不良保险对象”和变迁的社会事故。因此，私营职业方案排斥慢性病患者、伤残者、老人、精神有缺陷者、新入行者、妇女——尤其是未婚母亲以及其他类似人士。这显示出国家对社会成员需求满足的重要性。国家通过提供最低保障，以制度和政策的方式来满足社会成员的基本需求。但国家的社会福利支出受到经济发展水平和福利刚性的制约，往往只能够满足最大多数社会成员的基本需求，即我国社会福利政策所提倡的“低水平、广覆盖”。

脆弱儿童的照顾方式一般包括收养、寄养和院舍型照顾三种，它们是在孩子的原生家庭遇到困难与问题，其父母及其他照顾者失去照顾能力时的重要替代方式，在儿童照顾发展史上发挥了重要作用。从目前的研究来看，人们日益承认寄养照顾和院舍照顾的儿童通常有更为复杂的需要。由于认识到机构照顾容易导致机构综合征的发生以及机构生活经历对于儿童和青少年社会化进程的不利影响，大多数国家和地区对于寄养照顾的利用日益增长，院舍照顾的利用日益下降，从而满足更具挑战性的儿童照顾需要。

从实际情况来看，艾滋孤儿的需求有着自己的特点。从已有的一些研究中看到，艾滋孤儿由于父母丧亡，受到与艾滋病有关污名影响的时间可以追溯到其父母丧亡之前。正如一些研究所提到的，艾滋病家庭的健康青少年的需求评估往往根据四个特征被识别：多重丧失、孤立和缺乏社会支持、破坏性的处置行为、鉴别和维持新的监管安置的问题（Hudis 1995；Draimin et al.，1998）。这表明丧亡父母的青少年比他们的同龄人有更多的情绪哀伤、经历行为问题和社会关系的破坏，他们更容易出现危险行为。这给社会福利政策的制定及社会服务的提供提出了新的要求，即如何最大限度地减轻他们所经历的情感挫折与打击，消除污名对他们的负面影响，满足他们的特殊需求。

在需求调查方面，以往的研究对于个人需求更多地采取需求调查的办法，即通过各种调查方式让研究对象（案主）说出自己的需求状况，这在一定程度上可以反映出研究对象个体需求的真实情况。但这种方法对研究对象与研究环境也有一定的要求，例如调查对象没有受到外在强制力的作用，能够真实、准确地表达自己的需求，这对调查对象的年龄以及语言表达能力、心智发育状况有一定的要求。因此将此方法应用于本研究需要慎重考虑，原因包括两方面。一方面，本研究涉及未成年人，由于年龄过小或者受到父母去世的打击，他们往往不太善于使用语言表达自己的状况。另外由于个人认知的限制，一些高层次的需要他们自己还没有认识到，因此较难按照需要层次来进行研究。另一方面，由于这些儿童分别生活在寄养家庭和院舍中，受到寄养家庭父母或者院舍工作人员的影响，他们存在顾虑，可能不愿说出自己的真实情况。因此，这里需要采取类别的方法，结合实际情况，将艾滋孤儿的需求分门别类进行考虑。

第一，工具性需求。包括物质需求，即日常物质需求和生活照顾需求的满足。这是需求类别中最为基础的部分，是首先需要满足的需求。没有这类需求，儿童的生长发育容易受到影响。由于儿童属于未成年人，还不能独立地处理自己的所有事务，需要成年人照顾他们的日常生活并处理一些日常事务。因此，在工具性需求方面，物质需求和日常照顾的需求对于他们来说必不可少。

第二，情感性需求。即心理及精神层面的需求，如交往的需求、尊重及爱的需求等。这一系列的需求满足对于儿童具有更为重要的意义，不管是脆弱儿童还是正常儿童。由于经历了一系列的变故，与正常孩子相比，脆弱儿童的这一需求更为突出。但从实际情况来看，由于实际情况的制约，他们的情感性需求往往没有被注意到。一些研究证明，大多数孤儿和脆弱儿童没有得到心理社会方面的支持，孤儿除了经历丧亡和社会隔离之外，调查中仅有5%的家庭得到心理社会方面的支持。

第三，发展性需求。包括教育需求（包括国民教育序列的全日制教育和相关的职业培训）和婚恋需求。

首先是教育需求。由于本研究的对象是未成年人，他们处于学龄期。与其他年龄段的群体相比，教育需求是其发展性需求的重要方面。这里的教育不光包括全日制的学校教育，还包括其他的职业培训。尽管目前的教育制度存在着各种各样的缺陷，但在目前条件下，还没有另外一种制度可以代替它，因此大多数孩子还要在全日制学校接受正规的教育。从我国的相关法律规定来看，接受教育，尤其义务阶段的教育是其权利。因此，不论是父母还是其照顾者，都有责任将孩子送到全日制学校接受义务教育。这为孩子成年后社会经济地位的提升和社会化进程打下了较为坚实的基础。在现有条件下，国民教育序列的全日制教育为孩子的教育质量提供了一个基本保证。教育需求的另一方面就是职业培训方面的需求。由于目前高等学校招生数量和贫困地区教育质量的限制，不可能所有的孩子都考上大学。对于那些考不上高一级学校的孩子，提供合适的职业培训，对于他们掌握一技之长，掌握一定的谋生技能，从而成年后可以正常的工作，具有非常重要的意义。这使得职业培训的重要性凸显出来。

另外还有婚恋需求。这是发展性需求的最后一个方面。对于本身健康的艾滋孤儿来说，随着其年龄的增长，他们有组建家庭、独立生活的现实需要，这是个人生命历程中必须的一个阶段。因此，正常的男婚女嫁在其个人发展过程中具有重要的地位。

需要注意的是，艾滋孤儿的需求有着渐进性。在没有得到外来帮助的情况下，他们的各种需求，包括工具性需求、情感性需求和发展性需求的实际满足程度都比较低。这时候，高一层面的需求往往没有被认识并显现出来。在这个时候，外来的帮助者或监护人首先考虑到的是其工具性需求，包括衣、食、住、行等物质层面的需求和日常照顾的需求。之后，才开始慢慢地产生了其他的需求，这充分体现了其需求的渐进性特征。

> ……我们去年和克林顿基金会接触，给这些孩子提供药物并监督他们按时服药，效果很好。因为以前没有专门针对孩子的药，他们自己服药没有监督的话，断药很严重。我们和克林顿基金会是一种合作关系，只要他以前没有服用过成人药，效果都比较好，恢复得很好，有的孩子已经快小学毕业了。但现在又涉及一个问题，他们向我们提出，他们马上就要升初中了，而中学是在学校住宿的，他们每天要吃药，时间长了同学和学校不可能不知道，他们对此比较担心。我们在做实际工作的时候也看到，这方面的工作做了后他们还有其他方面的需求。这些需求也是渐渐地冒出来，我们才注

意到（D，非政府组织工作人员）。

从这里可以看出，孩子们后来显现出来的需求实际上是心理和情感性需求，他们要求不被他人歧视和受到尊重。而在他们的基本的工具性需求没有被满足的情况下，不管是他们个人还是其他帮助他们的人，往往首先考虑到的是如何满足他们的工具性需求，包括衣、食、住、行、医等方面。在这方面需求被满足之后，才可能再考虑到其他的更高层次的需求，包括受尊重的需求、不受歧视等。这在一定程度上也印证了马斯洛所谈到的人类需求的层次特征。

总之，这些孩子的需求既具有特殊性，也具有渐进性。这对于需求的提供方提出了更高的要求。前面我们已经提到，艾滋孤儿的需求满足受社会支持与污名两方面因素的影响。社会支持与污名是因，需求满足是果，这两大因素从正负两个方面对个体的需求满足产生影响。实际上，个体的需求满足也是这两者综合作用的结果。从某种程度上说，其需求满足的程度高低也是衡量救助模式质量好坏的一个标准。下面就从阳光家庭和院舍型照顾两类不同的救助模式，分别探讨艾滋孤儿的需求满足状况。

第二节　阳光家庭中儿童的需求满足

一　阳光家庭与寄养照顾

寄养照顾简称寄养或托养，是最早的公共儿童服务。在人类发展史上，寄养在脆弱儿童的照顾上发挥了重要作用。美国自20世纪60年代以来，因离婚率增加而迫使儿童待在单亲家庭的情境中，才使脆弱儿童的照顾问题被当时社会大众所重视，从而导致儿童福利及儿童照顾强调将孩子安置在家庭环境中，寄养服务应运而生。从此之后，寄养家庭的需求与日俱增。从寄养照顾者的角度来看，寄养照顾可以区分为亲属寄养和非亲属寄养两种形式。寄养照顾通常发生在亲属中间，即由亲属来充当寄养照顾的提供者，但有时出于教育或宗教的原因也可能将孩子送交非亲属，由他们提供寄养照顾。在家庭寄养的照顾形式中，对寄养父母的选择也依赖于寄养原因。如果寄养目标只是劳动力或同情，那么祖父母（外祖父母）是最显而易见的选择，他们对孩子不歧视（Sangeetha Madhavan，2004）。一些研究提到了寄养与儿童死亡率的关系，总体上寄养儿童比亲生儿童死亡的危险性更高，这可能是食物短缺时歧视和剥夺的结果（Bledsoe & Brandon，1992）。

人们已经普遍认识到，安全、爱、接纳、联系、道德/精神框架和终生的家庭是孩子和青少年健康成长与发展所需要的重要条件。他们也需要稳定的家庭和支持性社区，特别是在幼年期，安全的归属感的形成对于肯定性自我评价、有意义的关系、积极的学校成就和成年时期家庭与工作方面的成功至关重要（Mallon et al，2002）。现实生活中是否达到这样的标准需要进一步考虑，尤其对于本身受到艾滋病污名影响的孤儿来说。

阳光家庭是一种政府推动的寄养照顾方式，也是一种家庭和社区内的安置方式。阳光家庭通过创造一种类似家庭的环境，为处于困境中的孩子提供基本需求的满足。尽管这里阳光家庭的对象、内容、具体形式等与传统的家庭寄养型照顾存在一些差异，但这并没有动摇其本质特征。从阳光家庭中孩子的基本情况来看，他们得到较为全面的照顾，其需求得到了一定程度的满足。下面从工具性需求、情感性需求和发展性需求的角度来探讨阳光家庭中孩子的需求满足情况。

二　工具性需求的满足

工具性需求包括孩子的衣、食、住、行等，都是由阳光家庭的父母直接提供的。当然正如前面提到的，政府以及一些其他组织对阳光家庭也提供一些间接的支持。例如，阳光家庭的基础设施，房子是由政府机构提供的，所有阳光家庭的房子或是由个人先垫资，通过验收后再由政府拨钱；或是由民政部门领人盖房，然后交由阳光家庭父母使用。但不管哪种形式，阳光家庭的基本建设最终都是由政府出资，其所有权属于政府，使用权归阳光家庭的父母，这也是双方当初谈好的条件。阳光家庭的家具是由国外的非政府组织捐赠的。这些硬件设施满足了孩子们的日常生活，使得他们有一定的生活空间可以生活，有基本的家具可以使用，提供了其最基本需求满足的基础。在日常生活中，实际上是由阳光家庭的父母，甚至主要是母亲来照顾孩子的日常生活，包括做饭、洗衣、辅导作业等。① 对于较大的孩子来说，由于他们大部分时间在学校②，在家的时间相对较少，年龄再大一些的孩子停留在家中的时间就更少。因为对于已经上初中的孩子来说，从当地的情况来看，他们大多需要到学校住校，一般一周回来一次。他们都是开学期间在阳光家庭居住，到了假期，大多会回到其原生家庭居住一段时间，看看其原生家庭的亲属。

从这样的情况来看，孩子仍保持着与其原生家庭的联系，而这种与亲属的联系对其与阳光家庭父母的关系也构成了一定影响，这种影响主要表现在孩子的情感性需求方面。尽管原生家庭有给孩子提供工具性支持的愿望，但实际上由于其并没有这方面的能

---

① 从阳光家庭的基本情况来看，洗衣机是配备的基本生活用品，另外还配有彩电、电扇等。每个孩子单独拥有一张床、一个写字台、一个衣柜，这些成为他们最为基本的生活设施。

② 从实际情况来看，这里的孩子上小学一般是在本村上，在此期间他们每天吃住均在家里。到上初中时，一般都到乡里上，这时孩子们已经住校，一周回家一次，不每天在家吃住。到了高中，他们一般在县里或市里的几所高中上学，每两到三周回家一次，休息一下，拿一些生活用品。所以从孩子的生活经历来看，年龄越大，在家中的时间越少，与家庭的联系相对也越少。而阳光家庭中的孩子大多上小学，小部分上初中，只有极个别的上高中，这决定了他们与阳光家庭的父母还处于密切联系阶段。并且从这一阶段孩子的生理、心理发育阶段来看，阳光家庭中的孩子大多对父母的依恋心理还比较浓厚，尤其是较小的孩子。

力，往往是“心有余而力不足”，这就导致在满足孩子的工具性需求方面，阳光家庭的父母成为最主要的提供主体。

> 他们原来的家里啥也没有给过我们，（问：那地转给你们了吗？答：没有，外村的地转不过来。本村的那几个小孩儿的地还在他们自己家里，他们连粮食都没有给过我们）我得负责他们的衣、食、住、行。所以家庭开支也比较大，要不是开浴池和开店，别说管这几个小孩儿，就是自己家里的3个小孩儿都顾不住。我今年上半年已经花出去四万多块，一般一年都要花五六万块。不过咱这儿在农村，种点粮食就有吃的，饿不着。别的方面花费也少一些。像大的那个小孩儿因为成绩好，给免了学费，另外几个小孩儿不收学费，所以负担还轻松一些（G，阳光家庭的母亲）。

由于孩子的原生家庭作用缺失，无法提供孩子基本需求的满足，使得阳光家庭父母成为孩子工具性需求的唯一提供者，这导致他们的压力增加。[①] 大多数阳光家庭的父母实际上都从事一些副业和非农业来取得一些额外收入，以弥补开支的不足。正如上面提到的这家开了个店，另外一家办有一个小工厂，还有一家以打鱼为业等。否则，只靠农业，尤其是种植业的有限收入，根本无法满足这么多人的基本需求。正因为阳光家庭的父母大都是村里的能人，他们有能力和才干去从事非农工作，取得其他收入，才能最终维持阳光家庭的正常运转。可想而知，如果本身就非常贫穷的人来当阳光家庭的父母，孩子们本身工具性需求的满足就成为一个大问题。因为他们自己都顾不住自己，更别提养孩子了。因此，阳光家庭父母较好的经济能力也是孩子们的工具性需求能

---

① 这也与实际的寄养费没有到位有一定关系。从阳光家庭的实际生活经历中可以知道，尽管相关政府部门出台了各种规定，但与基层的落实往往有一定的距离。这实际上是文本上的制度与现实中的制度的差异。

够得到满足的一个前提条件，它为满足孩子们基本的工具性需求提供了基础。

三 情感性需求的满足

从已有的研究成果和目前的现状来看，对于脆弱儿童的工具性需求往往注意的比较多，但对其情感性需求注意的相对较少。监护人虽然知道孩子们的食物、衣物、入学的需要，但常常不知道年轻人的心理社会需要。由于孩子们不仅经历了家庭成员的疾病和死亡，而且由于从原来的社会网络和熟悉的环境中疏离出来，使他们对于心理社会方面的需要更为迫切。由于心理社会问题有时难以理解和评估，它们常常不被充分考虑，导致一些为艾滋孤儿和受到艾滋病影响的脆弱儿童提供帮助的项目，往往只聚焦于物质支持和满足儿童的物质需要方面。虽然照顾者互动小组可以提供一些减轻压力和分享经验的机会，但实际上这一需要很少得到满足，实地调查的情况也证实了这一点。

在寄养家庭中，寄养父母与孩子是密切接触者，彼此互动频繁。但从阳光家庭中儿童的状况来看，一方面由于他们已经懂事，5 岁以上的孩子占绝大多数。从儿童的年龄发展阶段来看，这一年龄段的孩子处于儿童期，他们大多已经记事和懂事，对其原生家庭存在非常深刻的印象。由于家庭的变故，他们经历了转移，丧失、污名的经历对他们的心理产生了不可避免的严重影响，从而改变了他们的某些看法。他们对于外在世界的看法难免偏激，如果得不到疏导的话，容易出现一些问题。加上这些儿童一般在本村安置，他们与其原生家庭还有割不断的联系（一般来说，不可能他所有的亲戚都去世，不管是祖父母还是其他亲属，尽管可能没有提供日常照顾的能力，但由于血缘关系和依恋关系的存在，他们还是能够给孩子带来心理上的满足）。所以，这些孩子更多的是从其原生家庭中得到情感需求的满足。由于寄养父母对他们投入了巨大的精力和心血，因此对他们也有情感上的期待，但日常生活中一些琐碎小事的发生，会使寄养父母对孩子的情感期待受到削弱。

> 某一天上午在G家里坐着，看到她家里抚养的那个小姑娘走过去，与她的寄养母亲G连招呼都没有打。G感到非常伤心，对我说，你看，你天天管她，她还是跟你不亲，从这儿过去连招呼都不打一个。年龄大的孩子就是这样，她虽然理智上知道你对她好，长大后也会感谢你，但从感情上说她跟你不亲。G也觉得要养就养一两岁的小孩，从小养大，长大后自然跟你亲（摘自调查笔记）。
>
> 养孩子责任大，年龄大一些的小孩子懂事，他知道你说服教育他是为了他好，一般不会说什么。但他记事了，长大后跟你不亲。年龄小的不了解你当时批评教育他是为了他好，不领这个情，有时候也跟你顶撞。不过年龄小的长大后跟你亲。这儿的6个小孩儿中，最大的17岁，最小的11岁了，都是处在不太容易教育的年龄。开始和我们说这事情的时候，商量的是将这些小孩儿抚养到18岁，没有说时间上的事情，我们就只好一直养着呗（G，阳光家庭的母亲）。

对此，他们并没有与这些孩子计较，他们往往从自己的角度对这一现象进行解释，以安慰自己，同时也使自己有继续从事这项工作的动力。他们觉得这是由于那些小孩儿原来的家庭环境不好，缺乏良好的教育所致。不管怎么样，他们在阳光家庭生活比其原生家庭好很多，更有利于孩子的成长。这些孩子对自己的感情，肯定不能和自己亲生的孩子相比。在日常生活中，阳光家庭的父母对抚养孩子的责任非常看重。当然，经历了抚养这些孩子的生活体验后，他们对抚养这些孩子的事情也有自己的看法，会有自己的一些期望，比如更愿意养一些年龄较小的孩子等。[1]

> 比较起来，我倒感觉要养就养那些年龄比较小的孩子。像几个月、一两岁的小孩儿，他家什么人，包括爷爷奶奶、爸爸妈妈、叔叔伯伯等都没有。只当是自己又要了一个小孩儿，抚养长大后，他能上学的让他上学，不能上学的给他盖房子娶媳妇。这样子养大的孩子长大后他还跟你亲。要是有这种的，给我们留意一下（L，阳光家庭的父亲）。
>
> 问：那他也不可能所有的亲戚都不在了，即使爷爷奶奶、爸爸妈妈都没有，也不可能没有姑、姨什么的，这到时候怎么办啊？
>
> 答：有姑姑倒没有什么，关键是其父系这边的亲属。[2] 否则他不会在你这里完全投入感情，到时候你养了许多年都养不熟（L，阳光家庭的父亲）。

在对孩子的选择上，亲属关系会有一定的影响。尽管从血缘关系来看，母系亲属和父系亲属与孩子的血缘远近距离一样，但实际上由于传统习惯和心理的影响，孩子往往对其父系的亲属更为亲近，父系亲属也往往会为孩子承担更多的责任。从现实情况来看，如果不是特殊的原因，比如出去做生意或打工等，父系亲属一般居住在本村。由于地缘因素，即使他们不亲自抚养这些孩子，他们也有可能参与到孩子的抚养事务中来。这样反而对阳光

---

① 这可能也是我国社会公众的普遍看法。如汶川地震之后，许多人愿意收养地震孤儿，但也有种种要求和期待，如一般愿意收养健康的、年龄小的和漂亮的小孩儿。与一些儿童福利院的工作人员谈起这类事情，他们也有同感，而福利院的孩子由于大多有身体上或智力上的种种残障，使得这一点难以满足。这也是我国民众的收养心理与国外的较大差异。

② 这里的父系亲属主要指父系的男系亲属，即叔叔，伯伯等人。一般来说，从内地农村的基本情况来看，女儿出嫁后是较少负责娘家的种种事宜的。养老和扶助的任务一般由家里的男子共同负担。

家庭的父母产生了一种压力，增加了他们的精神压力。他们对于这一点也心知肚明。因此，相对而言，他们更愿意抚养那些没有父系亲属的孩子，这样更容易满足阳光家庭父母对于孩子的情感期待。由于这些孩子没有父系方面的亲属，因此他们往往也会对阳光家庭的父母投入更多的感情。相比较而言，父母情感上的付出会有更多的回报，父母更容易获得一些精神上的满足。

对于孩子在学校的情况，可以说，阳光家庭的父母更为了解。至于在学校里有没有受到歧视或欺负，他们会非常肯定地说“没有”。从这里也可以看出，阳光家庭的孩子并没有因为他们艾滋孤儿的身份在学校受到歧视或差异对待。这也从其他一些地方得到了旁证。一般来说，学校老师并不打听哪个学生是艾滋孤儿，他们会一视同仁地对待所有学生，这是学校对于老师的要求。当然，阳光家庭的父母也认为自己这样做是在帮助政府。不管怎样，通过在阳光家庭中的生活，孩子们还是有一些改变。

> 那些没有父母的小孩儿也是满可怜的，和一般的小孩儿不一样。一般的小孩儿会和父母撒娇，比较自信，也比较有气势。而那些小孩儿比较胆小，不爱说话，有的时候他连话都不敢说，看着也怪可怜的。不过在这儿时间长了，算是比以前好多了（G，阳光家庭的母亲）。

从这里也看出，尽管阳光家庭在满足孩子的情感性需求方面遇到一些困难与问题，父母们也有自己的期待，但总体上说，通过一段时间在阳光家庭中的生活，孩子的心理与社会能力方面还是有了一定程度的改变。

四　发展性需求的满足

这里的发展性需求主要涉及儿童的教育需求及成年后的打算，如职业培训等方面的内容，另外还涉及孩子的婚恋需求。

在教育需求方面，由于农村与城市的现实情况及认识方面的差异，从一般情况来看，父母们通常辅导孩子功课的意识和能力都比较欠缺，加上其比较忙没有时间，所以孩子的学习一般靠自己，在学校学习到什么程度是什么程度。父母所起的作用只能是尽量督促，至于其具体学习什么，怎样学习往往都不是父母力所能及的事情。

在阳光家庭中，到达入学年龄的儿童都就近入学，与其他的孩子一样入读正常的中小学，接受全日制教育。在小学阶段，大多数孩子就近入读本村小学，上初中时一般在本乡镇，高中在县城。① 从目前阳光家庭中孩子的年龄及就读阶段来看，大部分读小学，小部分读初中，极个别读高中。当然，这既与阳光家庭中孩子年龄尚小有一定关系，也可能与当地高中升学率非常低有关。一般来说，即使是正常家庭的孩子，由于各种因素的影响，许多都是上到初中毕业都不再继续念书，而出去打工了。艾滋孤儿面临着种种物质方面的困难与问题，能够坚持下来的当然更少。加之阳光家庭实行的时间还不到两年，也不可能有太多的孩子读书读到高中阶段。对于学校教育，小学老师们对此谈了自己的看法。

> 许多孩子都是爷爷奶奶管孩子，他们大多对孩子的学习不太重视，既不知道也不会辅导孩子的作业。我们当老师的也害怕，怕一吵他、训斥他，万一他想不开，寻短见或者一受气又有什么病怎么办。所以我们一般都是劝说，基本上不批评、训斥他们，我们也担心他们。现在这老师也不好当（F，高发村学校教师）。

---

① 从S县的基本情况来看，一共有四个普通高中，两个官办的，两个民办的，都分布在县城内。因此，所有的适龄学生，如果在本县内上普通高中，肯定得到县城里上，在那里住校。按照学校规定，实行封闭化管理，学生们每两周回家一次，取一些食品和日用品。

孩子教育的现状既与教师的认识有关，也与父母对于教育的认识以及辅导能力有关。从教师方面来看，由于这些孩子的特殊经历，他们的心理更为敏感，使得教师对于他们的教育比较担心，不太敢对他们进行教育或管理，害怕产生不良的后果。在农村，由于近年来大学生就业困难和费用的上涨，高等教育的投资回报率降低，使许多农村父母认为孩子上了大学也找不到好工作，还不如直接出去打工，一个月也能挣几百元。从目前情况来看，非义务教育阶段的青少年辍学率增加已经成为一个引人关注的社会问题，这种情况的形成与多种社会经济因素密切相关（行红芳，2009）。从父母的辅导能力来看，由于父母的教育水平相对较低，一般是初中，高中的都非常少，并且他们原来所学的与现在孩子所学的有一定距离（因为时代影响和教材改变的原因），加上父母多年来不碰书本，他们往往没有能力亲自辅导孩子。尤其到了初中以后，他们这时候学习的内容更难（小学阶段父母还有可能辅导孩子），父母基本上已经不具备辅导孩子的能力。虽然阳光家庭的父母比村中一般群众的文化水平、认识水平要高，但处在这样的环境中，还是不可避免地受到环境的影响，这使得他们坚持自己的选择更为困难。

平时我这店里也离不开人，一般晚上没有时间管他们学习，他们回来都是自己写作业，写完作业都比较晚了。平常管教他们都是说说他们，没有直接辅导他们，并且我现在离开学校时间长了，有的东西早已经忘了。平常比较忙，也没有那个时间。不过他们还算听话，学习成绩一般也都是中上等，不用我操太多的心思（G，阳光家庭的母亲）。

咱这农村和城里不一样，城里的父母重视小孩儿的学习，这里大多数家人根本不可能管小孩儿的学习，学成啥样是啥样呗！村里也没有辅导班什么的！村里别的人家，小孩子早早地都出去打工了，初中毕业就出去了，还有的小学都没有

> 毕业就出去打工啦。像我的两个女儿上到高中，村里算下来也没有几个，大多数人家的孩子都是上着上着就不上了（G，阳光家庭的母亲）。

从这里可以看出，人是社会人，父母的情绪往往受到他人行为的影响。尽管一些父母比较坚定，但处在大多数孩子都出去打工并得到收入的情况下，他们属于少数，不但承受着物质上的压力（因为孩子在家里上学不但不可能挣到钱，而且还得交学费和生活费，这使得父母的支出更多），而且由于他们是极少数，他们承受到的心理压力更大，但他们仍在坚持。

另外，在安置形式方面，实际上在一些阳光家庭，孩子并没有与父母整天生活在一起。因为寄养家庭的父母自己本来有住房，而阳光家庭的住房是乡里领人盖的，其所有权归属于乡里，个人只有使用权。实际情况是孩子开学后主要在阳光家庭居住，父母中的一方晚上到那里陪他们住，另一方考虑到自己家的安全，还要在自己家里守着。从这里可以看出，孩子们并没有完全融入阳光父母的家庭，阳光家庭与真正的家庭还有一定的距离。

> 俺现在这边主要是自己家里的，把那些小孩儿都放到这里也不太合适。阳光家庭主要是给他们提供一个住宿的地方，也避免产生矛盾（G，阳光家庭的母亲）。

从这里可以看出，阳光家庭安置方式的优点主要在于与阳光家庭父母本身的家庭保持一定的距离，可以避免一些矛盾的发生。但这种安置方式也给他们的日常生活带来一定的困难。谈到阳光家庭的现状时，L（阳光家庭的父亲）对此有自己的看法：“现在让俺们当阳光家庭的父母，又在那边专门弄了一套吃住的东西。可是这边又有店需要照顾，这样就得两头跑。虽然路不远，但是也浪费时间、精力。要不干别的，专门一个人养孩子的话，别说是养那6个，就是自己的3个孩子都养不了。所以不可能是专职干这个。”这样看来，阳光家庭与真正的家庭还是有一定的差距，这些孩子并没有真正融入寄养家庭中。

依我看，直接将那些孩子送到寄养家庭中就行。像上次你嫂子说的那个小孩儿因为做饭晚了不吃了，也是由于距离的原因。平时我们都是中午一点多做饭，小孩儿吃完上学。那天包饺子，速度比平时慢了一点儿，到了一点还没有做好。你嫂子正在下饺子，那小孩儿也不等，直接就去学校了，我们拦都拦不住。其实他们学校下午两点半才开始上课，吃完饭再去学校完全来得及。可能那小孩儿也是想着平常都是那时候去，已经成了习惯，也没有考虑到大人会怎么想。但他这么做了，你嫂子心里就会觉得难受。后来还是我到学校找他，给他送了一包方便面了事（L，阳光家庭父亲）。

一些日常生活中的事件也会影响到阳光家庭中的孩子和寄养父母之间的关系。可能由于孩子原有环境的影响，使得他们对自己原有的习惯较为坚持，往往不去考虑自己的做法给寄养父母心理上所带来的影响。尽管这些父母不会与这些孩子计较，但这些日常生活中的小事还是使父母的积极性受到一定的影响。他们会觉得这些孩子都已经记事了，自己情感上的投入也得不到回报。对于孩子的安置方式，经过一段时间的摸索与实践，阳光家庭的父母对此也有自己的看法，他们觉得没有必要单独再盖一套房子给这些孩子住，应该直接放到阳光家庭父母的大家庭中。

其实，就是直接放在大家庭中，对小孩儿也是一个锻炼。你像现在有距离，都是我们两头跑，晚上还得有一个人在那边住。要是到冬天澡堂再开业，根本忙不过来，抽不出人手（L，阳光家庭的父亲）。

由于阳光家庭的父母在村中基本都有自己的房舍与院落，并且从事自己的生产经营活动，而这些生产经营活动也往往成为他们养家糊口的重要来源。因此，这决定了他们不可能搬离自己的房舍与院落。但对于这些艾滋孤儿，政府又采取重新盖房子安置的方式，五六个孩子在那儿住，尽管距离不远，寄养父母还是得两边跑照顾这些孩子。尤其是晚上，必须有一个人留在阳光家庭的院舍那边，一方面陪着他们，一方面是防止晚上丢失东西。

另外，这种本村就近安置的策略也给孩子以及寄养父母的情感方面产生了一些影响。对此，寄养父母有自己的看法。

> 另外，这些小孩儿在本村，他自己有爷爷奶奶或是别的亲属。他们虽然年龄大了，照顾不了他们或是不愿照顾，但毕竟他们还在那里，小孩儿还是与他们感情深，不会把感情完全放在你这儿。所以就像我说的干脆找一个年龄小点儿的，什么亲属都没有的养大还更好一些。有时有什么事情，你得说服他或批评教育他，像自己的小女儿有时听了心里还会不舒服，何况他们。但自己的孩子彼此有个担待，他们就不一样。有时他们会到爷爷奶奶或是别的亲属那里学话。你想都是一个村里的，不知道的还以为是我们对他不好呢。这样下来，有时也会产生一些意见或矛盾（L，阳光家庭的父亲）。

尽管从孩子的利益来看，家庭与社区基础上的照顾方式有利于孩子，他们接受起来也更为容易一些，但从其寄养父母的角度来看，情况并不是这样。将孩子在本村安置使得阳光家庭的父母存在着一些心理上的负担，也给他们带来了一些限制。由于父母们付出了心血及汗水，自然也有要求回报的心理期待。在这些回报无法实现的情况下，他们难免有情感上的失落。当然他们对此也有自己的理解及解释，这些理解和解释往往有助于事件的解决。

实际上，阳光家庭的父母既然接手了这项任务，从事这项工作，他们对于这些孩子的未来自然也有自己的设想及看法。虽然现在阳光家庭的现状离真正的家庭还有一定的距离，离这些孩子需求的完全满足还有一定的距离，但在养育这些孩子的过程中，阳光家庭的父母对这些孩子以后的发展性需求还是有了一些想法，有些还比较可行。

> ……依我看，这些小孩儿长大后，如果考上大学的话，就直接让他上。考不上或者不愿意上，可以让他上个技校，学习一门技术或手艺，有个一技之长，以后在社会上也有生活下去的本领。县里就有学校办有电脑班，这些小孩儿可免费学习（民政上有规定），毕业后推荐到企业去工作。我觉得蛮好的，以后可以对这些小孩儿采取这样的办法（L，阳光家庭的父亲）。

尽管现在政府还没有针对这些艾滋孤儿的发展性需求的直接措施，但作为阳光家庭的父母，他们照顾这些孩子时间长了，对他们的未来还是有自己的想法。可以说，阳光家庭父母对于孩子的发展性需求的考虑正在萌芽，并在与政府相关工作人员的互动过程中产生与发展。政府机关尤其是民政部门也在逐步探索之中，像有的地方由政府部门组织，送艾滋孤儿去学习一些技术，还有的地方送他们出外打工等。由于条件的限制，加上实用主义的出发点，父母对于孩子学习实用技术更为看重，毕竟这些生存的技能可以让他们谋生，养活自己。

而在孩子的婚恋需求方面，由于阳光家庭的孩子现在都还处于未成年时期，大多是儿童阶段和青少年阶段，都还在上学，因此对于这个问题还没有现实地予以考虑。但从当地的基本情况来看，由于受到与艾滋病有关的污名的严重影响，当地的艾滋孤儿以及受到艾滋病影响的儿童的婚恋需求难以得到满足。仅有的能够满足的那部分也是通过到外地实施地域概化策略，隐瞒其艾滋孤儿的身份，有了感情或者干脆成家后才暴露其艾滋孤儿的身份，来实现结婚成家目标的。这与婚恋领域是认知接受度最高的一个层面息息相关。当然，随着宣传力度的加大和社会成员认知水平的逐步提高，婚恋领域的污名会进一步减弱甚至消除，这样艾滋孤儿的婚恋需求会逐步得到满足。

第三节　院舍中儿童的需求满足

一　院舍照顾概述

院舍型照顾是一种历史久远的照顾形式，其目的是通过安置，给予儿童暂时性或永久性的养育及教育，以协助儿童身心健康成长，帮助他们返回原生家庭或能够适应社会环境（郭静晃，2004）。院舍照顾具有专业性、规模化等优点，在人类历史上对于满足儿童和青少年的需求作出了巨大的贡献。但这种照顾方式的缺点也日益受到重视，一些研究审视了家庭与机构照顾的性质后发现，机构常常只能为儿童提供较少的发展与实践新技能的机会，它们缺乏积极行为的社会动机，不太可能提供适应孩子们个人需要的环境条件（Frank et al.，1996；Yarrow，1961；Ashley Nielsen et al.，2004）。机构安置服务虽然使儿童和青少年免于家人的伤害，但分离的经历却造成孩子心理情绪与生活适应上的困难，而且机构内复杂的人际关系、非弹性的管理规则也会对儿童和青少年日后人格及行为产生影响（余汉仪，1995）。另外，机构生活经历对于儿童和青少年成长后的影响也受到了进一步重视。一般来说，儿童时期有机构生活经验的人，其成年期的人际网络比其他人狭窄，其性伴侣具有明显社会问题的可能性较高（Brugha et al.，1990）。也有学者将不同的安置形式中儿童的基本状况进行了对比，认为被重新组合到扩大家庭中的孤儿比机构中的孤儿有更强的适应能力，但他们的情感悲伤程度相同。与重新组合家庭和机构中的孤儿相比，团体之家（group-home）中的孤儿有更少的情感悲伤和更强的适应能力；与受家庭照顾的儿童相比，他们有更少的情感悲伤。但是，将孤儿安置在小型团体之家的费用远比将他们安置在重组性扩大家庭的费用昂贵得多（Peter H. Wolff et al.，2005）。

院舍照顾中存在的问题主要包括机构的科层制与非家庭化特征，它使院舍中的儿童容易出现机构综合征，成年后适应社会的能力较弱，与家庭成员相处的能力也较弱。这些缺点使院舍服务广受批评，也成为近年来国际上更为提倡社区照顾和家庭照顾的原因所在。在对儿童必须采取家外安置的情况下，各种形式的安置形式往往有一个先后次序，优先考虑的是寄养服务（暂时性），其次为收养服务（永久性的规划），最后才是机构安置。

因此，由于本研究中的艾滋孤儿具有其特殊性，他们既受到社会支持的作用，也受到污名的作用，这两种因素共同作用，影响到孩子的需求满足。从社会支持与需求满足的角度来说，社会支持的类别越多，形式越多样，越容易使支持接受方的需求得到满足，尤其是在物质性需求/工具性需求方面。而从污名与需求满足的角度来看，污名引起歧视与社会排斥，不利于艾滋孤儿的需求满足，尤其是对于那些本身有病的孩子。从现实情况来看，由于父母得病，不管其是否死亡，孩子都已经受到艾滋病的影响。例如年龄较大的孤儿的婚恋需求，携带病毒的孩子的教育需求等。污名是需求满足的一个负面因素，污名的总量越大，越不利于需求的满足。不管物质性需求/工具性需求，还是精神心理的需求都是如此。相比较而言，后一种需求状况所受到的影响更为严重。院舍特定的环境对于孩子的社会支持、污名与需求满足均产生了不同影响。社会支持与污名的情况我们已经在前边章节中谈到，下面来审视院舍中儿童的需求满足状况。需要注意的是，这里的院舍只是本研究的一个个案的实际情况，尽管具有院舍的某些共同特征，但不足以代表所有院舍。

二　工具性需求的满足

从Z机构的基本情况来看，由于院舍基本上处于封闭状态，除了教友提供的支持外，没有得到外界提供的其他支持。因此，院舍中孩子们的工具性需求，包括物质性需求和日常照顾都由院舍及院舍中的工作人员提供，其需求满足相对单一。在吃的方面，院舍中的儿童跟着工作人员一起吃饭，大人吃什么他们也吃什么，不管是两顿饭的中间还是晚上，均没有专门为他们加餐或者添加任何辅助食品。而从院舍中工作人员的饮食方面来看，他们每顿饭的主食都有米有面，大家可以自由选择。午饭是正餐，十几个人一般炒三个菜，有荤有素。下午一般吃的是中午的剩菜。与正常的儿童相比，院舍中儿童既没有零食，也没有专门的小食品。在穿的方面，院舍中的儿童穿着一般，有些还比较破，并且洗得不太干净。有时候他们穿的衣服也不太合体，有些过小，有时候男孩儿穿着女孩儿的衣服。这些衣服大多是别人捐助或者孩子带过来的（当然，这也与院舍工作人员均不讲究穿着有一定关系，但艾滋孤儿的穿着与他们自己的小孩儿还是有较大的差距）。在玩具方面，每个小孩儿都没有自己的玩具，现有的玩具是工作人员小孩儿的玩具，放在那里供所有的小孩儿使用。在住的方面，每个小孩儿单独睡一张床，但与几个工作人员住一个房间，晚上由他们来照顾那几个年龄小一些的儿童。

对于本身携带艾滋病病毒的儿童（其本身现已发病），由于受艾滋病污名的影响，加上多数工作人员没有受到相关知识的培训，使得工作人员对与已经发病的艾滋孤儿接触非常害怕。由于多种原因，其中一个儿童的照顾者及照顾地点已经变换了许多次。这种频繁的变换使得孤儿的适应出现了一些问题，因为其需要不断地适应新的环境和新的照顾者。下面是访谈资料中提到的情况。

（背景：小H是从其他地区过来的，现年4岁，没有父母及其他亲人，完全是一个艾滋孤儿，其本身又有艾滋病。由于这里办有阳光家庭，上级相关部门的领导就将这个小孩送到这里来，由S县的民政部门安置。但由于其年龄太小，阳光家庭又是分开安置的，没有人力照顾他，就将其交由一个本身也有艾滋病的五保户照顾。一个月付给五保老人550元的寄养费和160元的生活费。但这些钱上面没有拨下来，一直由乡民政所所长个人垫付。乡民政所所长正为这事情发愁，后来他们知道这个机构做这事情，就把他又送到这里来。）小H过来后，这里的人轮流照顾他。开始是TL照顾他几天，后来她也害怕，晚上哭。小J的妈妈Y还蛮好，临死前还照顾他几天，小H晚上跟着她睡。后来又跟着我们几天，晚上与我们睡一个房间但没有睡一张床。后来这里又来了一个有病的人儿——W，现在是他和D共同照顾这两个小孩儿——小J和小H（R，院舍负责人）。

……孩子们晚上还不愿意睡觉，尤其是小H，老是9点多了还不睡觉，还在到处玩。开始的时候是TL陪着他玩。后来TL也熬不住了，他就自己玩。看见什么都想吃，尤其是西瓜，吃起来又没个够，好像总是吃不饱。但也不敢让他多吃，因为他要是吃多了又拉肚子，更麻烦（R，院舍负责人）。

从这里可以看出，小H经历了不断的地域和照顾者的变换。从地域方面讲，先是在其他地区→S县五保户→Z机构；从照顾者来说，在S县范围内，就经历了以下这么多的变动：五保老人→TL→小J的妈妈→RZ→W和D。由于不断地变换环境，小H初到一个地方时，对环境的变化不太适应，刚到Z机构的时候，总是哭闹，要回到原来的那个五保老人那里。儿童对于安置地点频繁变换的不适应在其他一些相关研究中也得到证实。寄养照顾经历的不确定性和长期性对孩子的归属感和情感福祉有负面影响

(Sudia，1986)。污名影响到他人对艾滋孤儿的照顾和孤儿本身需求的满足，提供者本身对于疾病和传染的恐惧使得他们不敢对本身有病的艾滋孤儿提供支持，或者提供的支持受到极大制约。这样使得孩子日常照顾需求的满足受到较大影响。对于这样一个脆弱儿童群体来说，污名影响到院舍工作人员所提供的社会支持的数量和质量，使得工作人员为这些孩子提供工具性支持的意愿不高。

已有的研究也注意到，由于艾滋孤儿与艾滋病的密切联系，院舍更不愿意接纳艾滋孤儿，主要原因如下。第一，他们害怕那些携带艾滋病病毒的孩子传染其他孩子；第二，他们的出资者认为艾滋病病毒呈阳性的孩子不是一个“好的投资对象”；第三，大多数机构没有资源去应付周期性疾病孩子的特殊需要（Elizabeth A. Preble，1994)。这使得院舍在安置艾滋孤儿方面，不愿意选择本身携带艾滋病病毒的孤儿。本研究的院舍是属于少数几个接纳艾滋孤儿的机构。下面是某些知情人士谈到的情况。

> 现在做这方面服务的机构很多，但大都是做健康儿童的，一听说像他们母子这样的，一般都不愿意管。现在对已经有病的人的服务很少（YD，院舍工作人员）。
>
> 院舍的工作人员（是一个医生）发现小J的身上出现疱疹，同时她妈妈说他身上还有癣，另外还腹泻。第二天到乡卫生院看病（附近的艾滋病都集中在那里医治），医生给开了消炎和涂抹患处的药，让第二天再过去输液。两位工作人员带着小J去看病，回来后将抹的药用香油混合了涂在患处。当时孩子后背一片一片的疱疹，每片疱疹有一块钱硬币那么大，看起来非常严重（摘自访谈笔记）。

从这里可以看出，由于院舍中携带艾滋病病毒的孩子已经发病，不断出现各种发病迹象，这使得他们有一些专业的工具性需求，如医疗和护理方面的需求更为迫切。虽然院舍中有专业医生[①]，但由于没有专业设备及条件，实际上无法满足这些基本医疗需求。院舍中的患者（不管成人还是孩子）出现发病症状时，还得跑到当地的定点医院，但是那里离院舍路途遥远，来回不便。

三　情感性需求的满足

院舍中孩子的情感性需求既受到其健康状况的影响，又受到工作人员对疾病态度的影响。从其健康状况来讲，院舍中孤儿艾滋病感染者的身份使与艾滋病有关的污名出现了叠加，即他们不仅是艾滋孤儿，同时也是艾滋病患者，其已经发病的种种症状增加了院舍工作人员对于疾病的恐惧。从工作人员的态度来看，由于工作人员自身较少受到相关的专业训练，他们的艾滋病相关知识相对缺乏，这使他们对于艾滋病缺乏心理准备，而他们对孤儿采取孤立与社会排斥的态度又增大了艾滋孤儿的情感性需求。污名的存在，影响到他们对艾滋孤儿提供情感性支持，这使得其情感性需求更难以满足。

> 那两个小一点的小孩儿，特别是小 H 已经换了好几个地方。由于他们没有父母，他们的心理需求特别迫切。有时候他会对你撒娇，寻求一种心理上的满足（YM，院舍工作人员）。

对此，其他的院舍工作人员也持类似看法。另外，研究者个人的经历也证明了艾滋孤儿的情感性需求没有得到满足的现状。

---

① 开始，院舍中有两位年轻的受过专业医学训练的医生，他们是一对夫妇，不过其专业并不是传染病方面。后来，他们也离开院舍。院舍开始准备办诊所，但并没有办起来。在这两位医生离开后，没有找到合适的医护人员，办诊所的事情更是不了了之。

> 小H和小J平常和几位年轻的工作人员在一起，由工作人员来照顾他们的日常起居，与他们一起玩，给他们做饭吃。除此之外，他们对这两个小孩儿并没有太多的关照。除了偶尔上一些课外，一般是任他们在整个院舍里跑着玩的。尽管我是个陌生人，那两个小孩儿却非常主动地向我示好，要我抱他们，并来回撵着，跟着我，找我玩（摘自调查笔记）。

从这里可以看出，艾滋病病毒携带者的身份使得孩子的健康状况会对工作人员的态度产生影响，工作人员对于疾病的恐惧使其不敢亲近他们。孩子处于一个相对孤立的环境之中，没有别人与之接触，这使得孩子的情感需求更为突出。在得不到满足的情况下，他们会表现出情感上的饥渴，主动向他人寻求情感上的依托。同时，由于院舍的封闭性，在院舍之内，工作人员（尤其是承担教师和照顾者角色的几个员工）和孩子属于频繁互动的双方，孩子本身的一些特征和表现也会对工作人员的态度产生较大的影响。

> 另外，这些孩子由于以前缺乏教育而不太知道规矩，还贪吃。吃饭的时候，什么好吃吃什么。像WC，你让他剥鸭蛋，他说："我又不吃这个，不剥。"结果他吃得比谁都多。你不说他也不行，说得少了还不行。刚来这里的时候，他盛菜都不管别人吃了没有，只要是自己喜欢吃的，有多少盛多少，从来不想着给别人剩下一些。现在说了好多次，比原来好了一些。但要是你一阵儿不说他，就又像原来一样了。唉，烦死了（YM，院舍工作人员）。
>
> ……YM和XY觉得，这些孩子都比较顽皮、淘气，特别是小C，你说什么他都不听，有时你还得说他好几遍。这些孩子一点儿也不可爱，也不好带。在这里并没有什么要紧的事情，几乎每天都是做饭、吃饭；吃饭、做饭，没有什么意

思（摘自调查笔记）。

由于孩子缺乏教育，不知遵守社会上所认可的约定俗成的习惯或规范，加上孩子固有的顽劣天性，使得其表现不为他人认可。而从工作人员的角度来看，由于她们非常年轻（都是15～20岁的小姑娘），对此的心理承受能力有限，她们难以从情感上喜欢这些孩子，并发自内心地照顾他们。加上院舍内部环境的艰苦和工作的单调性，使得这些年轻的工作人员的态度逐渐产生变化，她们开始产生厌倦之情。

从院舍中儿童的需求满足状况来看，儿童的情感性需求并没有得到多大程度满足。那几个艾滋孤儿，虽然年龄尚小，但却有艾滋病，而工作人员又都比较年轻，由于害怕传染和对于疾病的恐惧，她们也受到艾滋病污名的影响。因此尽管她们已经尽心对待这些孩子，但实际上她们对于这些小孩还有畏惧和疏离感。另外，由于这些孩子到院舍之前缺乏监护及教育，他们不知道规矩也使得工作人员对其难有情感上的认同。虽然有时她们也觉得这些小孩很可怜，但更多的是出于怜悯而不是心理上的喜欢和认同。因此，她们照顾这些孩子更多是出于对工作的责任，出于理智而没有多少情感因素在内。[①] 尽管一段时间后，工作人员也不可避免地会对这些孩子产生同情，但这些同情受到污名的严重制约。[②] 在孩子的情感性需求无法得到满足的情况下，他们会向他人寻求情感上的归属，最为明显地表现是向他人撒娇，希望他人拥抱自己，渴望他人的抚摸等。这明确地

---

① 毕竟人的天性是喜欢健康的、漂亮的、美的东西，对丑恶的、病态的东西有一种本能的排斥。尽管一些人出于对宗教的虔诚或者责任心或者使命感来做这些事情，但也是出于理智而不是出于天性。

② 由于院舍没有对工作人员进行过系统的艾滋病相关知识的培训，他们对艾滋病的看法受到周围环境的强烈影响。由于院舍受到与艾滋病有关的污名更为严重，出于对死亡和传染的恐惧，这些工作人员对艾滋病更为害怕。加上他们已经知道这些孩子有病，更加剧了这种害怕的程度。

表现出这些孩子的情感性需求并没有得到满足，他们的身体饥渴非常明显。

四 发展性需求的满足

从院舍中孩子的发展性需求满足方式来看，院舍采取了自己教育的方式，由其工作人员对儿童进行教育，这就需要考察工作人员的资质问题。而从工作人员的基本情况来看，只有一个人具备教师资格，大专以上学历的只有机构负责人夫妇以及这里的一个社会工作者，其他工作人员并不具备国家认可的教师资格。根据机构负责人的说法，这里更为注重的是职业培训，以培养孩子一种生活的技能。但即使职业培训也对师资和条件有一定的要求，而院舍工作人员并不符合这些条件和要求，他们不具备某方面专门的知识与技能，难以对孩子进行某方面专业的技能培训。可以说，师资水平制约了其对儿童进行教育的水平。

由于污名的作用，加上需具备教师资格，而符合要求的人不愿意来这里工作的现状，使得院舍负责人不得不降低要求，能够招来什么人是什么人，导致师资质量无法保证。由水平这么低的师资来担当儿童教育的职责，显然难以保证教育质量，因此他们的教育需求得到满足的可能性相对较小。院舍负责人对此也有较为深刻的认识，但他们更多地将孩子的学习质量归因于孩子本身，而不去或很少考虑师资的因素。

> ……没有人管的孤儿那是没有办法，教成啥样是啥样呗（RB，院舍工作人员）。
>
> WI的学习成绩非常好，但家里特别困难。我们去看过。我们接他过来的时候他的老师还很不愿意他过来呢。因为他的成绩好，一旦走了影响他们班升初中的成绩。后来我们答应到这里来由我们负责他的教育，到时候回学校参加考试，看看他的学习成绩如何。在这里，主要是由R、RW和YM教

> 他。我们看他学习得好，现在已经让他学完小学的课程，初中课程已经开始给他学。但至于说能否保持他原来的质量，这个不好说，我觉得也无法打这个包票。但另外一个男孩QX则属于另一种类型。他特别顽皮、淘气，学习成绩也不好，并且不太听话，我也真拿他没有办法（R，院舍负责人）。

由于孩子资质的不同及学习态度的差异，他们的学习情况好坏不一。学习成绩及学习态度的差异对院舍工作人员的态度又产生了影响，他们对于孩子的情感发生了一定偏移，这又影响到孩子的工具性需求及情感性需求的满足。

至于对孩子其他发展性需求方面的考虑，从实际情况来看，院舍还没有考虑到。这可能与院舍负责人认为自己不可能在这儿长期工作有一定关系。他们认为给孩子提供一种职业培训更为重要，其重要性甚至超过了一般的学校教育。但这些职业教育往往是由院舍工作人员自己提供，他们自己会什么就教孩子学什么，没有考虑到孩子的兴趣、职业教育的专业性以及其他的实践训练。从这里可以看出，培训的内容、形式往往是从工作人员自身的角度出发，而不是从孩子的需要出发。这也与院舍受到资源的限制有重要关系。当然，这也只是现阶段的内容，具体情况可能会根据现状发生相应的变化。

结论

从需求满足的角度来看，虽然两种模式中儿童的需求满足有一些共同之处，但两种救助模式中艾滋孤儿需求满足的程度有所不同。

阳光家庭和院舍对孩子们的工具性需求都比较重视，采用了多种办法与措施来满足孩子们这方面的需求。从总体上说，艾滋孤儿的衣、食、住、行等基本的物质需求和日常照顾的需求基本得到满足，但阳光家庭满足得更好一些。

在情感性需求方面，不论是阳光家庭还是院舍，孩子们的情感性需求还没有受到充分关注，既没有专业人员对这些儿童及家长或者工作人员进行这方面的教育，也没有送他们到一些专业的机构去进行这方面的培训。两者的区别在于，由于阳光家庭实际上是在本村安置，阳光家庭的父母与其原生家庭的亲人共同给艾滋孤儿提供情感性支持，其类别多样，满足程度比较好。而在院舍中，艾滋孤儿处于一个封闭的环境之中，并且离开其熟悉的亲人与社区，由工作人员提供照顾。工作人员更多的是出于职业伦理的要求去照顾这些儿童，本身对于孩子没有情感方面的投入。同时由于工作人员对于传染和死亡的恐惧，使得他们对于本身携带病毒的孩子的情感投入更少，致使儿童的情感性需求的满足相对较差，儿童的情感饥渴表现得更为明显。

在发展性需求方面，双方提供教育的方式不同，阳光家庭的孩子享受到国家及教育部门有关的教育费用减免政策，入读正常的国民教育序列的全日制学校，教育质量相对有保证。从职业培训方面来看，不论是阳光家庭还是院舍，都没有采取这方面的实际行动。但阳光家庭的父母已经开始有这方面的设想，并考虑付诸实施，而院舍方面还没有这方面的考虑。但这些对于孩子们以后生活的长期安排来说非常重要。在院舍中，由于儿童离开了熟悉的学校，因此是由工作人员自己提供教育，但工作人员不具备教师资格，使其教育质量无法保证。对于孩子们的婚恋需求，从现实情况来看，这类孩子在婚恋领域会受到最为严重的污名与社会排斥，其波及面也最大。但由于阳光家庭和院舍中的孩子均未到适婚年龄，因此这方面的工作还没有提上日程。综上所述，对于孩子们的发展性需求，阳光家庭和院舍考虑得都不多，孩子们的发展性需求的满足程度都不高。但两者相比，阳光家庭中孩子们的发展性需求满足得相对较好，尤其是其中的教育性需求。而院舍的孩子的发展性需求满足度低。因此，两者相比，阳光家庭中儿童的发展性需求满足度较高，而院舍中儿童的发展性需求满足程度相对较低。

第七章
研究结论、启示与建议

这是本研究的最后一部分，是对前面本研究的主干部分，即第四至六章内容的提炼与总结，并在此基础上得出研究结论并提炼出理论主题与事实结论。这里将从三个方面对本研究进行回顾与总结。一是研究结论，包括主要的事实结论和理论主题，研究中的局限性和以后可供探讨之处也在这里一并陈述；二是将研究结论放在中国社会福利与社会工作发展的大背景下来看待，探讨本研究的研究结论对于我国社会福利政策及社会工作发展的启示及意义；三是研究的具体建议，包括政策方面和服务方面的具体建议。

第一节　研究结论

本部分内容是本研究的结论部分，主要是对本研究的主干部分，即对于前面的第四至六章内容的总结与概括。研究结论分为四个部分：关于基本情况的事实结论、理论主题、研究中的局限以及研究中可进一步探讨之处。

一　事实结论

第一，从艾滋孤儿的基本情况来看，他们的年龄大多在五岁到十几岁之间，处于小学阶段的比较多，初中次之，高中最少，大多身体健康。这与中部地区卖血活动猖獗的高峰时间大致一致。[①] 从其健康状况来看，现有的艾滋孤儿绝大多数都健康，没有携带艾滋病病毒，有病的是极少数。[②] 从研究者所接触到的实际情况来看，得病的孩子年龄普遍偏小，大多不超过 10 岁，均为男孩。[③] 这可能与其传播渠道以及病毒对人的影响有一定关系。从传播渠道来看，虽然艾滋病存在性传播、血液传播与母婴传播三种渠道，但对于艾滋病高发区的孩子来说，除了极少数情况[④]外，孩子大多由于母婴传播而致病，而其父（母）是由于卖血而致病，实际上是一个“卖血—父亲（或母亲）得病—孩子得病”的传播途径。这就决定必须是在其母亲已经得病后生的小孩才可能是有病的孩子，因为根据医学规律，艾滋病母婴传播的可能性是 30%。这几个有病的孩子都是属于母婴传播的情况。从实际情况来看，一方面由于卖血的高峰时期是在 10 年前，有病的孩子大多是这之后所生的孩子，这决定了有病的孩子年龄偏小，往往在 10 岁以下。[⑤] 另一方面是因为现在还没有专门适用于儿童的普及性药物，儿童的存活年龄受到影响。一些医学研究显示，本身有艾滋病的孩子一般活不过 10 岁。现实中所见的几个孩子已经发病，疾病症状已经显现出来。但他们看起来反而特别聪明，其智力并没有受

---

① 中部地区艾滋病感染主要在 1994 ~ 1996 年，高峰感染期在 1995 年（张可，2005）。按此时间计算，至调查时间，孩子的年龄大多在这一阶段。

② 从本人所走访的几个村子，包括阳光家庭以及院舍的基本情况来看，一共见到 6 个有病的孩子，其中一般家庭中有 1 个；阳光家庭中有 3 个；院舍有 2 个。其他所见到的孩子均健康，没有携带艾滋病病毒。

③ 其中，生活在阳光家庭中的 3 个分别是：11 岁、7 岁、10 岁；生活在一般家庭中的是个 8 岁男孩；生活在院舍中的两个有病孩子分别是 6 岁和 4 岁。其年龄的最大值为 11 岁，最小值为 4 岁，平均年龄为 7.67 岁。

④ 这里指的是孩子由于住院后输血而得艾滋病的情况。目前对这一群体缺乏具体的统计资料，散见于一些法律诉讼和媒体报道中。

⑤ 感染艾滋病的儿童，一般应该是 1995 年以后出生的，经过 8 ~ 10 年后，目前均已进入发病高峰期，需要立即治疗（张可，2005）。按这样计算，这些已经感染艾滋病的儿童的年龄在 11 岁以下。

到疾病的影响，俨然一副什么都明白的模样。[①] 有时他们的聪明伶俐给人感觉已经超出了他们这个年龄段应有的程度，显得比同龄人早熟，这突出表现在对人际关系的洞察方面，这可能与他们的健康状况以及父母得病的现状有一定关系。

第二，阳光家庭父母的年龄在 30 ~ 50 岁之间，身体健康，较有爱心，已经有自己的小孩和养育孩子的经验，其中一户的孩子已经大学毕业。从这里可以看出，与村里其他人相比，不管是从年龄、文化程度还是其他因素来看，阳光家庭父母的素质相对较高。从全部 7 户阳光家庭中，有 5 户中的父亲是村干部，他们均为村中的能人。另外两户的父亲虽不是村干部，但均居住于有两户阳光家庭的村子中，这些村的村干部已经是阳光家庭的父亲。其中 1 户是艾滋病患者抚养携带艾滋病病毒的艾滋孤儿。在这些阳光家庭的父母中，他们大多从事种植业之外的非农产业，以弥补生活开支的不足。由于他们在本村中的政治精英地位以及较高的威望，他们充当阳光家庭的父母更容易促进社区成员对这些孩子的接纳，产生一种良性后果。

第三，院舍型照顾方式是一个不适应当地实际情况和孩子现实的照顾方式。院舍采取一种封闭的方式，试图以种植业的收入来满足日常支出、人员工资以及孩子的支出。但在目前条件下，这个目的难以达到。因为要从农场的土地中创造利润，必须有相当数量的健康人，他们愿意在这里劳动，同时提高农产品的附加值，才能创造出价值和利润，以维护院舍的正常运转。但正如前面所提到的，地理位置、管理方式、内部一致性等因素使得周围环境对院舍的污名程度更高，周围的社会成员除非迫不得已，都不愿意到院舍工作，这使得院舍缺乏足够数量的合格劳动者。同

① 如院舍中的艾滋孤儿小 J，其妈妈去世之前他一直在医院陪着。临终前院舍工作人员去买骨灰盒，他也跟着，还跟人家谈价钱。说："人都要死了，你们还不便宜点？" 院舍的工作人员也认为小 J 特别聪明，什么事情都明白，其心智成熟度早已超过了这个年龄段孩子的一般状况。

时在院舍内部，院舍负责人缺乏长期明确的经营思路来管理院舍，健康人既没有受到任何保护，也很少受到这方面的培训，他们缺乏应对晚期患者各种症状的心理与事实准备。再加上工作人员的父母家人对艾滋病缺乏了解，大部分工作人员的父母家人开始并不太清楚他们的工作性质，但他们知道后，出于对艾滋病的恐惧和对自己孩子安全的担心，纷纷劝说自己的孩子离开。在内外多方面因素的影响下，院舍的工作人员心理压力非常大，而这时又没有合理的缓解压力的对策与手段，使得他们纷纷离开院舍。而剩下的几个老员工根本无法维持院舍的生产。同时，种植业的比较效益也偏低，仅靠种植业中所获收益难以满足院舍的需求，这使得院舍的生存与发展面临较大的困难。从国际趋势来看，由于院舍固有特征带来的机构综合征，使得院舍中儿童成年后的社会化进程受到较大影响，院舍照顾的缺点便凸显出来。加上院舍照顾往往更为昂贵，需要投入大量的资金进行硬件建设和应付日常的支出。从实际情况来看，本研究中院舍受到周围环境隔离的最主要原因在于院舍的封闭性，院舍的封闭性导致孤立和社会排斥，无法促进患者和孤儿的社会融入进程。

实际上，不管是患者还是健康人，其最终目标是融入主流社会，在正常的社会环境中生存与发展。对于未成年人来说，这一点尤为重要。健康的艾滋孤儿由于还要存活很长时间，以后还要经历就业、成家等一系列的生命历程。对于他们来说，社会化进程是一个非常重要的内容，融入主流社会也成为他们个人发展的重要目标之一。在现有的几种照顾模式中，家庭与社会基础上的照顾方式应是艾滋孤儿照顾的发展方向。但也应该注意到，由于原有的家庭结构的变化以及社会资源的缺乏，传统的家庭照顾方式难以为继，需要外来的支持介入。毕竟，家庭与院舍的最大的区别是，家庭是靠情感来维系的，家庭中有爱，这是个体生存与发展不可或缺的，也是任何其他的院舍性机构无法比拟的。这决定了在脆弱儿童的安置中往往优先考虑家庭，因此家庭的恢复、重建和能力提升对于现代社会尤为重要。

对于艾滋孤儿及其他的脆弱儿童来说，院舍是一种有益的补充照顾方式，具有规模性和专业性的特点。但这种照顾方式往往成本高、投入大，易出现儿童机构综合征，不利于儿童的社会化进程。但这不意味着全面否定院舍照顾，院舍的发展要根据现实情况进行调整。从院舍照顾的发展方向来说，应该更多地发挥其专业优势，成为周围社区信息与资源的提供者，为家庭和社区提供更多的支持。在这种情况下，院舍与家庭、社区的交流与互动必不可少。国内的一些儿童福利院也认识院舍照顾的缺陷，开展了其他方面的探索。[①] 因此，开放办院对于院舍来说必不可少。

从实际情况来看，阳光家庭与院舍的基本情况如表7－1所示。

表7－1　两种救助模式对比结果

项目＼类别	阳光家庭	院　　舍
支持层面	国家政府（直接支持，强）、社区、组织、家庭	国家政府（间接支持，弱）、组织、教友
支持形式	情感性支持、信息性支持以及工具性支持	情感性支持较少，工具性支持
照顾者来源	本村，多为社区领袖	机构负责人外来，少数工作人员来自附近村庄
地理位置	高发村内	低发村附近
孤儿来源	多为本村	一般为本县
安置方式	健康儿童与有病儿童分别安置	健康儿童与有病儿童混合安置
资金来源	国家拨付、非政府组织支持以及寄养家庭自筹	组织自筹
污　　名	弱	强

① 近年来，国内一些儿童福利院也开展了开放办院方面的有益探索，他们试行开展孤残儿童的家庭寄养工作，在福利院附近开设一些寄养点，开展家庭寄养方面的探索。这方面比较突出的有北京福利院、成都福利院等。另外开展国际收养项目的合作，推动国际收养的开展。

续表

类别 项目	阳光家庭	院　舍
与所在社区联系	开放性，强	封闭性，弱
外界认可度	高	低
内部一致性	高	低
宗教背景	无	强烈的基督教背景

二　理论主题

第一，社会支持是艾滋孤儿的需求满足的重要来源，社会支持的数量、质量及多样性对其需求满足具有重要影响。阳光家庭中的孩子得到政府与国家层面、组织层面、社区层面、家庭层面的社会支持，其社会支持的来源更为多样化，数量更多。而院舍中孩子得到的社会支持相对较少，只有单一的非政府组织所提供的社会支持。同时，由于存在社会支持的叠加，导致在同一层面的社会支持中，阳光家庭的孩子得到的社会支持数量相对较多。例如在组织层面，多个非政府组织为同一个阳光家庭中的同一个孩子提供一定的社会支持；在家庭层面，艾滋孤儿的原生家庭与阳光家庭相互配合，共同为孩子提供社会支持，只不过两者提供社会支持的重点有所不同，例如原生家庭重在情感支持，而阳光家庭则重在工具性支持。因此，阳光家庭中的孩子得到的社会支持不仅类型更多，而且数量更多。社会支持对于孩子的需求满足产生了重要的正向影响，即社会支持越多，其需求满足越好，对于工具性需求的满足尤其如此。但也应该注意到，由于污名的影响，社会支持的作用受到一定程度的削弱（参见第四章）。

第二，熟人社会的污名与污名控制策略具有自己独有的特征。由于患者家族性和地域性聚集的特征，农村原有的建立于血缘和地缘基础上的社会支持网络受到极大的破坏。同时，熟人社会的污名具有自己独有的特征，主要表现为污名物化和污名地域化。

污名物化是指污名不光指向“人”，而且指向“物”，如前文中提到的艾滋病患者种植的农产品、水果等，这实际上是污名扩大化的表现。污名地域化主要来自空间与污名的明显联系，这建立于被污名化群体在地域上高度集中的现实。在高发村内，由于得病人数众多以及他们所采取的污名抵制策略，使得社区内被污名化群体的污名程度相对较轻。但同样由于被污名化群体在空间上的聚集和社会公众相关知识的贫乏，加上对死亡和传染的恐惧，社区外的社会成员对高发区的污名更重，如形成“艾滋村”等歧视性称呼，不愿意与这些村的人打交道。这样导致污名扩大，使高发区内的健康人也受到影响。而在低发村内，由于得病人数为个别人而大多数人身体健康，出于对死亡和传染的恐惧，被污名化群体所受到的污名化程度相对较重。与此同时，社区外的社会成员对于整个社区的污名程度相对较轻。熟人社会的污名明显地表现在婚恋领域、教育领域和人际交往领域。熟人社会相互熟悉的特征也对个体的污名控制策略，尤其是隐瞒策略产生重要影响。个人在社区内往往难以达到控制污名的目的，疾病信息往往成为整个社区共有的秘密。但在社区之外，个人往往有更大的可能来进行污名控制。由于空间与污名的密切联系和社区领袖在社区内的精英地位，社区领袖往往成为社区污名控制的重要人物，是否采取暴露策略以及暴露到何种程度，在很大程度上是由社区领袖决定的。

在污名地域化的影响下，出现了地域层面的污名控制策略，即地域概化和地域隐瞒，这分别与个体层面和地区层面的污名控制策略有重要关系。地域概化是个体层面的污名控制策略，主要指被污名化群体离开村庄到其他地方，包括外县、外乡、外省后，往往将自己的地域概化，不说自己的村庄或县的名称，而直接说所在市或省的名称。这样使得别人一般不会将他们与艾滋病联系起来，以达到避免污名的目的。地域隐瞒是地区层面的污名控制策略，主要表现为政府的行为。其不公开地谈论、讨论艾滋病，也不鼓励非政府组织进行有关活动。这实际上是基层政府对于当时当地情况进行理性选择的结果。因为在艾滋病被严重污名化的情况下，一个地方一旦公开，往往带来的是整个地区被污名化，这是高发区的政府不愿看到的，也极力避免的。因此，任何一个地方都不愿意将自己这个地方与艾滋病联系起来，不论其实际上有没有艾滋病患者，得病人数有多少。在这种情况下，他们采取了地域隐瞒策略，以达到避免地域污名的目的（参见第五章第一节）。

第三，污名对于个人的需求满足，尤其是情感性需求满足产生负面影响。不管是阳光家庭还是院舍，安置方式、地理位置、内部一致性、照顾者的身份、与所在社区的联系、外界认可度等因素都对污名程度产生重要影响，不过对院舍中孩子的污名程度更高，对阳光家庭中孩子的污名程度相对较低。污名实际上是社会建构出来的，在社会建构的过程中，社会公众的认知起着重要的作用，这主要取决于其相关知识的多少、精英人物的作用以及大众传媒的作用。污名对个人的情感性需求产生着更大的负面影响。在污名建构的过程中，传言起到了重要的作用。同时，污名的存在也影响到被污名化群体的社会支持，影响到他们所得到的社会支持及其效果的发挥。因此，在个体和群体的需求满足中，社会支持与污名相互作用，形成一种此消彼长的关系，共同影响需求满足（参见第五章第二、第三节）。

第四，孩子的需求满足受到社会支持与污名的相互作用。其中，社会支持发挥正向作用，有利于个体的需求满足；而污名导致歧视与社会排斥，产生负面效果，不利于个体的需求满足。由于两类救助情境中的社会支持与污名状况的差异，导致两类情境中孩子的需求满足状况也有所不同。详细说来，不管是阳光家庭还是院舍，都对孩子的工具性需求较为重视，但阳光家庭中孩子的满足度相对更高。在情感性需求方面，由于阳光家庭实行社区内安置方式，孩子从其原生家庭和阳光家庭得到双重的情感满足，因此阳光家庭中孩子情感性满足相对较好，而院舍中孩子的情感性需求满足得相对较差。在发展性需求方面，阳光家庭中孩子的发展性需求满足得相对较好，而院舍满足得相对较差，某些类别的发展性需求，如职业培训方面的需求还没有被考虑到（参见第六章）。

三 研究中存在的不足

第一，研究范围的限制。本研究由研究者个人进行，主要对S县的两类救助方式——阳光家庭和院舍式照顾情境中艾滋孤儿的社会支持、污名以及需求满足进行研究。由于个人的时间、精力有限，研究范围受到一定限制。同时，由于实地研究是在S县进行，是其真实情况的反映，但无法全面代表其他地方或其他类别的救助方式。即使是院舍式照顾方式，也包括由政府所办的阳光家园和非政府组织所办的院舍，由于其主体的不同，其实际得到的支持和运行情况也可能存在较大区别。因此，本研究中的院舍不足以完全代表其他类型的院舍，将研究结果扩展到其他地方需要谨慎处理。

第二，研究方法的限制。由于本研究中研究对象涉及未成年人，因心理及认知方面的限制，他们容易受各种因素的影响而无法真实地表达自己的看法，因此对其采用定量研究方法，如问卷或者量表等测量工具存在一定的局限。另外，由于本研究还是一个相对敏感的研究主题，并且由于艾滋病的高度污名化特征，如果采用定量方法可能无法得到更为深入的材料。基于此，本研究更多地使用定性研究的方式，包括参与式与非参与式观察、访谈法、实地研究方法等，对研究对象、研究内容进行更为深入的了解，同时将多种不同方法得来的材料进行相互验证，以求得对事实的更为确切的理解与把握。本研究更多的是一种探索性和描述性研究，尽管有部分的解释性研究，但其成分还很不够。完备的解释性研究有赖于以后类似研究的丰富与污名的降低，并采用定量的研究方法，在更大的范围内进行。

第三，研究方式的限制。研究污名的目的是为了探索去污名化的措施，并在此基础上减少差异对待，促进社会融入的进程。对于去污名化或者降低污名的研究，采用历时性研究的方式更为可行，这样得来的研究结论可能更为可靠和有效。但是对于研究者而言，由于个人时间、精力及财力的限制，不可能去做太长时间的历时性研究。因此本研究只是针对一个时段内的基本情况的了解与把握，进一步的长时段的历时性研究需要在以后条件具备的条件下进行（比如5年或者10年后做对比研究，在此基础上得来的研究结论会更有说服力）。

第四，研究材料主要来自研究对象个人的自述以及研究者个人的观察及访谈。在实际研究中，研究者的身份为研究对象所知（出于遵守研究伦理的要求，研究者没有对研究对象隐瞒自己的真实身份），这可能会对研究对象的个人自述产生一些影响。他们可能基于某些考虑而没有真实表达其个人意图，这可能是定性研究方法难以克服的缺陷。但正如怀特在《街角社会》中所言，人们可能在某一时点对研究者说假话，但不可能对整天与其生活在一起的人隐瞒其真实情况（威廉·福特·怀特，1994）。因此，本研究采取了多渠道来源的信息相互验证、延长调查时间等方式，来提高实地研究中所获材料的信度与效度。另外，由于研究者介入到当地艾滋孤儿的救助工作中，介绍其他的非政府组织到当地开展工作，并给院舍提供了一些力所能及的帮助，使得他们的现状有了一定的改善，这也可能使研究对象的实际情况有所改变。他们对于研究者更容易接受，在许多时候也愿意说出真实的情况。对于此点，在此予以说明。

四　需进一步探讨之处

第一，研究污名的目的是为了降低污名，减少对某些群体的差异对待，并促进他们社会融入的进程。在社会福利产品的输送过程中，也可能存在由于福利的永续而导致的一些污名，在此过程中如何降低污名以发挥福利产品的最大效率至关重要。污名的产生、传递和消除机制是进行污名相关研究的重要内容，如何促进去污名化的进程需要在以后可能的条件下进一步研究。从目前情况来看，对于污名的研究是以后研究的基础，这不仅涉及微观层面的污名控制，而且涉及中观及宏观层面污名控制的内容。在微观层面，个体如何进行污名控制，在什么样的条件下、对什么人采取何种（暴露或者隐瞒）污名控制策略？在中观层面，家庭、社区、群体、组织如何进行污名控制？在宏观层面，国家和政府如何促进社会政策的制定和执行，尽量降低污名，促进被污名化群体的社会融入进程？东西方不同的文化背景对于个体、群体以及地区层面的污名控制策略产生什么样的影响？这些都是以后研究中需要关注的重要内容。

第二，对于艾滋孤儿这一群体，其未成年时期的丧亲经历以及受到艾滋病污名的严重影响，可能会对其以后的整个生命历程产生重要影响。尽管随着时间的流逝，这种影响的程度可能慢慢降低，但这种污名及丧亲经历如何对其生命历程产生影响，需要在可能的情况下进行长期的追踪研究，才可以进一步确定。

第三，本研究通过对阳光家庭与院舍进行比较，从纵向的方面对艾滋孤儿的社会支持、污名与需求满足的关系进行了研究，并在此基础上得出一些结论。这决定了本研究更多地集中在中观层面，即组织与家庭层面。本研究是要寻找两类救助模式组内的相似性和组间的差异性，并在此基础上进行比较。在中观层面上，实际呈现出来的是社会支持与污名相互作用的结果，其过程并没有显现出来。从实际情况来看，社会支持与污名作用的对象比较一致，都是阳光家庭或者院舍，但是其给予方不同，往往是某些人或群体给予社会支持，而另一些人或群体给予污名。由于本研究是一个时间段内的研究，没有较长的历时性因素，很难在此论证社会支持与污名的相互关系。这需要在以后可能的条件下，将研究集中于个体层面，进行长期的历时性研究，才可能会揭示出这两方面的关系。

第四，关于政策补偿方面，需要进一步完善与健全，这涉及社会政策与法规方面的内容。如何对患者、孤老以及孩子进行政策补偿，补偿的内容、方式等都需要进一步的研究。从另一种意义上讲，政策的补偿还与促进社会融入有密切关系。另外，政策的补偿不仅涉及相关政策的制定，而且涉及政策的执行以及政策的保障措施方面的内容。否则，政策就只是文本上的制度，而无法转化为现实的制度。由于政策的救济涉及面非常广，需要在以后可能的条件下进一步地深入探讨。

第二节　中国社会工作发展的背景与进程

艾滋孤儿的问题是在国内社会变迁的大背景下产生和发展起来的，这与国内的社会结构转型、社会变迁有着不可分割的关系。艾滋孤儿问题的妥善解决也需要动员多方面力量，从多个角度入手来解决，社会工作便是其中最为重要的手段之一，而这离不开对国内社会工作职业化和专业化进程的了解与反思。近年来，国内的社会工作职业化进程迅速推进，因此有必要了解这一基本进程。

一　中国社会工作职业化的背景

在社会分工的过程中，社会工作从业余的慈善活动变成一种专门职业，社会工作教育也在世界各地获得了不同程度的发展。在此过程中，社会工作的伦理、价值观、技巧、手法得到确认，社会工作作为一种职业受到尊重，其职业声望逐步提高。资格准入制度、培训制度、晋升制度及相关法律法规的建立与完善成为社会工作职业化的重要内容。目前，社会工作作为一种专业和职业已经在全世界大多数国家和地区得到了充分的承认，社会工作者也在救灾、扶贫、社区、社会政策等多个领域发挥着重要作用，成为现代公民社会发展不可或缺的重要力量。

与此相比，中国内地的社会工作专业化和职业化进程要落后于全世界社会工作专业化和职业化的进程。近些年来，中国内地社会工作的发展表现出明显的特征。其一是社会工作教育先行，社会工作职业化滞后。从目前情况来看，全国已有超过300所高等院校开办有社会工作专业，年培养学生超万人。但与此相对应的是，在全国大多数地区，社会工作职业化的岗位开发与设置仍处于探索阶段。其二是社会工作职业化更多的是回应个人与社会的需要而产生，政府往往将社会工作专业化和职业化看做解决问题的手段，而不是其本身，社会工作职业化的工具性特征日趋明显。从实际情况来看，中国的社会工作职业化有着特殊的社会经济背景。

1. 缓解社会矛盾，降低社会冲突的需要

中国急剧的社会变迁中，利益的重新调整和分配使一些群体和阶层成为利益受损者，他们不可避免存在怨恨情绪，往往会通过多种途径和措施来表达自己的不满，维护自身利益——群体性事件和维权抗争事件的增多就是这一现象的典型反映。[①] 这对社会稳定与社会和谐产生了负面影响，需要采种多种途径与措施，将社会冲突和不稳定情绪控制在社会可以容忍的范围内，以维持正常的社会秩序与社会和谐。在许多地区，稳定已成为地方政府的第一要务，成为压倒一切的重要任务。这需要多种手段的综合作用，社会工作便是其中最为重要的手段之一，而世界社会工作的发展进程也证实了这一点。在这种情况下，发展社会工作，提供

① 许多学者的研究证实了这一点，2005 年发表的《社会蓝皮书》表明，表达不满的群体性事件由 1994 年的 1 万起增加到 2003 年的 6 万起，而且规模不断扩大，参与群体性事件的人数年平均增长 12%，由 73 万多人增加到 307 万多人，其中百人以上的由 1994 年的 1400 起增加到 2003 年的 7000 多起（汝信等，2004）。2000 年分别比 1995 年上升 2.8 倍和 2.6 倍。仅国务院信访局受理的集体上访批次和人次，2000 年就比上年上升 36.8% 和 45.5%，2001 年又比 2000 年上升了 36.4% 和 38.7%（程浩等，2003）。

社会服务，成为新时期缓解社会矛盾、降低社会冲突的重要手段之一。

2. 社会服务社会化的需要

在“小政府大社会”和“社会福利社会化”的过程中，原有的“单位制”使得不同所有制单位难以平等竞争而难以为继；同时由政府来包办所有的社会服务无法持续，它容易导致机构臃肿、效率降低，与政府机构改革的目标相违背。在这种状况下，政府与企业将其原来承担的社会服务职能转让出来成为时代发展的需要，这要求出现新的主体来承接原有的由单位和政府所提供的社会服务职能。由此“社会服务社会化”应运而生①，它淡化了原有的行政色彩，变原来的“管理”为未来的“服务”，并提高社会服务的专业化水平。此外，社会成员需求的不断扩大也使得社会服务机构的发展成为一种必然趋势。这种种因素为社会工作职业化提供了契机和可能。

3. 社会工作教育专业化的要求

社会工作职业化的关键在于其自主性，包括组织自主性和功能自主性。在组织自主性方面，社会工作职业化体现为研究团队的形成、专业刊物的出现、专业协会的设立和社会工作教育的专业化。因此社会工作职业化与社会工作教育的专业化具有重要关系，社会工作专业教育也推动了社会工作职业化进程。截至二百6年底，中国有二百多所院校设置了社会工作专业，年培养学生数量超过万人，成为高等教育中的一门重要学科。社会工作专业教育培养了大量的社会工作专业毕业生，成为推动社会工作职业化的一支重要力量。

在以上因素的综合作用下，政府、社会服务机构、社会工作

---

① “社会福利社会化”是民政部门提出的一种工作思路，从2000年民政部颁布的《关于加快社会福利社会化的意见》中可以看出，社会福利社会化包括了投资主体多元化、服务对象公众化、服务方式多样化和服务队伍专业化（罗观翠等，2008）。

教育者成为推动社会工作职业化的主要力量。其中，政府的力量最为突出，政府期望社会工作者能够为社会成员提供服务，更期待社会工作这个专业能够解决社会变迁中的大多数社会问题。因此，政府有强烈的动机来推动社会工作职业化。同时，由于目前“强政府弱社会”的格局，绝大部分的资源掌握在政府手里，政府也成为推进社会工作职业化的重要主体，各地社会工作职业化进程的经验实际上也表现出了强烈的政府推动型特征，如上海、深圳等。

二 中国社会工作职业化的发展进程

尽管中国内地的社会工作专业教育开展得比较早，但社会工作职业化进程却开始于近年。最初，是在一些地区进行试点，之后总结试点的经验教训向全国推进。2004 年 6 月 15 日，劳动与社会保障部颁布了社会工作者国家职业标准，并在上海首先试点。《职业标准》在职业概况、基本要求和工作要求三方面进行界定。职业概况主要在职业定义、职业等级、职业能力特征、基本文化程度、培训期限、培训教师、申报条件、鉴定方式和鉴定场所设备等方面进行了规定；基本要求主要从职业守则、社会工作基本理论、社会工作基本方法、社会工作实务过程和社会工作实务领域等进行了说明；在工作要求中，对社会工作者四级、社会工作者三级、社会工作者二级、社会工作者一级的技能进行界定，要求依次递进，高级别涵盖低级别的要求。

2004 年 12 月，在民政系统社会工作人才队伍建设推进会上，民政部提出了争取到“十一五”末，培养近千名高级社会工作人才、近万名中级社会工作人才、近 10 万名初级社会工作人才的战略目标。

2006 年 7 月，人事部、民政部联合颁发了《社会工作者职业水平评价暂行规定》和《助理社会工作师、社会工作师职业水平考试实施办法》，首次将社会工作者纳入专业技术人员范畴，为进一步提高社会工作人才队伍的专业化水平提供了制度保障。

2006 年 10 月，中共中央十六届六中全会做出《中共中央关于构建社会主义和谐社会若干重大问题的决定》，决定要以“建立宏大的社会工作人才队伍”为目标。按照此决定精神，结合国内外经验，有关部门指出，社会工作是社会建设的重要组成部分，它是一种体现社会主义核心价值理念，遵循专业伦理规范，坚持“助人自助”宗旨，在社会服务、社会管理领域，综合运用专业知识、技能和方法，帮助有需要的个人、家庭、群体、组织和社区，整合社会资源，协调社会关系，预防和解决社会问题，恢复和发展社会功能，促进社会和谐的职业活动。从此以后，中国内地的社会工作职业化进程步入了快车道，与社会工作职业化有关的各项议程的速度加快。

2007 年 12 月，民政部编写的《全国助理社会工作师、社会工作师职业水平考试大纲》正式发布。2008 年 6 月，由民政部组织的全国社会工作职业资格考试如期举行，这是全国社会工作职业化的重要步骤，首批助理社会工作师、社会工作师在我国诞生，这在社会工作职业化进程史上具有重要的意义。此后，社会工作资格考试迅速被承认，深圳、广州的社会服务机构在招收新员工的时候越来越多地要求应聘者具有社会工作职业资格证，这显示了社会工作职业资格逐步得到认可，社会工作职业化进程在一步步推进。

在中国内地的社会工作职业化进程中，一些经济发达地区由于地缘、理念和经济基础等因素，走在了全国的前列。上海、深圳等地区的经验也为全国的社会工作职业化进程提供了借鉴。

2007 年 9 月 30 日，深圳讨论并原则通过了《中共深圳市委、深圳市人民政府关于加强社会工作人才队伍建设推进社会工作发展的意见》和社会工作者职业水平评价、社会工作人才教育培训、社会工作专业岗位设置、社会工作人才专业技术岗位设置及薪酬待遇、发挥民间组织在社会工作中的作用、财政支持社会工作发展、社工义工联动等7个配套实施文件。文件中提出，深圳要在3~5年内，努力建设一支结构合理、素质优良的社工人才队伍，初步建立起有中国特色、深圳特点的社会工作制度体系。上述文件被媒体称为“7+1”文件，具有以下重要作用。规范了社会工作者的专业技术职位体系和相应的薪酬待遇，把通过国家考试的社会工作人才纳入专业技术人才管理；大力开发社会工作岗位，研究建立社会工作岗位设置标准体系，积极拓展社会工作服务领域，探索转换和引进相结合的社会工作人才配置办法；按照“多种渠道、整合资源”的思路，以“三个一批”的办法分类培育发展社会公益性民间组织，推行“社工+义工”联动发展模式，形成“社工引领义工服务、义工协助社工服务”的局面；确立财政资金对社会工作发展的主渠道作用和导向作用，使公共财政成为社会工作经费的主要来源。此后，深圳的社会工作职业化向纵深推进，如探索政府购买社会工作岗位、提供社会服务等多项尝试，也取得了较好效果，继续引领全国社会工作职业化进程。①

三　中国社会工作职业化过程中的矛盾

尽管中国内地的社会工作职业化进程表现出一幅欣欣向荣的局面，但与此同时，也不可避免地存在着一些矛盾与问题。正视这些矛盾并采取恰当措施，将有助于促进中国社会工作职业化的顺利进行。

围绕着社会工作职业化这一进程，政府、非政府组织、高等

① 深圳市自2007年开展社会工作一年以来，全市共开发政府购买社会工作岗位542个。其中，各区在民政、残联、司法、教育、社区等领域共设立了430个社工岗位，市级在民政、妇女儿童、青少年、劳工等领域设立了112个社工岗位。其中2008年10月就增设了社工岗位80个，主要新增在医院、禁毒、人民调解、计划生育、信访等领域。全市还聘请了31名香港社工督导，建设了2个社工实习基地。2009年的工作目标将从“全面推进”调整为“扩大试点，积极稳步推进”。（李舒瑜，2008）。

院校、社会工作专业协会、社会成员成为不同的利益主体，由于其地位、角色与目标各不相同，从而凸显了社会工作职业化进程中的几对矛盾。

1. 政府推动与社会工作自主发展的矛盾

在当代西方国家，社会工作的发展更多地是由民间力量推动并发展起来，表现出自下而上的特征，这与西方社会民间力量强大有重要关系。而中国社会的情况与此不同，表现为政府强力推进社会工作职业化，这与几方面因素有关。

第一，从社会背景来看，中国属于差序格局的社会，血缘、地缘和业缘关系对人际沟通与互动造成显著影响，这使得中国社会中的关系更多地表现出其特殊性而非普遍性。社会成员处理与他人的关系时更多地依据自己与他人关系的远近亲疏程度，社会公平意识还难以为广大社会成员所认可并执行。第二，由于宗教的影响力有限，与之相关的利他主义和慈善意识有待加强①，这使得公众的捐赠意识和捐赠行为都有待于进一步提高。2008 年汶川地震以后社会公众的捐赠意识与之前相比有了较大进步，如果以此为契机加强引导的话，将有望在全社会培养公众的慈善精神。但目前慈善意识的缺乏将会对民间机构的发展形成一定的制约。第三，由于社会服务机构发育不完善，其规模、专业化程度、社会认可度有限而难以得到体制外资源。同时，在“强政府弱社会”的大背景下，政府掌握了大部分体制内资源，在正式资源的占有、使用、收益、处分方面具有主导地位，民间机构难以成为

① 世界社会工作的发展进程与宗教尤其是基督教有着密切的关系。基督教所宣传的思想，如平等、尊重成为社会工作伦理、价值观的重要来源，许多社会工作机构和社会工作者都有宗教背景。从我国目前的实际情况看，专业的社会工作实际上是一种舶来品，其面临着社会工作的专业化与本土化的问题。在社会工作的专业体系中，伦理与价值观是基石，起着非常重要的指导作用。但我国不具备这种宗教背景，也不可能大力提倡宗教。这种现实对于中国社会工作的发展进程提出一个新问题，即如何在宗教影响不强的背景下，发展出中国内地社会工作的伦理、价值观，并以此来指导社会工作实践。

社会工作职业化的主导力量，使得政府成为推动社会工作职业化的主体。

从我国目前的实际情况来看，这种政府强力主导的社会工作职业化与社会工作专业固有的一些特征存在着矛盾，主要体现在以下几方面。

（1）忽视社会工作的某些领域，尤其是诊断性社会工作的发展。在中国社会工作发展过程中，民政部门起到了重要的作用。这与民政部门负责社会福利、社会救助以及民间组织管理的传统有关。这种由民政部门主导的社会工作职业化容易重视民政部门的传统工作领域，如社区工作、老年社会工作、社会救助、社会优抚等，因为这些领域在民政系统内有工作部门与其对应，由于政绩冲动，民政系统内的相关部门有更大的积极性去推动这些分支领域社会工作的发展。但那些与民政部门关系不大的领域，尤其是诊断性社会工作则比较容易受到忽视。[①] 这样容易导致社会工作的各个分支领域发展不平衡，也会对社会工作专业的健康发展和社会工作职业化的顺利推进产生负面影响。

（2）政府的科层制特征与社会工作价值观的矛盾导致社会工作的理念、价值观难以被政府部门认可。政府更多地将社会工作看做社会稳定的工具，社会工作被赋予了强烈的工具性特征。由于社会转型期社会问题迭出，社会矛盾凸显，政府有强烈的动机去推动社会工作职业化，期望社会工作能够解决全部或大部分的社会问题。这一方面出于社会稳定的需要，另一方面也出于与国际接轨的需要。但这种过高的期望不现实，在短期之内很难达到。一旦短期内社会工作没有达到这种目标或实现这种期待，则容易

① 诊断性社会工作更多地面向个人及家庭，较多地采取个案或小组的工作手法，在中国传统的行政体系内往往找不到一个对应部门，如青少年社会工作、家庭社会工作、学校社会工作、医务社会工作、企业社会工作等。但诊断性社会工作由于其实务性、操作性和不可替代性更强，因此更容易体现出社会工作的专业性和职业性。

导致政府对社会工作的定位发生变化。同时，由于政府机构科层制所强调的遵守抽象权威、事本主义与社会工作专业所强调的平等、尊重理念存在一定矛盾，导致受过专业训练的社会工作者在政府体系内从事工作时，在遵守专业价值和服从上级意愿之间往往无所适从（史柏年，2006）。而社会工作职业化的推进，尤其是岗位设置的施行必然使越来越多的社会工作毕业生进入政府部门，尤其是与社会政策制定有关的领域，将使这一矛盾越来越突出。

（3）借助政府力量推动社会工作职业化与避免政府过度干预的矛盾。由于政府掌握绝大部分社会资源，社会工作者和社会工作机构往往不得不借助政府力量来推动社会工作的发展。由于中国政府资源动员的能力非常强，其效率往往比较高，因此更容易达到预期效果。但这种政府强力推动社会工作发展的模式容易导致政府过多干预社会工作的发展，使社会工作者的地位与角色发生变化。同时，政府购买服务往往导致基层政府出现“我出了钱，就要你干事”的想法，他们吩咐社工从事一些非本职领域的事情，而社工不得不服从，导致社工很难有足够的精力从事本专业，从而无法真正满足服务对象的需求。因此，对于社会工作者和社会工作机构来说，如何借助政府力量推动社会工作职业化并避免政府的过度干预成为重要内容（唐斌，2007）。

另外，政府强力推动社会工作职业化进程的运动式发展方式固然会加速社会工作职业化发展进程，但也会出现降低职业标准的风险（林卡，2009）。职业标准的降低将会对社会工作的职业声望产生负面影响，难以吸引高素质的专业人才加入这一行列中来。因此，需要科学、理性地看待政府在社会工作职业化中的功能与作用，以促进社会工作职业化的健康发展。

2. 民间机构发育的两难困境

作为重要主体，民间机构对于社会工作职业化起着重要的作用，社会工作职业化也离不开民间机构的参与。但从我国民间机构的现状来看，尽管民政部已经出台了一系列民间机构组织和管理方面的文件[①]，但目前我国民间机构的发育仍面临着诸多制约因素。

资源成为制约民间机构健康发展的重要因素。资源有体制内资源和体制外资源两类。从体制内资源来讲，这是民间机构生存和发展的最重要来源。政府通过招标、购买、契约等方式为民间机构提供资源，由其为社会成员提供服务成为社会服务发展的必由之路，也为国际社会服务的发展历程所证明。[②] 但政府购买服务在我国内地仍然处于试点阶段，只在少数地区推行。一些主管社会工作事务的政府工作人员谈到："每次开会一谈到政府购买服务，总是上海、广州、深圳的经验，那些地方一是有资源、二是领导重视，而咱们这些地方没有这些，他们的经验对咱们意义不大。"这使得在多数地区，政府购买服务仍然停留在文件阶段，并没有真正实施。体制外资源主要是捐款、营利性收入以及其他衍生性收入，其中捐款是民间机构体制外资源的最重要内容。在捐款方面，由于成立时间短、专业性弱、透明度不高、政策法规不完善等因素，导致民间机构的社会公信力低下，慈善领域频繁出现的不良事件又使其公信力进一步下降，同时也影响了公众的捐赠行为。尽管 2008 年汶川大地震以来公众的捐赠意识有所增强，但这种状况并没有根本性改善。在这种情况下，民间机构难以获得体制内与体制外的资源。

人才缺乏成为制约民间机构发展的另一重要因素。民间机构的发展需要大量人才，人才有供应和需求两个方面。从需求

---

① 国家已经认识到民间机构在社会工作职业化中的重要作用，作为主管部门的民政部下达了一系列促进社会福利机构发展的文件，如《老年人社会福利机构基本规范》、《残疾人社会福利机构基本规范》、《救助管理机构基本规范》。2009 年民政部又专门下达了《民政部关于促进民办社会工作机构发展的通知》〔民发（2009）145 号〕，对于民办社会工作机构的登记管理、政策措施、组织领导等方面进行了一系列规定，但其实施的效果还有待于以后的事实检验。

② 如香港地区社会服务机构的资金来源中，政府拨款占到相当比例，甚至占到 50% ~60%。在政府拨给社会服务机构的全部资金中，80% 以上的资金付给了前 20 位的社会服务机构。

方——民间机构来看，由于社会服务机构的背景、功能定位与社会工作专业的背景及功能定位十分契合，他们对社会工作专业的价值观、理念与方法的认同度更高，也更欢迎社会工作专业毕业生到其机构中工作（史柏年，2006）；从供应方——高等院校来看，近年来我国有二百多所院校开办有社会工作专业，年培养学生人数超万人。从其专业定位和现实情况来看，民间机构将成为容纳社会工作专业学生的就业主渠道。① 对于任何一个社会工作专业毕业生来说，选择哪个单位工作是其理性选择的结果。在市场经济条件下，民间机构与其他组织一起竞争优秀人才。在这方面，由于我国大多数社会服务机构成立时间短、专业性不高、职业晋升体系缺乏、职业声望和福利待遇有限等因素，使民间机构在这方面处于不利地位，他们难以吸引优秀的专业人才进入并长期留下来，从而影响到社会服务质量的提高和民间机构的健康发展。②

3. 社会工作教育难以适应职业化的需要

社会工作教育是社会工作职业化的重要内容，教学、研究和实务构成了社会工作教育的重要内容，忽视任何一方都不利于社会工作教育的健康发展。我国的社会工作教育对实务的重视程度不足，研究能力不够，难以为社会工作职业化提供强有力的支持。

（1）现有的师资难以保证实习的有效开展。在现有的从事社会工作专业的师资中，具有社会工作专业背景的师资数量非常有限，多数教师是从其他专业转行过来。他们自己不具备实务能力，难以对学生进行有效的督导。另外，由于目前是由社会学专业的

① 从学生的专业定位来看，政府和民间机构是社会工作专业学生就业的两大渠道。从政府渠道来看，由于社会工作职业化的推进，政府会吸纳部分社会工作专业学生，但受制于政府规模的限制，这个数量不可能太大。在这种情况下，民间机构将成为社会工作毕业生的就业主渠道。

② 目前在广东、上海、深圳等地区，即使提供的职位待遇跟其他行业相差不大，有时还占有一定优势，但还是有大量的社会工作者中途退出。这对社会工作的专业化造成了严重影响，需要进一步深入研究。从实际情况来看，社会工作毕业生能够长期留下来的大多是一些体制内单位，他们给予了社会工作专业毕业生合法的身份和明确的职业晋升途径。

人员来办社会工作专业，大多数学校的社会工作专业也是在社会学系里面或者干脆将二者合二为一。[①] 这使得在社会工作专业的教育中，微观诊断层面和实务训练容易受到忽视。

（2）实习资源的缺乏。由于我国民间机构的发育呈现出地域上的不平衡，多数地区民间机构不仅数量有限，而且专业性差。他们难以为实习的社会工作专业学生提供足够的实习岗位；即使在提供实习岗位的机构，由于机构的专业性不够、机构督导缺乏相关的专业背景训练，从而难以为学生提供有效的督导，使得社会工作教育和实务之间出现距离。

（3）对实习的重视程度有限。由于现有的师资、学校、实习花费巨大及教师对于实习的认识差异等因素，各院校对实习的重视程度不足，也对实习质量产生了负面影响。[②]

4. 承认现有人员与引进专业人员的矛盾

近年来，社会工作成为一个广为人们熟知的词语，但政府、社会公众与社会工作教育者对社会工作的认定并不统一，甚至存在矛盾。从目前对社会工作的认识来看，既存在对社会工作的泛化理解，如将社会工作看做那些无法划归到经济工作和行政工作的内容；同时也存在对社会工作的窄化理解，如将社会工作等同于“社区工作”或“民政工作”；还有将社会工作者等同于义工而混淆了社工与义工的区别。[③] 这些对社会工作定位的泛化、窄化、

---

① 这种情况下，容易重视社会学与社会工作的相似之处，而忽视两者的差异。实际上，社会工作是一个独立的学科而不是社会学的一个分支（林卡，2009），但这并没有在我国的社会工作教育者中形成共识。同时，由于我国教育部的学科划分中，仍然是将社会工作作为社会学下面的一个三级学科来看待，使社会工作专业的发展受到社会学学科的浓厚影响。

② 由于社会各界对于社会工作职业化的理解不一，存在着种种对社会工作的泛化、窄化和模糊认识，导致社会工作教育中的矛盾与问题非常多，由于篇幅所限，这里不再赘述。

③ 部分实习单位由于对社会工作专业和社会工作者的定位不清，加上人手的缺乏，存在着将实习学生当做义工，作为廉价劳动力使用，而忽视了对实习学生的专业能力、实务能力的培养。这与目前对社会工作者的社会认知度不高和社会服务机构发展程度有重要的关系。

矮化和种种模糊认识既不利于提高社会工作者的职业声誉，也阻碍了社会工作职业化和专业化进程。

目前我国实际的社会工作者大多在民政部门下属的单位以及基层的社区、社会服务机构工作，他们在体制内的单位工作并且得到了各种保障。他们希望并欢迎政府推进社会工作职业化，因为这意味着他们职业地位的确立和职业声望的提高。[①] 但其专业技能有限、素质较低的现实不但阻碍了社会工作的专业化，也与提高社会工作的职业声望形成矛盾，但把现有人员排挤出来则根本不现实。同时，由于岗位设置尚待明确，现有的社会工作专业毕业生受到编制、名额的制约，很难进入现行的社会工作岗位，大量的毕业生不得不改行到其他行业。这样既导致了社会工作专业人员的缺乏，又与社会工作职业化进程形成矛盾。

5. 社会工作实务的需求与供给的矛盾

由于城乡差距、地区差距和行业差距的存在，老、少、边、穷地区、农村地区和中西部地区对于社会工作的需求更多也更为迫切。而从社会工作的供给来看，社会工作职业化受到当地社会经济发展水平、行政领导的理念、社会成员意识的制约，表现为我国的一些经济发达地区，如上海、广州、深圳的社会工作发展更快，中西部地区的社会工作发展相对落后。以上现象导致了社会工作的供给与需求形成了地域上的偏差，更需要社会工作的地区、群体的需求并没有得到满足。

四 社会工作教育的回应

社会工作职业化过程中的这些矛盾属于发展中的问题，高等

---

① 笔者曾接触的一些民政部社会工作试点单位领导就谈到，其推动社会工作职业化的动机主要是为了解决本单位人员的职称。由于这些人不符合原有评职称条件的要求，无法在原有制度框架下解决职称问题，而现在以社会工作职业化为契机，既解决了沉积下来的人员的职称问题，又给本单位职工谋了利益，因此他们认为是一举两得的事情。

院校作为社会工作职业化的重要主体，可以通过各种手段，对这些矛盾做出回应，以促进社会工作职业化的健康发展。

1. 提高社会工作研究水平，促进研究、教学与实务的结合

在社会工作教育中，研究、教学与实务形成了一个动态的三角关系，轻视任何一角都不利于社会工作专业的健康发展。国际社工界普遍要求学生进行800个小时的专业实习。在整个实习过程中，对学生有严格的要求，并对学生实习全程督导。而从我国大部分地区的现状来看，由于主客观条件的制约，教师和学生对于实习的认识仍不到位，对实习的重视程度不够，实习的数量和质量难以保证。对此，可以考虑加强实习环节在社会工作专业人才培养中所占的比重，促进研究、教学与实务的结合。[①]

作为高等教育学科体系内一个年轻的专业，社会工作专业需要符合高等院校对于专业及教师的要求，这样才可能生存并获得发展。这方面最为直接的衡量标准是科研，科研成果和学科建设也是各高校横向比较的重要指标。在这些方面，由于社会工作研究成果积累不足、专业师资缺乏、专业认定不清等因素影响，造成其他专业的教师往往对社会工作专业形成一些刻板印象，如认为社会工作研究没有理论、社会工作就是实务等，导致社会工作专业学生的论文在理论基础、研究设计等方面受到诸多质疑，甚至对社会工作的专业合法性产生质疑。长此下去，将严重影响到社会工作专业的健康发展。有鉴于此，需要在引进国外优秀的社会工作专业教材的基础上，进一步引进国外优秀的社会工作研究成果，作为教师和学生的借鉴，提高社会工作专业师生的研究水平。

2. 专业教育与职业教育相结合

现代教育需要树立“终身教育”的理念，教育的内容不仅是在校期间的全日制教育，还包括工作后的在职学习和培训等内容。社

---

① 这需要在实习工作量的计算、教学计划的修订、督导的安排等方面做出改变，逐步接近社会工作专业培养的要求，同时也对高等院校的管理体制提出了新的挑战。其中，中山大学培养社会工作硕士的经验值得借鉴（顾江霞等，2009）。

会工作教育不仅包括对全日制在校生的培养，还包括对现有的社会工作者进行的培训。在现有的政策约束下，这既是提高现有社会工作从业人员专业素质和能力的重要途径，也是社会工作职业化的重要内容。[①] 因此需要做好新入职人员的岗前培训和现有工作人员的轮训，提高其理论水平、内化其价值观，不断提升其实务工作技巧和专业技能。

在提高现有社会工作专业学生的职业化方面，需要探索灵活多样的方式，如将民政部社会工作试点单位确定为实习单位、用已经取得社会工作职业资格考试的社会工作者担任督导等方式推动高等院校与实务机构的合作，在合作中促进专业教育与职业教育的结合。

3. 促进社会工作评估技术的发展

社会工作实务通过对社会工作模式在不同群体、领域的应用来检验、完善并发展已有的社会工作理论、方法与技巧，实现教育与研究的相互促进。从实际情况来看，尽管已经开展的社会工作实务得到了案主及参与各方的认可，但在推广时受到种种限制，这与缺乏专业的评估团队及评估手段、评估技术有限有重要关系，因此需要中立的第三方采用科学、规范的评估技术对社会工作实务的内容、程序、效果及推广的可行性进行评估。这不仅有利于社会工作实务的进一步开展，而且有利于制定并完善相应的社会政策，回应弱势群体的需要，缓解社会问题。

4. 促进诊断性社会工作的发展，并结合当地具体情况，探索多样化的社会工作实务模式

确定相应的专业标准和规范是社会工作专业化和职业化的重要内容，优先发展诊断性社会工作是提升社会工作专业权威的重

① 在社会工作职业化的过程中，涉及对存量人员的消化吸收及对增量人员的质量控制两个方面。对于前者，承认现有人员并赋予其合法身份是社会工作职业化过程中的必由之路。否则，社会工作职业化就会遇到更多力量的反对而举步维艰。对于后者，即要求新进人员具有社会工作专业教育背景、具有合格的社会工作职业资格证书等，这是保证社会工作职业化健康发展，提高其社会认同度的必然措施。

要手段。因为在社会工作的各个分支中，诊断性社会工作发展得最早，专业性也相对最强，社会认同度也最高，在我国目前由民政部门强力推动社会工作职业化的过程中也最容易受到忽视。这需要从社会工作教育的师资、人才培养、实习等环节入手，促进诊断性社会工作的发展。从目前多数地区的情况来看，政府对于社会工作的投入还有待于进一步落实，尤其是在中西部地区。这固然与广大中西部地区资源不足有重要关系，但也受到政府领导人理念的影响。[①] 这种状况向社会工作专业教育者和社会工作者提出了更高的要求。

第一，需要社会工作教育者和社会工作者在做好本职工作的同时，承担起“社会活动家”的角色，不断地向相关人员，尤其是领导广泛宣传社会工作，使其认识到社会工作职业化的重要性，着力推动社会工作的发展。

第二，进行资源动员与资源整合，结合本地区的需要，探索多样化的社会工作实务模式。对于社会工作教育者和社会工作者来说，发现、调动、整合资源成为其首要任务。在资源有限的情况下，如何使有限的资源发挥其最大效果也成为当务之急。由于我国各地区的实际情况千差万别，对于社会工作实务需求的差别也非常大，不可能有一个“放之四海皆准”的统一模式。这就需要我们努力探索，走出“因地制宜、多种模式”的社会工作发展之路。

第三节　研究结果对中国社会福利、社会工作发展的启示

作为一个群体，艾滋孤儿的产生不是一个孤立的现象，而是在我国社会变迁的大背景下产生的，有其深刻的社会原因。要缓

① 近年来的一些事件，如神木推行“全民医保”的事件已经证明，只要政府真正从理念上重视某一领域的重要性，就会投入大量资源，也才有可能取得更大的发展。

解和促进这一问题的解决，就需要考虑到其产生及发展的社会情境。因此需要将研究结果放在我国社会福利变革的大背景下进行考察，考察研究结果对于我国社会福利、社会工作发展的启示，以求对正在发展中的社会福利政策及社会工作有所借鉴。本节主要探讨这部分内容。

一　对艾滋孤儿照顾的启示

在现代社会，由于社会变迁和社会问题迭出，婚姻与家庭遇到了越来越大的挑战，使得儿童和青少年的发展处于危机之中。在我国的社会福利和社会工作未充分完善的情境下，这一问题更为突出。如何回应社会不断变化的需求，为脆弱儿童和青少年提供更好的照顾与安排，对于他们的成长与发展至关重要。

从脆弱儿童与青少年的照顾方式来看，院舍型照顾、家庭寄养型照顾和收养是三种主要的方式。家庭寄养型照顾方式在不同的地方，针对不同的对象有不同的变通方式，如类家庭，本研究中的阳光家庭实际上也是家庭寄养型照顾方式的变通。前两种方式都是一种临时性的安置方式，在人类社会发展的过程中也起到了各自的作用。

阳光家庭是政府推动的社区内儿童安置模式，适应了目前国际儿童照顾发展的方向①，与联合国制定出来的关键策略相一致②，也适应了当地的实际情况，得到了各方面的支持与帮助。阳光家

① 近年来，国际上普遍认识到院舍、机构照顾对儿童和青少年带来的负面影响，更强调促进收养、寄养以及其他形式的非机构性安置，以促进儿童和青少年的健康成长和促进他们的社会融入进程。这从一些国际机构在我国开展的培训和其他的合作项目中也可以体会到这一点。

② 这与联合国艾滋病委员会所制定的框架中的关键策略相一致，五个关键策略的内容如下。第一，通过延长父母寿命和提供经济的、社会心理和其他方面的支持来加强家庭的保护与照顾孤儿和脆弱儿童的能力；第二，动员和支持社区基础上的回应；第三，确保孤儿和脆弱儿童能获得基本的服务，包括教育、健康照顾、出生注册及其他；第四，通过改善政策和立法以及通过引导家庭和社区资源，保证政府保护脆弱儿童；第五，提升各个层面的认知，通过倡导和社会动员为受到艾滋病影响的儿童和家庭创造一个支持性环境（UNICEF & UNAIDS，2004）。

庭创造了一个接近家庭的环境，使得儿童可以在一个开放的环境中成长与生活，社区内安置方式使得儿童不离开自己熟悉的社区，可以使他们的各种需求，尤其是情感性需求得到更好的满足[①]，从而有利于儿童的健康成长。[②]

家庭和社区是脆弱儿童照顾的最大希望，让儿童和青少年留在家庭中成长符合儿童和青少年的最大利益。但其在现实中遇到了一系列困难与问题，使得原有的家庭抚养模式难以为继，需要外来力量介入。由于脆弱儿童亲属本身社会经济地位的高度同质性，其亲属及社区往往不具备为这些孩子提供照顾的经济条件。单靠其本身的力量不足以保护这些孩子，家庭和社区需要外来的支持与帮助。如果没有外来的支持与帮助，其扩大家庭的亲属很难承担起照顾的职责，这与实地研究中的一些情况相一致（行红芳，2006）。但与此同时，也应该客观理性地看待外来力量所提供的支持与帮助。金钱和物质方面的帮助是双刃剑，既可以保证脆弱儿童和青少年的基本生活，但同时可能会对照顾者形成诱惑。在这种情况下，照顾者能够给孩子提供的情感性支持则可能受到影响。这需要在实践中进一步探索，使得两者能够较好地兼顾起来。

阳光家庭是通过各种外来力量提供援助，增强家庭和社区照顾艾滋孤儿的一个示范，对类似的脆弱儿童，如流浪儿童、孤残儿童照顾也有一定的借鉴意义，这也是一个更有效率、更为经济的救助模式。需要注意的是，阳光家庭持续运行的关键在于政府

---

① 当然，儿童的情感性需求满足得较好也与社区内安置方式使得儿童没有离开自己熟悉的社区，并且仍与原生家庭保持联系，能从原生家庭得到一部分情感上的满足有关。社区内相互熟悉为孩子们提供了另一重保障，社区能够监测家庭是否满足孩子们日益增长的需求，以及是否受到虐待和剥削。这种安置方式保障了孩子们的成长，符合他们的最大利益。

② 从一些相反的例子也可以看出社区内安置的优越性。非洲的一些儿童为得到扩大家庭成员的照顾而不得不离开其熟悉的地方迁移到其他地方，由于通常没有迁移指导，孩子们面临一系列的困难，特别是如何融入到新的家庭与社区中（L. Young et al.，2003）。

力量和社区力量的支持。在政府建立和推动阳光家庭项目的过程中，他们找到了社区精英来充当阳光家庭的父母，社区精英的身份为社区成员所认同，不仅降低了与艾滋病有关的污名，而且他们的行为起到了一定的教育和带动作用。从现实情况来看，能否找到合适的照顾者，并调动社区精英的力量也是以后此类模式能否推广的关键所在。

这里需要考虑的是，对于脆弱儿童的照顾来说，家庭寄养型照顾方式是一种临时性的安置方式，而非永久性的安置方式。而永久性的安置方式对儿童青少年的成长非常重要。对于这里的艾滋孤儿来说，是否可能促进收养，或将家庭寄养转化为收养？从本研究中的实际情况和孤残儿童来看，寄养转化为收养面临一系列的困难。首先，从国内的实际情况来说，不管是何种方式的寄养，国家每个月都会给予寄养父母寄养费。这些寄养费在一定程度上弥补了寄养父母的支出，减轻了他们的负担。对于某些寄养父母来说，寄养费是他们重要的生活来源。[①] 而在目前的政策框架内，寄养一旦转化为收养，这些父母不仅得继续照顾这些孩子，还同时失去了寄养费，产生了法律意义上的继承关系。在这种情况下，一些寄养家庭根本没有动机去收养寄养子女。因此，这里面临的问题是能否将寄养与收养政策连续起来，鼓励寄养家庭收养脆弱儿童，不管是福利院的孤残儿童还是艾滋孤儿。在其收养后，国家仍然提供支持，将原有的寄养费转化为收养费，一直给付到 18 周岁（对于身体健康的儿童），对于身体有残疾无法自理的儿童，则要视其残疾程度持续给予寄养费用。其次，一旦寄养转化为收养，则产生了一系列的法律关系，如财产的继承关系。如何处理这些关系也是需要面对的。最后，从本研究中艾滋孤儿

---

① 从目前国内对于家庭寄养的安排来看，往往在一个家庭中放 3~5 个孩子。在这种情况下，寄养母亲往往得专职照顾这些孩子，基本上不可能再从事其他工作。同时，多数寄养家庭经济状况往往一般，还比较看重几百元的寄养费和相关报酬。而经济状况好的家庭往往不愿意当寄养家庭的父母。

的年龄状况来看，其年龄相对更大一些，一般在6～16岁之间，这与我国中部地区艾滋病流行的时间大体一致。但从国内社会成员的收养心理考虑，一般来说，他们更愿意收养健康、年龄小、漂亮的孩子。而艾滋孤儿虽然身体健康，但由于受到与艾滋病有关的污名与歧视，加上年龄偏大，使得社会成员在收养时有更多的心理顾忌而不愿意收养。这也是在艾滋孤儿救助工作中，成功的收养个案非常少的原因。在这种情况下，如何最大限度地利用寄养资源，使其为艾滋孤儿提供一个健康、安全的生存环境非常重要。

二　对于社会福利发展的启示

虽然近年来我国的社会福利事业一直处于改革与发展之中，改革的趋势是政府不再包办社会事务，提出“社会服务社会办”，探索灵活多样的形式满足社会成员的社会福利需求。但这种方式在减轻政府负担的同时，又产生了新的问题，即谁来接手政府退出的这些社会服务，满足社会成员的社会服务需求？从国际经验来看，非政府组织是社会服务的提供者，政府可以通过合约、购买等方式由非政府组织为社会成员提供某些社会服务。通过政府、社会、家庭和个人共同努力来满足社会成员的社会福利需求也成为整个社会的共识。这种状况的实施有着重要的前提，即有大量完善的非政府组织。从我国的基本情况来看，尽管近年来我国的非政府组织有了较大发展，但仍处于初步发展阶段，指望其为社会成员提供社会支持既不可能，也不太现实。

在这种情况下，就需要强调政府对于社会成员的福利责任，尤其对于处于弱势地位的社会成员，像这里的艾滋孤儿。由于他们处于整个社会分层体系中最为低下的位置，不具备足够的能力和手段来满足自己的社会福利需求，因此如果政府不提供，他们的基本需求将难以满足。这就决定了基本福利产品的提供应该是普遍主义的模式，即以社会成员的公民身份为基础。即使谈到特殊主义，向某个社会群体倾斜，也应该是向处于弱势地位的社会下层倾斜。因此，政府承担弱势群体的社会福利责任，为其提供机会，促进其社会融入，能够共享社会文明与进步的成果至关重要。

从本研究结果来看，阳光家庭模式之所以得到认同，能较好地满足艾滋孤儿的各种需求，是因为其背后强大的政府力量的作用。通过政府的动员及提供各种支持，阳光家庭得以维持和发展。尤其是在我国目前“强政府弱社会”的背景下，绝大多数的正式资源都掌握在政府手里，政府的动员能力非常强，这显示了政府对社会福利责任的承担。从我国的现实情况来看，强调政府承担为社会成员提供社会福利的责任，满足社会成员的需求非常重要。政府承担责任的方式有许多种，既可以有直接提供服务的方式，如政府直接办福利机构；也可以有间接提供服务的方式，如政府对家庭、社区以及机构提供支持。具体实施何种方式需要结合本地的具体情况，在实践中探索，但政府的重要性不可或缺。

三 对于非政府组织发展的启示

1. 非政府组织的特色与优势

在社会服务方面，与政府组织相比，非政府组织有自己的优势与特色。第一，非政府组织由于机制灵活，可以做一些政府不便出面或者还没有来得及做的事情，如进行新的社会服务模式的探索。如果成功，政府可以在更大的范围推广，惠及更多的人；如果不成功，影响也不大。第二，由于非政府组织接近民众，动员能力强，可以做一些政府无法做、不便于做的事情或者做起来成本过高、效益过低的事情。[①] 第三，在多数情况下，尤其在社会服务领域，非政府组织的效率往往更高。第四，由于政府工作人

① 像在目前的艾滋病防治领域就动用了大量的非政府组织来开展工作。因为如果政府直接介入，会产生一些政策上的矛盾和理念方面的冲突，如对同性恋者、吸毒人员开展教育，则会与目前公安的工作以及现行的政策法规相矛盾。

员有限，他们更多地发挥制定与执行社会政策的作用，而社会服务的提供需要大量的工作人员，仅靠现有的政府工作人员无法满足。从国际通行做法来看，一线的社会服务人员一般都属于非政府组织。何况，如果目前的这些事务都由政府直接做的话，又会导致政府机构臃肿，而这与“小政府大社会”的基本目标相违背。

因此，在目前社会环境下，非政府组织的发展壮大，并广泛参与到社会领域已成为一种必然趋势。在世界政治经济一体化的背景下，非政府组织在环境保护、健康、教育、扶贫等领域做了大量工作，其组织性、规模、工作领域都取得了长足发展，产生了越来越大的影响力。[①] 在这种情况下，政府必须顺应社会的发展变化，根据实际情况的变化来调整自己的管理与服务策略，从加强自身的能力建设着手，来促进政府组织与非政府组织在社会事业领域的合作，达到共赢的目的。

2. 政府需要处理的重点问题

在社会服务领域，非政府组织与政府组织实际上是一种参与与合作的关系，非政府组织参与到社会服务事业中，与政府部门及其他组织进行相应的合作，共同为社会成员提供服务，满足其社会福利需求，这样可以最大限度地发挥双方的优点。在非政府组织发展的过程中，政府需要做好以下几方面工作。

第一，以法律法规为依据，加强对非政府组织的监督、管理与服务，提高其服务的质量与服务水平。这需要完善现有的法律法规，使政府的监管行为有法可依；同时，切实做好对非政府组织的服务工作，促进其健康发展。

对非政府组织的管理与监督涉及人员、财务以及业务等方面

① 一些大的国际组织，如联合国、福特基金会等机构在这方面的作用更为突出。但也正是因为非政府组织的力量日益壮大，使得政府对其产生戒心，担心其过于壮大会对民族、国家的权威形成挑战。也有一种看法认为中亚地区的橙色革命与国际非政府组织的作用密切相关。政府对非政府组织持一种矛盾的心态，即想让其参与提供社会服务，又担心其力量过于壮大而不好控制。这种担心也与基层政府的管理能力有限密切相关。

的管理与监督，这对于非政府组织的健康发展不可或缺。从我国的现实来看，实行的是主管部门和民政部门的双重管理。前者是指一个非政府组织要找到一个挂靠单位负责人，后者是指非政府组织要服从民政部内部组织管理部门的监督。在实际运行中，这两个部门往往只是对非政府组织的成立进行监督，对于其成立之后的运行情况则很少进行监督。这导致非政府组织的成立面临一系列的困难，甚至许多时候不得不挂靠在各种官方组织名下，从而脱离其慈善本位。同时，这状态容易导致非政府组织的发展处于无序状态，既缺乏长期规划，也缺乏可持续性。

政府对于非政府组织的管理与监督非常必要。一方面需要通过管理与监督来培育慈善精神，保护公众的捐赠意向，激发捐赠行为。一些非政府组织挪用资金以及其他不良做法时常见诸报端，这既损害了社会成员的捐赠热情，也不利于社会服务事业的健康发展。另一方面，大多数非政府组织的资金来源于社会公众的捐赠和政府的拨款，他们也需要对捐款人有所交代，保持和提高非政府组织的公信力，这需要政府及其他中介组织发挥监管的作用。同时，也需要注意国外势力对于国内非政府组织的操纵，尤其对于资金主要来源于境外的非政府组织更是如此。促进非政府组织的专业化、规模化和透明化运作，政府机构的管理与监督必不可少。

第二，处理好非政府组织与宗教的关系。由于历史因素的影响，从事社会服务事业的非政府组织和工作人员，大多具有宗教背景，有些宗教组织也在从事一些社会服务事业。一些研究也提到，宗教机构成了美国志愿部门的最大组成部分，也是公民社会的关键要素。但是宗教在社会福利中的角色总是模糊不清，并招致很多争论。大量的教堂及其附属组织提供工作计划、教育发展、戒毒戒酒治疗和未婚母亲的居住计划，这样造成社会服务/慈善与宗教交织在一起。对于此，国外的做法值得借鉴，即只要这些机构不积极地传教或者歧视非信仰人士，那么它们就可以得到政府资助（Neil Gilbert et al. , 2003）。从我国的现实情况来看，需要注意两点。一是将他们从事社会服务事业与传教区别开来；二是要求他们遵守国家和地方政府的各项规定，不得向没有完全民事行为能力的未成年人传教。

第三，探索灵活多样的社会服务方式，包括委托、授权、购买服务等形式，充分发挥公益性社会团体和社会志愿者的作用，在政策、管理、经费上鼓励、扶持公益性社会团体积极参与社会捐助活动，以多样化的方式满足社会成员的服务需求。提供方式可以分为直接提供和间接提供两大类。直接提供是由政府部门直接给社会成员提供服务，满足他们的社会福利需求；而后几类则属于间接提供的范畴，由政府机构委托其他组织（主要是非政府组织）提供服务，满足社会成员的社会福利需求。

四 对青少年社会工作的启示

儿童与青少年社会工作是社会工作实务中的一个重要组成部分，也是社会福利的重要组成部分。儿童与青少年是未来的劳动力，也是社会的未来，重视他们也就是重视国家的未来。由于他们还处于发展时期，其可塑性较强，即使出现问题还有纠正的可能，这为儿童与青少年社会工作提供了一定的空间。儿童与青少年社会工作的根本目标在于保障他们基本的生存需要，并在此基础上通过社会福利事业去发展和满足儿童发展的需要。儿童社会福利政策的规划应以政府为主要角色，建立以家庭为中心的福利策略，充分发挥社会互动的功能。

第一，以儿童与青少年的需求为本开展工作，注重他们的参与，将他们的意见与看法吸收到政策与服务中。在儿童与青少年的各类需求中，物质性需求和日常照顾的需求往往更容易受到重视，不论是家庭还是社会，往往将更多的关注点放在如何让孩子吃饱穿暖等最基本的生理性需求方面和为其提供日常照顾方面，孩子的情感性需求却受到忽视。实际上，由于情感性需求不易测量和评估，因此较少被注意到，没有引起充分的重视，对于脆弱儿童更是如此。

为解决上述问题，需要我们在儿童青少年社会工作中，对其情感性需求给予充分的重视，在儿童青少年服务项目的规划、实施、评估等环节中充分考虑到其情感性需求，为这类需求的满足提供基础。在这个过程中，需要我们充分调动儿童青少年自身的力量，倾听他们的意见与看法，使他们参与到对自身的照顾行动中来，这样可以使得服务项目的设计更有针对性。

第二，以系统论的观点，从“人在情境中”的角度来全面地看待儿童青少年问题。从人类行为与社会环境的角度来看，儿童与青少年作为社会中的一个群体，他们表现出各种行为问题，大多是由于他们背后的社会系统，如家庭、学校、社区出现了问题，从而在他们身上反映出来，这里艾滋孤儿的情况也是如此。因此在对儿童与青少年提供支持的时候，我们应该注意到其背后的社会环境的作用。基于此，采用个案、小组、社区的手法，充分调动家庭与社区的力量，促进儿童与青少年的社会支持系统更为合理地运作至关重要。

第三，从优势视角的角度，促进儿童青少年的个人发展与高发区的社区发展。从社会工作的角度来看，案主有改变的潜能，在此基础上可采取一系列的模式和措施，促进案主增权并获得个人发展。这需要从以下几方面来着手。首先，促进儿童青少年抗逆力的培养。对于艾滋孤儿及其他脆弱儿童来说，遇到这些事件无法改变，关键是改变自己对这些事件的态度。其次，促进儿童青少年支持团体的形成，即包括儿童青少年之间的相互支持以及重要他人对儿童青少年的支持。这里的重要他人涉及社工、同辈群体、老师以及儿童、青少年的父母等。支持团体对儿童青少年提供的帮助涉及物质性、情感性等多方面。在这个过程中，可以通过社工的作用，促进这些支持团体更好地发挥作用，并在此基础上促进儿童青少年的赋权和个人发展。再次，培养儿童青少年对个人以及社区的责任感。调动社区资源，以活动为载体，以教育为手段，促进儿童青少年对社区共同事务的参与，使他们的能力逐步提高。同时加强社区成员之间的纽带与联系，促进社区成员对社区的责任感和集体共同意识的形成。

第四节　对政策和服务的相关建议

一　政策法规方面的相关建议

（1）从儿童青少年的需求出发，加大支持力度，促进政策的执行与落实。

泰坦尼克定律告诉我们，在面临人类共同的灾难面前，不同的社会阶层的死亡率也不同，社会分层的因素在其中起作用，最下层的人的死亡率往往最高（景军，2006）。艾滋病正是这样一种疾病，处于社会结构中不同层级的社会成员在面临艾滋病时的风险有较大的不同。它对社会的和谐与健康发展造成了不良影响，如果不干预，其影响会越来越大。[①] 而国家与政府的作用就在于缩小阶层因素的影响，促进整个社会的和谐发展，这给社会福利政策，尤其是社会救助政策以新的启示。涉及艾滋孤儿以及受到艾滋病影响的脆弱儿童，应该注意到以下几点。

第一，以满足孩子基本的物质需求、日常照顾需求和发展性需求为着眼点，促进“两免一补”、“四免一关怀”社会福利政策的贯彻和实施。再好的政策，如果得不到执行或者执行中出现较大的折扣，都将违背社会政策制定的初衷。从我国的现实情况来看，许多时候，不是政策的制定问题，而是政策在基层的实施问题使得良好的政策无法达到应有的目的。第二，需要密切关注孩子的情感性需

① 艾滋病是一种人类面临的共同灾难，它所带来的影响超过了人类历史上任何一种其他疾病，它对全世界的政治、经济、社会等各个方面带来深远的影响。从其影响来看，泰坦尼克定律也适用于艾滋病，其中穷人受到的影响更为明显。

求，及时纠正他们的心理偏差，促使其心理健康发展。第三，充分考虑孩子的发展性需求，加大教育、培训和促进就业的力度，使其有一技之长，将来能够自食其力，成为社会有用之才。

（2）给予非政府组织适度的发展空间，促进非政府组织和专业人员对家庭与社区的支持与帮助。

儿童与青少年需要在更为接近正常家庭的环境中成长，这样更有利于其社会化的进程。由于原有的家庭和社区面临着种种困难与问题，仅靠其无法保证儿童与青少年的健康成长，因此迫切需要外来资源的支持。同时，从社会福利资源的分配与运行来看，在一定时期范围内，由于需求的无限性和资源的有限性之间的矛盾，资源和专业人员需要一定范围的集中，才有可能产生更大的效益。资源的形式不仅有金钱，而且包括物品和服务，而服务往往是由专业人员来提供的。由于专业人员一般从属于一定的组织①，而艾滋病高发区内专业人员的数量非常有限，短期内从外界大量输入专业人员长期在那里工作又不太现实。因此我们需要加大政府和非政府组织对家庭和社区的支持力度，加大对社区内工作人员的培训，使社区内成员以后能够真正担当这些职责。在这个过程中，政府需要给予非政府组织适度的发展空间，充分发挥非政府组织的作用，以达到社会福利的最优效果。

（3）降低污名与歧视对待，促进公民平等机会和平等对待的进程。

我国宪法规定：中华人民共和国的公民的基本权利不因其种族、民族、健康状况等原因而受到区别对待。但从现实情况来看，

① 专业人员主要包括医生、教师、社会工作者等，他们是艾滋孤儿非常需要的一些专业人员。从实际情况来看，医生大多供职于医院，尤其是一些大医院，教师则往往附属于各级各类学校，社会工作者则往往附属于各个非政府组织。在现阶段，专业人员的相对集中可以产生更高的效率。目前比较切实可行的办法是由他们对家庭及社区进行培训，促进观念的转变。在这个过程中，由于这些专业人员具有一定的专业权威，由他们来进行倡导和教育工作往往可以达到事半功倍的效果。

社会成员因为年龄、相貌、身高、健康状况、地域、性别等因素受到歧视对待的事件依然存在。我国的歧视对待明显地发生在教育、就业、社会保障等公共领域，它使得一部分群体因各种原因而被社会排斥，导致社会不良情绪的积累，不利于社会稳定与社会和谐。从社会发展与社会进步的角度来看，我们应该采取各种措施，反对各种形式的歧视，促进公民平等机会的实现。其中，政策法规是最为重要的手段之一。

污名和歧视对待既涉及私人领域，也涉及公共领域。在降低污名和促进平等对待方面，对公共领域和私人领域所采取的措施有一定差异。公共领域的污名和歧视对待最明显地表现在教育、医疗、就业等方面，它直接影响个人的社会权利的实现，影响到被污名化群体的生活质量。社会政策与法规发挥作用也主要是在公共领域，其可以采取各种政策措施来限制相关领域工作人员的职务行为，促进平等对待和公共权利的实现。这方面需要做的工作主要有以下几点。第一，完善相关的法律法规，从法律与制度层面为社会成员享受平等对待提供坚实的基础。第二，在制定和执行社会政策时以人为本，避免对特定群体的污名与歧视，以防止孤儿和受艾滋病影响的儿童被边缘化和贫困的代际传递，同时对造成严重后果的行为规定相应的法律责任。第三，建立健全平等对待的申诉、查处、反馈渠道，强调机构的法律责任，减少公共领域歧视对待事件的发生。因此政府应成立相关机构，查处歧视对待的事件，促进平等对待的实现。

在私人领域，去污名与反歧视既与社会政策的制定与执行有关，也与社会服务有关。由于私人领域的污名和歧视对待更多地体现在人际交往领域、婚恋领域，甚至宗教活动中（行红芳，2007），突出地表现为社会成员对被污名化群体的回避、拒绝，而这些是难以用现有的政策法规来衡量和制约的，因此这方面的去除污名和平等对待更多地与社会服务、教育以及宣传有关。从现有的许多研究来看，社会成员对被污名化群体，尤其是艾滋病患者歧视对待，一方面与相关知识的贫乏有重要关系，另一方面与社会主流的道德观念有重要关系，从而形成了污名的叠加。对于前者，需要加大艾滋病相关知识的宣传力度，将宣传活动立足于平时，针对易感群体进行宣传，使得他们一方面保护自己，另一方面降低污名，减少歧视。了解是接触的第一步，要降低歧视，必须使社会公众更多地了解疾病，使相关的宣传能够到达公众并被他们所接受。这方面的活动更多地带有社区教育与社区动员的内容，动员社区领袖、宗教领袖以及经济精英、文化精英的力量，利用他们的权威和社会公信力，使他们参与到与此有关的各项活动，身体力行，来达到降低污名、减少歧视的目的。同时，对于后者，需要还疾病以本位，降低与此有关的道德判断。这一步的工作其实更难开展，政府出面会面临种种的困境。同时由于与社会主流价值观念的冲突，其具体执行需要采用行之有效的措施。毕竟，即使在现有的患者群体中，也有许多是非个人过错而致病。要解决上述问题，需要社会工作者介入其中，采用接触的办法，来降低污名，促进平等对待进程。

二　服务方面的相关建议

（1）吸收与借鉴阳光家庭经验，探索社区与家庭基础上的艾滋孤儿照顾模式。

阳光家庭的成功在于由政府出面调动了社区领袖的力量，使艾滋孤儿不离开其熟悉的生活环境，实现了高发村内的安置。但对于低发村来说，可能不太合适。因为这些地方艾滋孤儿是极少数，其所受到的污名与歧视也更为严重。由于人数少，设立阳光家庭既浪费资源，也存在诸多困难。因此，对于这部分艾滋孤儿来说，院舍型照顾是其最后的替代性方式。[①] 但在实际执行的过程

① 这可能也是政府在低发村采取阳光家园（院舍型照顾）安置模式，高低发村采取阳光家庭（家庭寄养型照顾）安置模式的原因。但从目前情况来看，阳光家园的实际运行也遇到了诸多困难和问题。

中，我们应尽量减轻院舍型照顾所带来的缺陷，改变现有的院舍与周围社会环境的关系，实现开门办院，加强院舍与周围环境的协调发展。同时，我们也应对院舍型照顾方式予以理性看待，不能因为某个非政府组织所开办的院舍存在问题，而忽视甚至否定院舍照顾方式的作用。毕竟，这两种方式各有优缺点和适用范围，是一种互补的关系。

在阳光家庭模式发展的过程中，能否找到足够多的人愿意充当阳光家庭的父母也是此种模式是否能够推广的关键。这需要加大宣传力度，促进社会成员对此项工作重要性的认识，使他们愿意加入到此项工作中来。同时也要加大对政府政策的扶持力度，减轻阳光家庭父母的负担。今后再建立阳光家庭时，可以考虑直接将孩子放到阳光家庭父母的家庭，不再进行硬件的建设，使其真正融入阳光家庭。

（2）专业社会工作者介入，通过他们调动社区资源，促进资源的有效配置。

从目前情况来看，艾滋孤儿照顾与医务社会工作、儿童与青少年社会工作以及社区社会工作的工作领域有一定交叉与重合，他们可以通过不同的方式发挥作用。其中，医务社会工作者主要是在医院或者从事与健康有关的工作，如进行健康教育、普及相关的治病防病知识、减轻病人心理上的痛苦等；儿童与青少年社会工作者的工作对象则主要是儿童与青少年，通过个案或小组的工作方式提高案主对于社会支持的利用，提高其需求满足；而社区工作者的工作对象与工作内容则可以通过社区教育、社区动员与社区精神的培育，增强社区凝聚力，促进社区成员的个人发展与社区的地区发展。总的来说，专业社会工作者的作用主要表现在三个方面。

第一，专业社会工作者通过与被污名化群体的接触，包括与患者、孤儿接触，扩大艾滋孤儿的社会联系，同时打破对艾滋病患者的孤立与污名。毕竟，接触是降低污名的第一步，也是不可缺少的一环。由于社会工作者本身具有一定的符号效应，其行动可以引起他人的效仿。在这种情况下，其率先行动可以起到一定的示范作用，在一定程度上降低污名。

第二，专业社会工作者通过不同的工作方式，调动社区内外的各种资源，进行社区教育与社区动员，动员社区精英，主要是村干部、中小学老师和村里的医护人员，使他们打破文化上的禁忌，公开地谈论艾滋病，身体力行地参与到艾滋病的预防、教育以及患者、孤儿、孤老的照顾活动中来。由于熟人社会团结性和凝聚力强的特征，这些精英行动的号召更为明显。由于他们的权威作用，他们的行动更容易得到他人的认可并且带动作用更强。

第三，专业社会工作者也可以帮助被污名化群体，包括患者、孤儿以及受到艾滋病影响的儿童组织起来，成立自助组织，使他们得到社会支持的同时，进行污名抵制。这也是被污名化的群体自救和自助的一种手段。当然，在此过程中，需要注意充分尊重他们的想法与看法，做到案主参与及案主自决，最终实现他们的个人发展与地区发展。

总之，在与艾滋病有关的教育、救助以及预防工作中，专业社会工作者不仅可以起到重要的先锋作用，而且可以起到联系被污名化群体与社会公众的桥梁作用，从行动上降低污名，促进社会融入。

（3）在现有的医疗技术条件下，延长艾滋病患者的寿命，使其活得更健康和更有尊严。

对于未成年的孩子来说，只要其父母活着，对孩子就是一个非常大的安慰，尤其是在心理和情感方面。这对现在的艾滋病预防、检测和治疗提出了新的要求，即提供一个支持性环境，鼓励父母做检测和治疗。为此我们需要进一步加大宣传和教育力度，从个人与社会环境两个方面着手，降低与艾滋病有关的污名，塑造一个宽容的社会环境，使得艾滋病患者敢于暴露其真实情况，接受社会支持、检测和治疗，从而有利于患者及其子女的社会融入以及孩子的健康发展。

（4）对艾滋孤儿的长期计划进行更为合理、有效的安排，以促进孩子的健康成长，为国家和社会造就有用之才。

长期计划包括一个以家庭为中心的个案工作和一个有计划的法律策略，以确保儿童和青少年在拥有安全的、人道的、稳定的和终生的家庭内成长（Mallon et al.，2002）。对孩子制订有效的长期计划非常重要，但从实际情况来看，照顾者并没有为这些儿童制订有效、可执行的长期计划，这可能是基于认识方面的原因。因为对于艾滋孤儿，不管是阳光家庭还是院舍，其首要任务都是先解决这些孩子的工具性需求问题，主要是他们的衣、食、住、行以及日常生活照顾。这些是最基本的，在这些需要满足之后才可能考虑其他，这与人类需要的递进性有一定的关系。但这并不意味着长期计划不重要，对于这些受到影响的儿童需要制订一个更为完善、全面的长期计划，这对于减轻丧亡和污名对他们所造成的不良影响，促进他们的健康成长有着重要的意义。

（5）通过各种途径和措施，提高社会服务的一致性和可获得性。

从社会福利产品的流动过程来看，社会服务中存在着一个服务输送系统，以促进其一致性和可获得性。这需要解决三类与服务提供的架构有关的问题，即决定的权威和控制落在什么部门、谁来执行不同的要实施的服务任务、输送系统由哪些部分组成（Neil Gilbert et al.，2003）。从本研究的实际情况来看，许多因素（如程序的烦琐、距离遥远、污名等）影响到案主实际接触和利用社会服务的情况。因此，我们需要采取灵活多样的方式，包括通过调动案主积极参与的方式来改变职权方式，通过角色依附和专业分离改变角色和地位，通过建立专门的准入架构来改变实体构成来提升社会服务，通过增强社会福利产品的获得等方式使得案主能够获得和利用服务，等等，从而使得有限的社会福利资源真正发挥应有的作用，达到其预期效果。

附录一

常用缩写名称

AIDS：Acquired Immune Deficiency Syndrome

HIV：Human Immunodeficiency Virus

OVC：Orphans and Vulnerable Children by HIV

NGO：Non - Governmental Organization

PLWHA：People Living with HIV/AIDS

UNICEF：United Nations Children's Fund

UNAIDS：Joint United Nations Programme on HIV/AIDS

附录二

访谈提纲

由于研究者采取了参与式观察与社会人类学的研究方法，本访谈提纲只是一个大致的指导，实地研究中会根据情境、访谈对象以及时机的不同而调整顺序或变换内容，但大致围绕着这些方面进行。

人口学特征

年龄、性别、职务、健康状况、教育程度、居住地点

社会支持状况

对政府工作人员

哪些社会福利机构来过这里？他们是如何开展工作的？

本地社会福利方面是如何进行的？状况如何？

阳光家庭是如何成立并开展起来的？在这个过程中，遇到了哪些困难？现在你认为怎么样？还有哪些可改进的地方？

对院舍工作人员

你们是如何解决这些孩子的问题的？在这个过程中，遇到了哪些问题？

你们得到外来的支持和帮助了吗？如果有，是哪些？如果没有，为什么？

对患者

你得到过他人的帮助吗？如果得到过，是哪些人，他们是如何帮助你的？

到了这儿（院舍）后，原来帮助你的人还帮助你吗？

对社区领袖/阳光家庭父母

当时怎么愿意当这个阳光家庭的父母呢？干了这个之后，你感觉怎么样？孩子们原来的家庭给过你们帮助吗？村里给过帮助吗？

污名状况

对政府工作人员

刚去艾滋村的时候，你们害怕吗？那时候怎么处理的？现在怎么样？你怎么看待别人对艾滋村的歧视？

这里发生过其他事件吗？怎么解决的？

对于患者

周围的人有没有歧视或者看不起你（或你的孩子）？

你会告诉别人你的病吗？如果没有告诉，他们又是如何知道的？如果告诉（不告诉），为什么？

需求满足状况

对阳光家庭的父母

孩子们在这里生活得怎么样？你们在实际中遇到什么问题没有？如果有，又是如何解决的？

你们和周围的关系怎么样？怎么处理的？

对院舍工作人员

孩子们在这里生活得怎么样？你们在实际中遇到什么问题没有？如果有，又是如何解决的？

你们和周围的关系怎么样？怎么处理的？

你们认为在这里工作和生活怎么样？愿意在这里长期下去吗？

你认为，这些孩子如何教育或者安置比较合适？为什么？

附录三

访谈对象索引

A：S县领导，男，政府工作人员

D：非政府组织工作人员，男

E：政府工作人员，现已退休，男

R：S县院舍负责人

RW：R的妻子，院舍工作人员

RB：R的妻弟，院舍工作人员

RM：R的岳母，也住在院舍

YD：院舍工作人员，男，医生

YL：院舍工作人员，男，老人

L：阳光家庭的父亲

G：阳光家庭的母亲

M：阳光家庭的母亲

H：艾滋孤儿，现年4岁，有艾滋病，已经发病

J：艾滋孤儿，现年6岁，有艾滋病，现已经发病

W：艾滋病患者，现年30多岁，携带艾滋病病毒，但还没有发病，现住在院舍

Y：艾滋病患者，女，小J的母亲，现已经去世

YM：院舍工作人员，女

XY：院舍工作人员，女

Q：院舍工作人员，女

SH：院舍总部负责人

X：S县相关部门政府工作人员，男，直接从事此方面工作

T：C乡相关部门政府工作人员，男，直接从事此方面工作

ZH：社区领袖，阳光家庭的父亲

K：社区领袖，阳光家庭的父亲

ZQ：高发区社区领袖

N：高发村一般村民

F：高发村学校教师

U：一般群众

O：知情人士

P：政府工作人员

附录四

阳光家庭基本情况

1. XL 村 XXP 阳光家庭

父： 49 岁 高中文化 村干部

母： 48 岁 初中文化 务农

序号 项目	性别	年龄	年级
1	男	12 岁	小学四年级
2	女	9 岁	小学三年级
3	女	11 岁	小学五年级
4	男	8 岁	小学二年级
5	男	8 岁	小学二年级

备注：其中 1、2 系兄妹俩；3、4 系姐弟俩。

2. WL 村 WGA 阳光家庭

父：男 48 岁 初中文化 务农

母：女 48 岁 初中文化 务农

项目 \ 序号	性别	年龄	年级
1	男	10 岁	小学四年级
2	女	6 岁	小学一年级
3	女	10 岁	小学三年级
4	女	9 岁	小学一年级
5	男	9 岁	小学三年级
6	男	6 岁	小学一年级

备注：其中 3、4 系姐妹；5、6 系兄弟俩。

3. SM 村 WQX 阳光家庭

父：男　39 岁　　中专文化　　村干部

母：女　32 岁　　小学文化　　务农

项目 \ 序号	性别	年龄	年级
1	女	5 岁	未入学
2	男	8 岁	小学三年级
3	男	10 岁	小学四年级
4	女	13 岁	小学六年级
5	男	10 岁	小学四年级
6	男	7 岁	小学一年级

备注：其中 3、4 系姐弟俩；5、6 系兄弟俩。

4. RZ 村 GK 阳光家庭

父：男　40 岁　　初中文化　　村干部

母：女　30 岁　　初中文化　　务农

项目 \ 序号	性别	年龄	年级
1	女	5 岁	学前班
2	男	12 岁	小学五年级

续表

序号 项目	性别	年龄	年级
3	男	8 岁	小学四年级
4	女	11 岁	小学五年级
5	男	6 岁	小学一年级
6	女	4 岁	未入学

备注：其中 3、4 系姐弟俩；5、6 系兄妹俩。

5. WL 村 WZX 阳光家庭

父：男　36 岁　　初中文化　　村干部

母：女　36 岁　　初中文化　　务农

序号 项目	性别	年龄	年级
1	女	13 岁	小学六年级
2	男	10 岁	小学四年级
3	女	10 岁	小学三年级
4	女	9 岁	小学二年级
5	男	8 岁	小学二年级

备注：其中 1、2 系姐弟俩。

6. GHY 村 LLA 阳光家庭

父：男　　46 岁　　高中文化　　村干部

母：女　　46 岁　　高中文化　　务农

项目 序号	性别	年龄	年级
1	男	9 岁	小学三年级
2	男	12 岁	小学五年级

续表

项目 序号	性别	年龄	年级
3	女	12岁	小学五年级
4	女	9岁	小学三年级
5	男	9岁	小学三年级

备注：其中1、2系兄弟俩；3、4系姐妹俩。

7. SM村WBQ阳光家庭

父：男　46岁　　高中文化　　务农

母：女　44岁　　初中文化　　务农

项目 序号	性别	年龄	年级
1	男	11岁	小学三年级
2	男	7岁	未入学
3	男	10岁	小学三年级

备注：家庭内居住孤儿为艾滋病感染者。

附录五

就学期间科研成果

发表论文

1.《广州市社会工作职业化过程中的政策选择》，《长沙民政职业技术学院学报》2005 年第 4 期

2.《老年人的社会支持系统与需求满足》，《中州学刊》2006 年第 3 期

3.《社会支持系统的断裂与弥合——基于脆弱儿童实际生活状况的分析》，《青年研究》2006 年第 8 期

4.《熟人社会的污名与污名控制策略——以艾滋病为例》，《青年研究》2007 年第 2 期

会议论文

1.《农村养老的现实选择——以河南十县市的调查为例》，参加 2005 年度复旦大学第三届全国博士生论坛政治学分论坛，获三等奖

2.《熟人社会的污名与污名控制策略——以艾滋病为例》，参加香港中文大学第三届国际研究生“当代中国”研讨班并在会议宣读

参与项目

1.《河南老龄化进程中的老年服务业发展研究》，2005 年河南省级课题

2.《艾滋孤儿的社会支持、污名与长期计划研究》，获得 2005 年度中山大学“笹川良一优秀青年教育基金博士生重要创新项目”的资助

参考文献

中文部分

〔印〕阿马蒂亚·森:《论社会排斥》,《经济社会体制比较》2005年第3期。

艾尔·巴比:《社会研究方法》,华夏出版社,2000。

B. 维纳:《责任推断:社会行为的理论基础》,张爱卿译,华东师范大学出版社,2004。

边燕杰:《社会网络与求职过程》,《改革开放与中国社会——西方社会学文献述评》,香港牛津大学出版社,1999。

陈成文、潘泽泉:《论社会支持的社会学意义》,《湖南师范大学社会科学学报》2000年第6期。

陈凤仪、陈锦华:《建构社会排斥:香港被虐妇女的房屋经验》,香港"华人社会——社会排斥与边缘性问题研究会"演讲论文,2001。

陈红霞:《社会福利思想》,社会科学文献出版社,2002。

陈锦华:《社会排斥与包容:"综援养懒人"启示录》,香港"华人社会——社会排斥与边缘性问题研究会"演讲论文,2001。

程浩、黄卫平、汪永成:《中国社会利益集团研究》,《战略与管理》2003年第4期。

程虹娟、龚永辉、朱从书:《青少年社会支持研究现状综述》,

《健康心理学杂志》2003年第5期。

费孝通：《乡土中国生育制度》，北京大学出版社，1998。

顾江霞、罗观翠：《资源整合视角下的社工人才培养模式探讨——以中山大学05MSW培养模式为例》，《华东理工大学学报》2009第2期。

郭静晃：《儿童少年福利与服务》，扬智文化事业股份有限公司，2004。

郭欣等：《对艾滋病歧视及偏见的研究》，《中国妇幼保健》2006第23期。

贺雪峰：《论半熟人社会——理解村委会选举的一个视角》，《政治学研究》2000年第3期。

贺寨平：《国外社会支持网研究综述》，《国外社会科学》2001年第1期。

贺寨平：《社会经济地位、社会支持网与农村老年人身心状况》，《中国社会科学》2002年第3期。

洪朝辉：《论社会权利的"贫困"——中国城市贫困问题的根源与治理途径》，《当代中国研究》2002年第4期。

蒋静：《社会支持链接——一个打工妹和城市社会的互动分析》，《妇女研究论丛》2003年第2期。

景军：《泰坦尼克定律：中国艾滋病风险分析》，《社会学研究》2006年第5期。

景军：《铁默斯预言：人血买卖与艾滋病的孪生关系》，《开放时代》2006年第6期。

珂莱尔·婉格尔、刘精明：《北京老年人社会支持网调查——兼与英国利物浦老年社会支持网对比》，《社会学研究》1998年第2期。

Len Doyal & Ian Gough：《人类需求——多面向分析》，王庆中、万育维译，洪业文化事业有限公司出版，2000。

李斌：《社会排斥理论与中国城市住房改革制度》，《社会科学研究》2002 年第 3 期。

李春梅：《从虚拟到现实：艾滋病人歧视环境的演变逻辑》，《青年研究》2008 年第 6 期。

李建新：《社会支持与老年人口生活满意度的关系研究》，《中国人口科学》2004 年增刊。

李培林：《巨变：村落的终结——都市里的村庄研究》，《中国社会科学》2002 年第 1 期。

李强、吕勇：《社会支持与青年下岗职工心理健康》，《青年研究》2001 年第 7 期。

李钦勇：《社会政策分析》，巨流图书公司，1994。

李舒瑜：《我国社会工作要扩大试点稳步推进》，2008 年 10 月 23 日《深圳特区报》。

林卡：《论中国社会工作职业化发展的社会环境及其面临的问题》，《社会科学》2009 年第 4 期。

林南：《社会资源和关系的力量：职业地位获得中的结构性因素》，《国外社会科学》1999 年第 4 期。

刘宏伟、孙茗达：《艾滋病防治中的"社会排斥"问题与政府干预研究——以 HIV/AIDS 人群及其高危人群为研究对象》，《中国卫生事业管理》2005 年第 6 期。

刘继同：《院舍照顾到社区照顾——中国孤残儿童养护模式的战略转变》，《社会福利》2003 年第 10 期。

刘娟娟：《对艾滋病患者的归因及帮助研究》，《青年研究》2004 年第 7 期。

刘颖、时勘：《艾滋病污名的形成机制、负面影响与干预》，《心理科学进展》2010 年第 3 期。

罗观翠、雷杰：《社会福利社会化的陷阱——以广州老人院舍为例》，《华东理工大学学报（社会科学版）》2008 年第 1 期。

梅方权、黄广智、严丽君：《寻找强关系——从佛山市的调查看当前外工务工青年的社会支持网络》，《青年探索》2003 年第

5 期。

民政部：《关于加强对生活困难的艾滋病患者、患者家属和患者遗孤救助工作的通知》，民函 111 号，2004。

Neil Gilbert, Paul Terrell：《社会福利政策导论》，黄晨熹、周晔、刘红译，华东理工大学出版社，2003。

聂春雷、童星，《社会转型、职业女性与社会支持——护士群体个案研究》，《思想战线》2005 年第 2 期。

汝信、陆学艺、李培林主编《2004 年：中国社会形势分析与预测》，社会科学文献出版社，2004。

彭华民：《社会排斥与社会融合——一个欧盟社会政策的分析路径》，《南开学报（哲学社会科学版）》2005 年第 1 期。

彭华民：《福利三角：一个社会政策分析的范式》，《社会学研究》2006 年第 4 期。

彭聃龄：《普通心理学》，北京师范大学出版社，2001。

Richard Titmuss：《社会政策 10 讲》，江绍康译，商务印书馆（香港）有限责任公司，1991。

秦广强、张娟娟：《艾滋病歧视、排斥及消解策略研究——基于艾滋病感染者所处社会环境类型的比较分析》，《青年探索》2008 年第 3 期。

丘海雄、陈健民、任焰：《社会支持结构的转变——从一元到多元》，《社会学研究》1998 第 4 期。

阮丹青等：《天津城市居民社会网初探》，《中国社会科学》1990 年第 2 期。

阮曾媛琪：《中国的社会支持网络在加强社会整合中的角色——北京一个街道的中国在职母亲的个案》，《中华女子学院学报》1999 年第 1 期。

沈小波、林擎国：《贫困范式的演变及其理论和政策意义》，《经济学家》2005 年第 6 期。

史柏年：《体制因素与专业认同——兼谈社会工作职业化策

略》，《华东理工大学学报（社会科学版）》2006年第4期。

石彤：《社会排斥：一个研究女性劣势群体的新的理论视角和分析框架》，《中国社会工作研究（第一辑）》，社会科学文献出版社，2002。

宋丽玉、曾华源等：《社会工作理论——处遇模式与案例分析》，洪业文化事业有限公司，2002。

孙莹：《儿童福利政策与措施的探讨》，《长沙民政职业技术学院学报》2002年第4期。

苏珊·桑塔格：《疾病的隐喻》，程巍译，上海译文出版社，2003。

苏一芳：《艾滋病与社会排斥》，《中国青年研究》2005年第11期。

唐斌：《体制制约与社会工作的职业化——基于上海社会工作职业化进程的分析》，《社会工作》2007年第10期。

唐钧、王婴：《城市低保政策过程中的社会排斥》，《中国社会工作研究》，社会科学文献出版社，第一辑，2002。

托尼·阿特金森：《社会排斥、贫困和失业》，《经济社会体制比较》2005年第3期。

万闻华：《NGO社会支持的公共政策分析》，《中国行政管理》2004年第3期。

王来华：《“社会排斥”与“社会脱离”》，《理论与现代化》2005年第5期。

王万民、谢小卫：《流浪儿童救助保护创新实践与思考》，http：//www. shfl，com. cn，2006年8月10日。

威廉·福特·怀特：《街角社会——一个意大利人贫民区的社会结构》，黄育馥译，商务印书馆，1994。

吴鲁平、韩小雷、高鑫：《家庭寄养：动机与绩效——对北京模式的深度分析》，社会科学文献出版社，2005。

吴玉锋：《双重弱势群体：对艾滋病人及感染者群体生存状况的描述》，《广西社会科学》2005年第5期。

向德平、陈琦：《艾滋病患者的社区支持》，《学术论坛》2004年第3期。

向德平、唐莉华：《农村艾滋病患者的社会排斥——以湖北农村的调查为例》，《华东师范大学学报（哲学社会科学版）》2006年第6期。

肖水源：《〈社会支持评定量表〉的理论基础与研究应用》，《临床精神医学杂志》1994年第2期。

行红芳：《老年人的社会支持系统与需求满足》，《中州学刊》2006年第3期。

行红芳、顾江霞：《社会支持系统的断裂与弥合——基于脆弱儿童实际生活状况的分析》，《青年研究》2006年第8期。

行红芳：《熟人社会的污名与污名控制策略——以艾滋病为例》，《青年研究》2007年第2期。

行红芳：《实地研究中的偏差因素及其控制》，《郑州轻工业学院学报》2008年第5期。

行红芳：《河南省非义务教育阶段农村青少年辍学状况研究》，《2009年河南社会形势分析与预测》，社会科学文献出版社，2009。

许琳、王蓓、张晖：《关于农村残疾人的社会保障与社会支持状况研究》，《南京社会科学》2006年第5期。

杨文涛：《河南省艾滋遗孤救助政策分析》，首届社会政策国际会议论文，http：//www.chinasocialpolicy.org/，2005。

杨雄：《弱势青少年生存状况与社会支持》，《社会科学》2004年第5期。

余汉仪：《儿童虐待——现象检视问题与反省》，巨流图书出版公司，1995。

张可：《河南艾滋病五年调查报告》，http：//www.chain.net.cn，全国红丝带网（全国艾滋病信息资源网络），2005。

张齐安、杨海宇：《中国流浪儿状况和救助对策》，《社会福利》2002年第9期。

张时飞：《上海癌症自助组织研究：组员参与、社会支持和社会学习的增权效果》，香港中文大学博士论文，2001。

张文宏：《城乡居民的社会支持网》，《社会学研究》1999年第3期。

张文宏、阮丹青、潘允康：《天津居民的社会支持网》，《社会学研究》1999年第2期。

张智：《污名对心理健康的影响》，《中国临床康复》2005年第12期。

折晓叶：《村庄边界的多元化——经济边界开放与社会边界封闭的冲突与共生》，《中国社会科学》1996年第3期。

折晓叶、陈婴婴：《超级村庄的基本特征及“中间形态”》，《社会学研究》1997年第6期。

中华人民共和国国务院令：第457号，《艾滋病防治条例》，http：//www.sina.com.cn，中国新闻网，2006。

周方莲等：《大学生对艾滋病患者的责任归因及惩戒行为反应》，《心理科学》2008年第5期。

周湘斌、常英：《社会支持网络理论在社会工作实践中的应用性探讨》，《中国农业大学学报（社会科学版）》2005年第2期。

周晓春：《社会排斥、社会工作与艾滋病防治》，《中国青年政治学院学报》2005年第3期。

邹中正、秦伟：《政府、企业和家庭在成都市下岗女工的社会支持网络中的作用》，《人口与经济》2001年第6期。

英文部分

AbadA-a-Barrero, C. E. and Castro, A., "Experiences of Stigma and Access to HARRT in Children and Adolescents Living with HIV/AIDS in Brazil", *Social Science & Medicine*, Vol. 62, 2006, pp. 1219 - 1228.

Ainlay, S. C., Coleman, L. M. and Becket, G., "Stigma Reconsidered", In S. C. Ainlay, G. Bdcher and L. N. Coleman (Eds), *The*

Dilemma of Difference: *A Multidisciplinary View of Stigma*, 1986, pp. 1－13. NY: plenum press.

Amy Knowlton, Wei Hua and Carl Latkin, "Social Support Among HIV Positive Injection Drug Users: Implications to Integrated Intervention for HIV Positives", *AIDS and Behavior*, Vol. 8, No. 4, 2004, pp. 357－363.

Andrews, G. C. , et al. , "Life Event Stress, Social Support, Coping Style, and Risk of Psychological Impairment", *Journal of Nervous & Mental Disease*, Vol. 166, No. 5, 1978, pp. 307－316.

Ankrah, "The Impact of HIV/AIDS on the Family and Other Signifancant Relationships: the African Clan Revisited", *AIDS Care*, Vol. 5, No. 1, 1993, pp. 5－22.

Ann-Sofie Asander, Erik Belfrage, Pehr-Olov Pehrson, Thomas Lindstein and Anders Bjorkman, "HIV-infected African Families Living in Stockholm/Sweden: Their Social Network, Level of Disclosure and Know ledge about HIV", *International Journal of Social Welfare*, No. 13, 2004, pp. 77－88.

Ashley Nielsen, Priscilla K. Coleman, Matthew Guinn and Clifford Robb, "Length of Institutionalization, Contact with Relatives and Previous Hospitalization as Predictors of Social and Emotional Behavior in Young Ugandan Orphans", *Human Development and Family Studies*, Vol. 11, No. 1, 2004, pp. 94－116.

Bian Yanjie, "Building Strong Ties Back in: Indirect Ties, Networks Bridges, and Jobs Searches in China", *American Sociological Review*, Vol. 62, No. 3, 1997, pp. 366－385.

Bian Yanjie and Soon Ang, "Guanxi Networks and Job Mobility in China and Singapore", *Social Forces*, Vol. 75, No. 3, 1997, pp. 981－1005.

Bledsoe & Brandon, C. Bledsoe and A. Brandon, "Child Fosterage and Child Mortality in Sub-Saharan Africa: Some Preliminary Questions and Answers", In: E. van de Walle, G. Pison and M. Sala-Diakanda, Editors, *Mortality and Society in Sub-Saharan Africa*, 1992, pp. 279 – 302. Clarendon Press, Oxford.

Bonuck, K. A., "AIDS in Families: Cultural, Psychosocial, and Functional Impacts", *Social Work in Health Care*, Vol. 18, No. 2, 1993, pp. 75 – 89.

Bor, R., Miller, R. and Goldman, E., *Theory and Practice of HIV Counselling: A Systemic Approach*, London: Cassell, 1992, pp. 3 – 8.

Bradshaw, J., "The Concept of Social of Social Need", *New Society*, No. 30, 1972, pp. 640 – 643.

Bronwen Lichtenstein, "Stigma as a Barrier to Treatment of Sexually Transmitted Infection in the American Deep South: Issues of Race, Gender and Poverty", *Social Science & Medicine*, Vol. 57, No. 12, 2003, pp. 2435 – 2445.

Bruce G. Link and Jo C. Phelan, "Conceptualizing Stigma", *Annual Review of Sociology*. 27, 2001, pp. 363 – 385.

Brugha, Sturt, MacCarthy, Wykes and Bebbington, "The Relation Between Life Events and Social Support Network in a Clinically Depressed Cohort", *Social Psychiatry and Psychiatric Epidemiology*, Vol. 25, No. 6, 1990, pp. 308 – 313.

Burchaydt, T., LeGrand, J. and Piachaud, D., "Social Exclusion in Britain 1991 – 1995", *Social Policy and Administration*, Vol. 33, No. 3, 1999, pp. 227 – 244.

Caliandro, G. and Hughes, C., "The Experience of Being a Grandmother who is the Primary Caregiver for Her HIV Positive Grandchild", *Nursing Research*, Vol. 47, No. 2, 1998, pp. 107 – 113.

Catherine Kohler Riessman, "Stigma and Everyday Resistance Practice: Childless Women in South India", *Gender & Society*, Vol. 14, No. 1, 2000, pp. 111 – 135.

Charles Murray, "The British Underclass", *Public Interest*, No. 99,

1990, pp. 4 - 28.

Crocker, J., Major, B. and Steele, C., 1998, "Social Stigma", In Daniel T. Gilbert, Susan T. Fiske and Gardner Lindzey, *The Handbook of Psychology*, pp. 504 - 553. Boston, MA: McGraw-Hill.

Crandall and Coleman, "AIDS-Related Stigmatization and the Disruption of Social Relationship", *Journal of Social and Personal Relationships*, Vol. 9, No. 2, 1992, pp. 163 - 177.

Cullen, F. T., "Social Support as an Organizing Concept for Criminology: Presidential Address to the Academy of Criminal Justice Sciences", *Justice Quarterly*, Vol. 11, No. 4, 1994, pp. 527 - 559.

Dahrendorf, R., 1994, "the Changing Quality of Citizenship". in B. V an Steenberge (ed.), *The Condition of Citizenship*, pp. 10 - 19, London: Sage Publications Ltd.

Debra Vanderoort, "Quality of Social Support in Mental and Physical Health", *Current Psychology*, Vol. 18, No. 2, 1999, pp. 205 - 222.

De Hann and Arjan, "Social Exclusion: An Alternative Concept for the Study Deprivation?", *IDS Bulletin*, Vol. 29, No. 1, 1998, pp. 10 - 19.

Demi, A., Bakerman, R., Sowell, R., Moneyham, L., and Seal, B., "Effects of Resources and Stressors on Burden and Depression of Family Members Who Provide Care to an HIV-infected Woman", *Journal of Family Psychology*, Vol. 11, No. 1, 1997, pp. 35 - 48.

Draimin, Barbara, H., Gamble, Ivy, Shire, Amy and Hudis, "Improving Permanency Planning in Families with HIV Disease", *Child Welfare*, Vol. 77, No. 2, 1998, pp. 180 - 194.

Edvina Uehara and Dural, "Dual Exchange Theory, Social Networks, and Informal Social Support", *The American Journal of Sociology*, Vol. 96, No. 3, 1990, pp. 521 - 557.

E. Kay, M. Tisdall, Helen Kay, Viviene E. Cree and Jennifer Wallace,

"Children in Needs? Listening to Children Whose Parent or Care is HIV Positive", *British Journal of Social Work*, Vol. 34, No. 8, 2004, pp. 1097 – 1113.

Elizabeth A. Preble, 1994, "Impact of HIV/AIDS on Africa Children", in Robert Bar and Jonathan Elford, *The Family and HIV*, p. 165. Wellington House.

Erving Goffman, 1963, Stigma: *Notes on the Management of Spoiled Identity*, Penguin Books, pp. 11 – 14.

Fortenberry, J. D., McFarlane, M., Bleakley, A., Bull, S., Fishbein, M., Grimley, D. M., et al., "Relationships of Stigma and Shame to Gonorrhea and HIV Screening", *American Journal of Public Health*, Vol. 92, No. 3, 2002, pp. 378 – 381.

Foster, G. and Makata, C., "Supporting Children in Need Through a Community-based Orphans Visiting Programme", *AIDS Care*, Vol. 8, No. 4, 1996, pp. 389 – 403.

Foster, G., Shakespeare, R., Chinemana, F., Jackson, H., Gregson, S., Marange, C. and Mashumba, S. "Orphan Prevalence and Extended Family Care in a Peri-Urban Community in Zimbabwe", *AIDS Care*, Vol. 7, No. 1, 1995, pp. 3 – 17.

Foster, G., "The Capacity of Extended Family Safety Net for Orphans in Africa", *Psychology, Health and Medicine*, Vol. 5, No. 1, 2000, pp. 55 – 62.

Frank, D. A., P. E. Klass, F. Earls and L. Eisenberg, "Infants and Young Children in Orphanages: One View from Pediatrics and Child Psychiatry", *Pediatrics*, Vol. 97, No. 4, 1996, pp. 569 – 578.

Fred W. Powell, 2001, *The Politics of Social Work*, SAGE Publications Ltd, p. 90.

Giddens, A., 2001, *Sociology*, Cambridge: Polity Press & Blackwell Publishing Company, pp. 323 – 325.

Gill Green, 1994, "Social Support and HIV: A Review", in Robert Bor and Jonathan Elford, *The Family and HIV*, pp. 83 – 84. Welling House.

Gough, I. and Olofsson, G., 1999, *Capitalism and Social Cohesion: Essays on Exclusion and Integration*, Basingstoke: MacMillan Press.

Hays, R., Mckusick, L., Pollack, L., Hillicard, R., Hoff, C. and Coates, T., "Disclosing HIV Seropositivity to Significant Others", *AIDS*, Vol. 7, No. 3, 1993, pp. 425 – 431.

Henderson, S., Byrne, D. G., Duncan-Jones and Paul, 1981, *Neurosis and the Social Environment*, p. 29, NewYork: Academic Press.

Herek, G. M. and Glunt, E. K., "An Epidemic of Stigma: Public Reaction to AIDS", *American Psychologist*, Vol. 43, No. 11, 1988, pp. 886 – 891.

Herek, "AIDS and Stigma", *American Behavioral Scientist*, Vol. 42, No. 7, 1999, pp. 1106 – 1116.

Holt, R., Court, P., Vedhara, K., Nott, K. H., Holmes, J., and Snow, M. H., "The Role of Disclosure in Coping with HIV Infection". *AIDS Care*, Vol. 10, No. 1, 1998, pp. 49 – 60.

Hongmei Yang, Xiaoming Li, Bonita Stanton, Xiaoyi Fang, Danhua Lin, Rong Mao, Xinguang Chen and Hongjie Liu, "Willingness to Participate in HIV/AIDS Prevention Activities among Chinese Rural-to-Urban Migrants", *AIDS Education and Prevention*, Vol. 16, No. 6, 2004, pp. 557 – 570.

House and James, S., 1981, *Work Stress and Social Support*, Addison-Wesley Pub. Co.

Hudis, J., 1995, "Adolescents in Families with AIDS". In S. Geballe, J. Gruendel, & W. Andiman (Eds.), *The Mental Health Needs of Well Adolescents in Families with AIDS*, pp. 83 – 94. New Haven, CT: Yale University Press.

Hunter and S. Hunter, "Orphans as a Window on the AIDS Epidemic in Sub-Saharan Africa: Initial Results and Implications of a Study in Uganda", *Social Science & Medicine*, Vol. 31, No. 6, 1990, pp. 681－690.

Jane Leserman, Diana O. Perkins and Dwight L. Evans, 1994, "Coping with the Threat of AIDS: the Role of Social Support", in Robert Bar and Jonathan Elford, *The Family and HIV*, p. 107, Wellington House.

Jones, E. E., Farina, A., Hastorf, A. H., Markus, H., Miller, D. T. and Scott, R. A., 1984, *Social Stigma: The Psychology of Marked Relationships*, NY: W. H. Freeman and Company.

Kathleen Ford, Dewa Nyoman Wirawan, Gusti Made Sumantera, Anak Agung Sagung Sawitri and Mandy Stahre, "Voluntary HIV Testing, Disclosure, and Stigma among Injection Drug Users in BALI, INDONESIA", *AIDS Education and Prevention*, Vol. 16, No. 6, 2004, pp. 487－498.

Kristin D. Mickelson, "Perceived Stigma, Social Support, and Depression", *Personality and Social Psychology*, Vol. 27, No. 8, 2001, pp. 1046－1056.

Lenoir, R., 1974, *Les exclus: Un francais sur dix*, Paris: Seul.

Levitas, R., 1998, *The Inclusive Society? Social Exclusion and New Labour*, UK: Macmillan.

Lightfoot, Marguerita, Rotheram-Borus and Mary Jane, "Predictors of Child Custody Plans for Children Whose Parents Are Living with AIDs in New York City", *Social Work*, Vol. 49, No. 3, 2004, pp. 461－468.

Lin, N. and M. Y. Dumin, "Access to Occupations through Social Ties", *Social Networks*, Vol. 8, No. 4, 1986, pp. 365－385.

L. Young and N. Ansell, "Young AIDS migrants and Southern Africa: Policy Implications for Empowering Children", *AIDS Care*, Vol. 15, No. 3, 2003, pp. 337－345.

Malcolm, Aggleton, Bronfman, Galvao, Mane and Verrall, "HIV-Related Stigmatization and Discrimination: Its Forms and Context", *Critical Public Health*, No. 8, 1998, pp. 347 – 370.

Malecki, C. K. and Demaray, M. K., "Measuring Perceived Social Support, Development of the Child and Adolescent Social Support Scales", *Psychology in the School*, No. 39, 2002, pp. 1 – 18.

Mallon, Gerald, P., Aledort, Nina, Ferrera and Michael, "There's no Place Like Home: Achieving Safety, Permanency, and Well-being for Lesbian and Gay Adolescent in Out-of-Home Care Setting", *Child Welfare*, Vol. 81, No. 2, 2002, pp. 407 – 439.

Mansergh, G., Marks, G., and Simoni, J. M., "Self-Disclosure of HIV Infection among Men who Vary in Time since Seropositive and Symptomatic Status", *AIDS*, Vol. 9, No. 6, 1995, pp. 639 – 644.

Manuel Barrera, J. R. and Sheila L. Ainlay, "The Structure of Social Support: A Conceptual and Empirical Analysis", *Journal of Community Psychology*, Vol. 11, No. 2, 1983, pp. 133 – 143.

Margaret A. Chesney and Ashley W. Smith, "Critical Delays in HIV Testing and Care: The Potential Role of Stigma", *American Behavioral Scientist*, Vol. 42, No. 7, 1999, pp. 1158 – 1170.

Mark S. Granovetter, "the Strength of Weak Ties", *American Journal of Sociology*, Vol. 78, No. 6, 1973, pp. 1360 – 1380.

Martha B. Lee, Zunyou Wu, Mary Jane Rotheram-Borus, Roger, Detels and Jihui Guan, "HIV-related Stigma among Market Workers in China", *Health Psychology*, Vol. 24, No. 4, 2005, pp. 435 – 438.

Mason and Sally, "Custody Planning With HIV-Affected Families: Consideration for Child Welfare Workers", *Child Welfare*, Vol. 77, No. 2, 1998, pp. 161 – 177.

McGinn, F., "The Plight of Rural Parents Caring for Adult Children with HIV", *Families in Society*, Vol. 77, No. 5, 1996, pp. 269 – 278.

Michelle Burden Leslie, Judith A. Stein and Mary Jane Ratheram-Borus, "The Impact of Coping Strategies, Personal Relationships, and Emotional Distress on Health-Related Outcomes of Parents Living with HIV or AIDS", *Journal of Social and Personal Relationships*, Vol. 19 No. 1, 2002, pp. 45 – 66.

Nack, "DamagedGoods: Women Managing the Stigma of STDS", *Deviant Behavior*, Vol. 21, No. 2, 2000, pp. 95 – 121.

Nancy Capobianco Boyer, 2003, *The Experience of Older Caregivers of HIV Affected and Infected Minor Children: Permanency Planning, Stigma and Support*, pp. 16 – 22, ProQuest Information and Learning Company.

Njoroge, M., Ngugi, E. and Waweru, A., 1998, "Female Sex Workers (FSWs) AIDS Orphans Multi Prolonged Problem in Kenya: A Case Study", *XII International Conference on AIDS*, Geneva, Switzerland, Abstract No. 60116.

Norbeck J. S. et al., "Life Stress, Social Support, and Emotional Disequilibrium in Complications of Pregnancy: A Prospective, Multivariate Study", *Journal of Health and Social Behaviour*, Vol. 24, No. 2, 1983, pp. 30 – 46.

O. Alubo, A. Zwandor, T. Jolayemi and E. Omudu, "Acceptance and Stigmatization of PLWA in Nigeria", *AIDS Care*, Vol. 14, No. 1, 2002, pp. 117 – 126.

O. Neill. S, "Social Work: a Profession", *Journal of Social Work Practice*, Vol. 13, No. 1, 1999, pp. 9 – 18.

Ostrow, D. G., Whitaker, R. E. D., Frasier, K., Cohen, C., Wan, J., Frank, C. and Fisher, E., "Racial Differences in Social Support and Mental Health in Men with HIV Infection: a Pilot Study", *AIDS Care*, Vol. 3, No. 1, 1991, pp: 55 – 62.

Padilla, M., Castellanos, D., Guilamo-Ramos, V., Rayes, A.,

Sanchez Marte, L. and Soriano, M., "Stigma, Social Inequality, and HIV Tisk Disclosure among Dominican Male Sex Workers", *Social Science & Medicine*, Vol. 67, No. 3, 2008, pp. 380 – 388.

Patrick Corrigan, "How Stigma Interferes with Mental Health Care", *American Psychologist*, Vol. 59, No. 7, 2004, pp. 614 – 625.

Peace, R. I., 1999, *Surface Tension: Place/Poverty/Policy-From Poverty to Social Exclusion: Implcations of Discursive Shifts in European Union Poverty Policy, 1975 – 1999*, Unpublished PhD Thesis, University of Waikato.

Pennebuker, J. and Kiecolt-glaser, R., "Disclosure of Traumas and Immune Function Health Implication for Psychotherapy", *Fournal of Consulting and Clinical Psychology*, Vol. 56, No. 2, 1988, pp. 239 – 245.

Peter H. Wolff and Gebremeskel Fesseha, "The Orphans of Eritrea: What Are the Choices?", *American Journal of Orthopsychiatry*, Vol. 75, No. 4, 2005, pp. 475 – 484.

Phoenix Weekly, "The Situation of Several Thoudsands of Children Orphaned Because of AIDS in HeNan Province", *Phoenix Weekly*, 15, 2003, pp. 12 – 16.

Poindexter, C. C. and Linsk, N. L., "Sources of Support in a Sample of HIV-affected Older Minority Caregivers", *Families in Society*, Vol. 79, No. 5, 1998, pp. 491 – 503.

Rehm, R. S. and Franck, L. S., "Long-term Goals and Normalization Strategies of Children and Families Affected by HIV/AIDS", Advances in Nursing Science, Vol. 23, No. 1, 2000, pp. 69 – 82.

Room, G., 1995 (a), "Poverty and Social Exclusion: The New European Agenda for Policy and Reasearch", in Room Graham (eds.), *Beyond the Threshold: the Measurement and Analysis of Social Exclusion*, pp. 1 – 10, Bristol: the Policy Press.

Room, G., 1995 (b), "Conclusions", in Room Graham (eds.),

Beyond the Threshold: the Measurement and Analysis of Social Exclusion, p. 243, Bristol: the Policy Press.

Room, G., 1997, "Social Quality in Europe: Perspective on Social Exclusion", In Beck, W., Maesen, L. Wan der and Walker, A. (eds.), *The Social Quality of Europe*, pp. 255 – 262, Kluwer Law International (Hague and Boston).

Room, G., "Social Exclusion, Solidarity and the Challenge of Globali-zation", *International Journal of Social Welfare*, Vol. 8, No. 3, 1999, pp. 166 – 174.

R. S. Drew, C. Makufa and G. Foster, "Strategies for Providing Care and Support to Children Orphaned by AIDS", *AIDS Care*, Vol. 10, No. 1, 1998, pp. 9 – 15.

Sangeetha Madhavan, "Fosterage Patterns in the Ages of AIDS: Continuity and Change", *Social Science & Medicine*, Vol. 58, No. 7, 2004, pp. 1443 – 1454.

Sara Green, Christine Davis, Elana Karshmer, Pete Marsh and Benjamin Straight, "Living Stigma: The Impact of Labeling, Stereotyping, Separation, Status Loss, and Discrimination in the Lives of Individuals with Disabilities and Their Families", *Sociological Inquiry*, Vol. 75, No. 2, 2005, pp. 197 – 215.

Sarason, B. R., Piecce, G. R., Shearin, E. N., Sarason, I. G., Waltz, J. A. and Poppe, L., "Perceived Social Support and Working Models of Self and Actual Others", *Journal of Personality and Social Psychology*, Vol. 60, No. 2, 1991, pp. 273 – 287.

Sarason, I. G., Henry M. Levine, Robert B. Basham, and Barbara R. Sarasonet, "Assessing Social Support: The Social Support Questionnaire-ournal", *Journal of Personality and Social Psychology*, Vol. 44, No. 1, 1983, pp. 127 – 139.

Save the Children, 2005, *A Strange Illness, Issue and Research by*

Children Affected by HIV/AIDS in Central China, http: //www. savethe-children. org. cn.

Schatzow, E. and Herman, J. L., "Breaking Secrecy: Adult Survivors Disclosure to Their Families", *Psychiatric Clinics of North America*, Vol. 12, No. 2, 1989, pp. 337 – 349.

Silver, H., 1995, "Reconceptualizing Social Disadvantage: Three Paradigmsof Social Exclusion", in Rodgers, G.; Gore, C.; Figueiredo, J. B. ed., *Social Exclusion: Rhetoric, Reality, Response*, Geneva, pp. 57 – 80, Switzerland: ILO Publication.

Siminoff, L. A., Erlen, J. A. and Lidz, C. W., "Stigma, AIDS and Quality of Nursing Care: State of the Science", *Journal of Advanced Nursing*, Vol. 16, No. 3, 1991, pp. 262 – 269.

Social Exclusion Unit, 2001, *Preventing Social Exclusion*, *Social Exclusion Unit at the Office of the Deputy Prime Minister in the Cabinet*, London: United Kingdom.

S. Paxton, "The Paradox of Public HIV Disclosure", *AIDS Care*, Vol. 14, No. 4, 2002, pp. 559 – 567.

Stafford, M. C. and Scott PR, 1986, "Stigma Deviance and Social Control: Some Conceptual Issues", In S. C. Ainlay, G. Becker, L. M. Coleman et al., *The Dilemma of Difference*, p. 80, NewYork: Plenum Press.

Stanley, L. D., "Transforming AIDS: the Moral Management of Stigmatized Identity", *Anthropology and Medicine*, Vol. 6, No. 1, 1999, pp. 103 – 120.

Stephen M. Haan, "Social Support as Relationship Maintenance in Gay Male Couples Copying in HIV or AIDS", *Journal of Social and Personal Relationships*, Vol. 19, No. 1, 2002, pp. 87 – 111.

Sudia, C., "Preventing Out-of-Home Care Placement of Children: The First Steps to Permanency Planning", *Children Today*, Vol. 15, No. 6, 1986, p. 49.

Taylor Brown, Susan, Teeter, Judith Ann, Blackburn, Evelyn, Oinen, Linda, Wedderburn and Lennard, "Parental Loss Due to HIV: Caring for Children as a Community Issue-the Roshester, NewYork Experience", *Child Welfare*, Vol. 77, No. 2, 1998, pp. 137 – 160.

Tiblier, K., Walker, G., and Rolland, J., 1989, "Therapeutic Issues when Working with Families of Person with AIDS", In E. D. Macklin (Ed.), *AIDS and Families*, pp. 88 – 128, New York: Haworth Press.

Tindall, B. and Tillett, G., "HIV-Related Discrimination", *AIDS*, Vol. 4, No. 1, 1990, pp. 251 – 256.

Troits, P. A., "Support as Coping Assistance", *Journal of Consulting and Clinical Psychology*, Vol. 54, No. 4, 1986, pp. 416 – 423.

UNAIDS & UNICEF, 2004, *The Framework: for the Protection, Care and Support of Orphans and Vulnerable Children Living in a World With HIV and AIDS*, p. 14, pp. 17 – 18, http: //www. unaids. com.

Ven der Poel Mart, "Delineating Personal Support Network", *Social Networks*, Vol. 15, No. 1, 1993, pp. 49 – 70.

World Vision UK, 2005, More than Worlds? Action for Orphans and Vulnerable Children in Africa, p. 24, http: //www. world vision. org. uk.

Yarrow, L. J., "Maternal Deprivation: Toward an Empirical and Conceptual Re-Evaluation", *Psychological Bulletin*, No. 58, No. 6, 1961, pp. 459 – 490.

Yong S. Song and Kathleen M. Ingram, "Unsupportive Social Interaction, Availability of Social Support, and Copying: Their Relationship to Mood Disturbance Among African American Living with HIV", *Journal of Social and Personal Relationships*, Vol. 19, No. 1, 2002, pp. 67 – 85.

致　谢

本书是在本人的博士学位论文的基础上修改而成的。岁月如梭，光阴似箭，转眼间我博士毕业已三年。掩卷沉思，感慨万千。

从渤海之滨的南开园到珠江侧畔的康乐园，从20世纪90年代初入社会学的殿堂到后来的攻读博士学位，时间在变、空间在变，不变的是对社会学的追求与眷恋。从个人学术发展的角度而言，博士学位的完成不是终点，而是一个新的起点。我的博士论文的完成渗透了许多老师与朋友们的心血，在此对他们表示诚挚的谢意！

首先感谢我的导师罗观翠教授。在攻读博士学位期间，罗老师为我提供了多次到香港实习及参加学术会议的机会，不仅使我查阅到大量的相关文献，而且使我对相关问题的认识进一步深入。罗老师宽阔的学术视野、敏锐的学术洞察力使我受益匪浅，她对社会工作专业的热爱和对社会工作教育的投入也一直感染着我，使我在专业的道路上一步步前行。我的论文的选题、构思、写作、修改的各个环节都渗透了罗老师的心血与努力，可以说，没有罗老师的鼓励与支持，就没有我的论文的完成。在学位论文完成之际，谨向我的导师罗观翠教授表示诚挚的谢意！

其次我要感谢蔡禾教授、王宁教授、丘海雄教授、李若建教授、刘林平教授、万向东教授等诸位老师。从他们的课程和评论中我加深了对社会学理论、研究方法的认识并开拓了自己的思路。在开题和预答辩的过程中，各位老师还对我的论文提出了建议及意见，使我的思路进一步明确，论文内容及架构也进一步完善。

我的论文的完成离不开各位老师真诚的意见及建议，在此对他们深表谢意！

我还要感谢李昺伟教授、李连江教授、何志安教授等多位香港老师。他们细心且不厌其烦地解答我的各种疑问，使我进一步厘清思路，从他们的身上，我进一步体会到学者的视野和学者精神。没有他们真诚而友善的帮助，我的学位论文不可能达到现在这个水平。在此，对他们表示诚挚的谢意！

此外，我还要感谢曾鹏博士、顾江霞博士、钟莹博士、李庆真博士、张沁洁博士等的帮助。与他们的学术交流与探讨，使我对问题的认识进一步深入和细化。大家彼此之间的相互鼓励和支持使我能够鼓足勇气，克服无数困难与挫折，坚持下来。我的博士学位的完成也得益于这些同学与朋友的关心与支持，在此对他们深表谢意！

感谢中山大学笹川基金提供的支持与帮助，使我的实证调查能够顺利实施。还要感谢的是我的访谈对象，包括S县的政府工作人员、艾滋病患者、艾滋孤儿、非政府组织的工作人员、阳光家庭的父母以及一切与此有关的工作人员。没有他们的参与和配合，我不可能完成此论文，因此也对他们表示我的谢意！

在此还要对我的家人表示感谢，在我攻读博士学位和写作论文的过程中，是他们承担了繁重的家务劳动并给了我无限的鼓励及支持，使我能够最终克服种种困难，走完这一段路程。在此对他们表示感谢！

感谢社会科学文献出版社的周丽主任和高雁编辑，她们认真负责地审阅本书，发现了我没有发现的问题，她们的修正使本书进一步完善。本书的出版与她们的努力密不可分，在此对她们的辛勤劳动表示衷心的谢意！

在无数个苦苦追寻的日子里，许多温暖与感动的瞬间定格在记忆里成为永恒。此时此刻，无数温暖与感动的瞬间凝聚为一句话：爱生活、爱社会学。

谨以此书献给在学术之路上执著前行的朋友们！

图书在版编目(CIP)数据

社会支持、污名与需求满足：艾滋孤儿求助形式的比较研究/行红芳著. —北京：社会科学文献出版社，2011.5 (2014.7 重印)

(中山大学社会工作实务系列)

ISBN 978-7-5097-2142-1

Ⅰ.①社… Ⅱ.①行… Ⅲ.①儿童-社会救济-研究-中国 Ⅳ.①G632.1

中国版本图书馆 CIP 数据核字（2011）第 024783 号

·中山大学社会工作实务系列·

社会支持、污名与需求满足

——艾滋孤儿求助形式的比较研究

主　　编／罗观翠

著　　者／行红芳

出 版 人／谢寿光

出 版 者／社会科学文献出版社

地　　址／北京市西城区北三环中路甲 29 号院 3 号楼华龙大厦

邮政编码／100029

责任部门／经济与管理出版中心 (010) 59367226

责任编辑／高　雁　梁　雁

电子信箱／caijingbu@ssap.cn

责任校对／宋建勋

项目统筹／周　丽　高　雁

责任印制／岳　阳

经　　销／社会科学文献出版社市场营销中心 (010) 59367081　59367089

读者服务／读者服务中心 (010) 59367028

印　　装／北京京华虎彩印刷有限公司

开　　本／787mm×1092mm　1/20

印　　张／14.8

版　　次／2011 年 5 月第 1 版

字　　数／247 千字

印　　次／2014 年 7 月第 2 次印刷

书　　号／ISBN 978-7-5097-2142-1

定　　价／45.00 元